自由主义民主理论及其批判

Liberal Democracy and its Critics

乔贵平 著

人民出版社

国家社科基金后期资助项目
出版说明

后期资助项目是国家社科基金项目主要类别之一,旨在鼓励广大人文社会科学工作者潜心治学,扎实研究,多出优秀成果,进一步发挥国家社科基金在繁荣发展哲学社会科学中的示范引导作用。后期资助项目主要资助已基本完成且尚未出版的人文社会科学基础研究的优秀学术成果,以资助学术专著为主,也资助少量学术价值较高的资料汇编和学术含量较高的工具书。为扩大后期资助项目的学术影响,促进成果转化,全国哲学社会科学规划办公室按照"统一设计、统一标识、统一版式、形成系列"的总体要求,组织出版国家社科基金后期资助项目成果。

全国哲学社会科学规划办公室

2014 年 7 月

目　　录

导　论 ……………………………………………………………… 1

第一章　自由主义民主理论的演进 ………………………… 11
　一、17 世纪、18 世纪自由主义民主理论的奠基与兴起 ……… 12
　二、19 世纪自由主义民主理论的发展与完善 ……………… 30
　三、20 世纪自由主义民主理论的修正 ……………………… 47

第二章　自由主义民主的理论架构及特征 ………………… 71
　一、自由主义民主的理论架构 ……………………………… 71
　二、自由主义民主理论的特征 ……………………………… 94
　三、自由主义民主的信条:民主只能是自由主义式的 ……… 103

第三章　自由主义民主理论批判 ………………………… 106
　一、自由主义民主经济社会条件的局限 …………………… 107
　二、自由主义民主政治解放的限度 ………………………… 113
　三、自由主义民主参与观念的缺陷 ………………………… 119
　四、自由主义民主共同体理念的缺失 ……………………… 127
　五、自由主义公民身份观念的削弱 ………………………… 131
　六、对自由主义民主批判理论的审视 ……………………… 138

第四章　自由主义民主理论评价及其启示 ………………… 143
　一、自由主义民主理论的合理性 …………………………… 143
　二、自由主义民主不具有普适性和终极性 ………………… 151
　三、社会主义民主具有自身的优势和特点 ………………… 153
　四、社会主义民主面临着借鉴与超越的双重任务 ………… 164

结语　民主时代的中国方案………………………………………… 167

参考文献 …………………………………………………………… 172

导　　论

　　民主是人类的共同理想。自由主义作为现代性的主要产物之一,曾是推进民主发展的进步思想。如今,以个人权利为基础的自由主义支配着对民主的现代解释,极力宣扬西方民主价值观念和民主政治是现代最理想的民主模式,并将其当作普遍模式向全世界"推广"。"我们这个时代的标志就是在以民主化的名义占领伊拉克之后,布什政府在伊拉克自由政府尚未建立起来的时候就为伊拉克人民的前途作出了决定,认为伊拉克应该有一个媒体、能源、重工业都实行私有化的新自由主义的自由市场经济。没有任何协商。没有伊拉克人的参与。什么都没有。"①这支民主"十字军"是全球资本主义新的意识形态议程。自由主义民主被"合法化":民主被描绘为政府选举中公民的投票、多党竞争、三权分立等。这种民主被顺其自然地描述为唯一可以考虑的民主概念。按照自由主义意识形态的论证,民主只能是自由主义式的民主。"所有反自由主义的流派,也包括社会主义在内,都必然是反民主的。"②自由主义按照是否是自由主义国家的标准把世界一分为二,声称自由主义民主是"真正"的民主,非自由主义民主则被冠以"专政"与"独裁"的名称。对于社会主义国家的民主,自由主义一概笼统而武断地"宣布"为专制政体。"所有自称共产主义,或自称正向共产主义前进的政体,都是专政体制——这是共同的结构性特征……"③社会主义民主则被称为"虚假的'人民民主'或直接的独裁统治、'无产阶级专政',以及最近……强行推进的'现代化'"④。由此,自由主义民主似乎成了一种前进的标准,而前进的方向就是要将所有的国家都囊括进自由主义民主圈。西方主流思想界持有的这种对自由主义民主的强烈优越感,而对社会主义民主抱有的阶级偏见与意识形态色彩可以说是昭然若揭,并凭借他们在政治、经济和科技等方面的优势,强行向世界推行其民主价值体系和民主政治模

---

① [美]本杰明·巴伯:《强势民主》,彭斌、吴润洲译,吉林人民出版社2006年版,第5页。

② [奥]路德维希·冯·米瑟斯:《自由与繁荣的国度》,韩光明等译,中国社会科学出版社1995年版,第216页。

③ [美]乔·萨托利:《民主新论》,冯克利、阎克文译,东方出版社1998年版,第531页。

④ Franck,T.,"United Nation Based Prospects for a New Global Order", *New York University Journal of International Law&Politics*,1990,pp.47-48.

式,力图把广大发展中国家纳入西方式发展轨道。这对社会主义民主实践与理论的建构形成极大的威胁和侵蚀。

自由主义民主理论过于自恋,对于自身的理论缺陷视而不见。西方民主左派对自由主义者的这种自负提出了批评,为我们审视和批判自由主义民主理论提供了更广阔的视角。自由主义民主理论是服务于排他性的个人主义企图与私人目的。根源于这种不稳固的基础,所以不可能形成有关公民资格、参与或公共利益的坚实理论。事实上,在今天,我们要在一定程度上肯定自由主义民主的历史进步性及其积极价值,但是更要批判性地分析自由主义民主的准则和模式,认清自由主义民主存在的不足与缺陷,破除对自由主义民主的"盲目迷信"。自由主义民主远非民主的一切含义,而且私人资本的无限积累与民主之间的矛盾已经成为自由主义与民主之间不可调和的张力。实质上,自由主义意识形态是资本主义积累对私有制的需要而形成的辩护理论,自由主义民主与资本主义经济之间的"相互引证"是其理论的实质。马克思主义是对资本主义社会进行彻底批判的一种学说。"批判的思考是一种哲学方法。它既是一种武器也是一种工具。通过确定它的矛盾——包含在它的最有力的观点中的弱点,它可以帮助你从内部削弱一种已被接受的占统治地位的哲学。你只有了解了这个世界,才知道如何改变它。"①理解民主关键在于找到一种方法。马克思主义更多地是作为一种探索方法,一种角度,一种宽泛的理论框架来不断发挥它的影响。由此,以一个马克思主义者的视角,廓清自由主义民主的发展历程、归纳并解析其理论特征与实质就成为一项非常必要的基础性理论工作。② 在经典马克思主义民主理想的指引下,必须在新的历史条件下,批判与超越个人主义的、工具性的、自由主义的民主,并提供一个替代模式,是社会主义民主理论的诉求。这是本书的要旨所在。

一、自由主义:自由主义民主理论的哲学基础

20 世纪各色各样的民主观念不断登场。"20 世纪可以说是民主的世纪。各种类型的民主层出不穷、五花八门,如人民民主、大众民主、极权民主、精英民主、程序民主、实体民主、真民主、假民主、多元民主、参与民主、社

---

① [英]梅格纳德·德塞:《马克思的复仇》,汪澄清译,中国人民大学出版社 2006 年版,第 6 页。

② 参见乔贵平、吕建明:《自由主义民主理论评析》,《政治学研究》2009 年第 4 期。

会民主、经济民主、车间民主、电子民主、专政民主、宪政民主、集中民主、直接民主、间接民主、代议民主。它们中间有冲突、有交叉、有重合。"①在这里,民主既可以指一种政治理想,也可以用来描述一种现实的政治体制。对于这些多样、复杂的民主概念我们该如何区分与认识? 美国著名的民主理论家罗伯特·达尔(Robert A.Dahl)的观点也许能够为我们研究民主提供一个有效的起点,"没有一种真正的民主理论——而只有各色各样的民主理论"②。一种民主理论是在一系列假设和预设的基础上勾画出理想的民主图式。现代西方民主制度与实践正是自由主义式民主在现实政治生活中的运行。"理论通常是一种理解社会世界运行方式的相对具体的努力:它们的表述相对抽象,是经验的浓缩和系统化,并使我们能够前后一致地理解各种不同的信息。"③正是在这一思想的启迪下,笔者把民主理论理解为一种系统地阐释民主的方式与体系,而不是一套特定的民主制度和民主实践。霍克海姆认为"对大多数研究者来说,理论是某一学科全部主张的总和,这些主张相互联系地如此紧密,以致其中只有几大主张是基本的,其余的部分都由此衍生而出。"④在 20 世纪独特的历史情景下,无论是社会主义还是自由主义都试图证明其民主的正当性。二战后,在世界划分为东西方两大阵营的历史背景下产生了当代政治哲学的一个争论热点问题,就是资本主义民主与社会主义民主及其两者的关系的问题。如今,东西方对立的两极化世界已逐渐向多极化世界转变,但是,福山的"历史的终结"并不能终结资本主义与社会主义关于民主问题的争论。"在政治哲学的这个激烈争论中,西方自由主义认为只有资本主义民主是真实的,社会主义民主是不存在的;相反,传统的马克思主义则认为只有社会主义民主才是真正的人民当家作主,而资本主义民主是虚假的、骗人的。"⑤无论社会主义还是自由主义都从不同的立场叙说其民主的诉求。在这一争论过程中,社会主义和自由主义都经历了一个挫折、变化和发展的过程。我们该如何加以判断呢? 本书对民主理论的切入就是来看看思想家们是以何种方式对民主作出证明。

　　当代分析民主主要有两条路径。其一是经验主义的路径,是指从经验

　　① 刘军宁:《为什么民主必须是自由的?》,载刘军宁、王炎编:《直接民主与间接民主》,三联书店 1998 年版,第 24 页。
　　② [美]罗伯特·达尔:《民主理论的前言》,顾昕、朱丹译,三联书店 1999 年版,导言第 2 页。
　　③ [英]帕特里克·邓利维、布伦登·奥利里:《国家理论:自由民主的政治学》,欧阳景根、尹冬华等译,浙江人民出版社 2007 年版,第 233 页。
　　④ M.Horkheimer, *Critical Theory: Selected Essays*, New York, 1972, p.188.
　　⑤ 陈炳辉:《社会主义民主与资本主义民主》,《社会主义研究》2003 年第 2 期。

的和描述的角度来考察政治实践,根据一套特定的制度与程序来界定民主。其二是理想主义的路径,是对民主的一种理性主义的和乌托邦的理解,侧重于追求民主的实际含义与真实性,更多的是表达一种民主的理想。在民主理论的研究中,我们需要把民主的经验性与规范性结合起来。从希腊人阐发民主思想和制度以来的两千年的历史长河中,民主理论和实践的内容巨大。"而用以设计一个特定的探究、分析、经验性描述以及理论化领域的'民主理论'这一术语的运用仍然是相当晚近的事情,并且'民主理论'可能合理地包含的内容仍然是模糊的。"①但是,民主理论还是可以为我们提供一个思考当代政治问题的卓有成效的切入点。笔者认为,对各种民主理论的梳理与诠释,有益于我们重新认识民主的本质,真正理解民主的现象,准确把握民主的方向,对我国当前的民主政治建设乃至整个政治文明建设都有很强的理论意义与现实意义。

自由主义民主理论是以自由主义为其哲学基础的。② 自由主义民主理论的形成、发展与修正是与自由主义这一意识形态的发展与演变密切地结合在一起的。如果不把自由主义民主放在思想史的发展脉络当中进行理解,则很难对其作出比较准确的界定。自由主义具有深远的历史谱系。在近四个世纪的发展中,随着环境的变化而在不同的时间和地点自由主义表现为不同的形式。可以说,自由主义本身这一概念带有明显的含糊性、内部不同派别的分歧与争论的特点,不同时代、不同派别对自由主义的理解差异也是相当大的。但是,保持自由主义气质的基本核心信念是基本不变的。自由主义形成于17世纪、18世纪,19世纪开始成为资本主义世界中占统治地位的主流政治思潮和意识形态。从实践层面来说,几个世纪以来,西方的政治法律制度一直处于自由主义的支配之下。自由主义这一西方主流思想

---

① [美]罗伯特·达尔:《民主及其批评者》,曹海军、佟德志译,吉林人民出版社2006年版,导言第7页。
② 自由主义主要有四种含义:历史上特殊的、经济的、争辩性的、一般的。在狭义的、历史上特殊的意义上,"自由主义"是西班牙一个政治团体即自由派人士的观点,他们是1810年三月会议(温和的民粹主义团体留给传统导向的"摄政者"的遗产)中的成员,寻求英国式的立宪和议会政府——更准确地说,这个团体是"一种应当把法国革命会议、英国下院和16世纪西班牙北方地区议会的优点集于一身的一个代议团体"。争辩意义上的"自由主义",是对生活和社会的一种相对主义的、纵容性的态度,如"不要责备个人","让我们支持每一个人"。经济自由主义,主要指自由放任主义(laissez—faire),其核心观念是除了(一方面)最低限度地符合人道主义灾难事件中的同情心,以及解决(另一方面)在公共品益的提供上的市场失灵以外,政府不应该干预经济。一般自由主义有五个典型特征,即个人主义、普遍主义、平等主义、改良主义与理性主义,排除理想及政治中立。参阅[美]杰弗里·托马斯:《政治哲学导论》,顾肃、刘雪梅译,中国人民大学出版社2006年版,第305—320页。

意识形态的发展经历了从古典自由主义到现代自由主义两个发展阶段。①

　　从 17 世纪到 19 世纪是古典自由主义时期。自由主义的发源地在英国。约翰·洛克(John Locke)由于最早提出了自由主义原则而成为西方"自由思想的始祖"。洛克提出的有关个人自然权利的理论和政府必须基于被统治者同意的理论奠定了自由主义的两大基石。洛克的理论对美国革命与立宪产生了巨大的影响。1776 年北美 13 个殖民地发布的《独立宣言》以政治纲领形式阐明美国是以自由主义立国,1787 年制定的《美利坚合众国宪法》以法律形式确立了自由主义原则。1791 年生效的作为联邦宪法补充的《权利法案》增添了新的民主内容,为保障人民的民主和自由起着重大作用。宪政是美国对自由主义的最主要贡献。在 17 世纪,英国是欧洲自由主义的大本营。到了 18 世纪,自由主义的思想阵地便从英国转移到了法国。1789 年制宪会议通过的法国资产阶级革命的纲领性文件《人权与公民权宣言》,简称《人权宣言》,成为 18 世纪最典型的一部反封建的自由主义宣言。1791 年法国宪法将经典性政治文件《人权宣言》作为宪法序言,以法律的形式将启蒙思想阐述的人权民主思想规定下来,并与孟德斯鸠阐述的自由与分权思想一起把自由主义的影响扩展到整个西方。这一时期,自由主义成为资产阶级反对封建主义和封建制的有力思想武器。

　　经过 18 世纪自由资本主义经济的迅速发展,到了 18 世纪末至 19 世纪,为了适应资本主义自由竞争的需要,英国自由主义思想家围绕个人自由和国家作用进行了论述,竭力倡导经济自由、契约自由和竞争自由,提出国家应奉行放任主义政策,不干涉经济生活和社会生活,赋予个人以更大的自由。在 19 世纪,功利主义在观念领域占据主体地位。功利主义学说在批评自然权利学说和神权学说的基础上,将功利原则视为道德与立法的根本原则,它以功利原则为标准评价现实社会,并要求改造现实社会。J.边沁(Jeremy Bentham)提出的功利主义为自由主义奠定了新的理论基础,他指出国家的目的是保证"最大多数的最大幸福"。法国的本杰明·贡斯当(Benjamin Constant)和阿列克西·德·托克维尔(Alexis Tocqueille)在珍视自由的同时也关注民主,论述了自由与民主的矛盾关系。贡斯当对大众民主的恐惧来自他对法国大革命的感受,托克维尔对大众极权式民主的担忧则主要来自他对美国民主的考察。

　　从政治自由到经济自由,又发展为社会自由,标志着传统自由主义思想

---

① 　现代自由主义,关于自由主义发展历程划分为古典自由主义与现代自由主义两个阶段,参阅吴春华主编:《当代西方自由主义》,中国社会科学出版社 2004 年版。

发展的三个阶段。这一发展过程最终是由英国的约翰·斯图亚特·密尔（John Stuart Mill）完成的。①密尔提出了个人自由与社会控制的界限，把对自由的探讨从政治、经济领域扩展到更为广阔的社会领域，主张在社会生活中也应维护个人自由。他的小册子《论自由》成为个人主义的"宣言"，而《代议制政府》则是自由主义民主理论的代表作。密尔阐述了个人自由的基本原则，使传统自由主义思想发生了重大转折，为现代形式自由主义的出现奠定了基础。

现代自由主义（New Liberalism）产生于19世纪后期，盛行于20世纪。19世纪70年代，英国严重的经济危机使工人阶级的状况进一步恶化，广大工人以前所未有的团结战斗精神进行斗争。自19世纪末开始，自由主义为了缓和社会矛盾，遏制工人阶级的斗争，指导现实的政治实践，寻求一种既能继承以往政治传统，又能适合新的政治要求的新的思想形式。现代自由主义思想的最初代言人主要包括以 T.H.格林（Thomas Hill Green）、霍布豪斯（Hobhouse, Leonard Trelawney）等为代表的英国新自由主义政治派别和以韦尔（W.E.Well）、J.杜威（John Dewey）等为代表的美国现代自由主义者。现代自由主义提出既要坚持自由主义传统，又要实施国家干预、充分发挥国家作用的新理论。他们以道德理论为基础，认为人是道德的存在物，个人是自己利益的唯一判断者，但是个人不能脱离社会而存在，孤单的个人不可能幸福。个人自由的维护和发展应与公共利益、社会发展相统一。与古典自由主义者相比，现代自由主义对"自由"的解释有了显著的不同，把自由理解为制度框架之内的自由，主要表现为社会平等。现代自由主义者修正的最主要内容是"把政府找回来"，主张国家干涉是自由的必要保障：政府应为个人自由提供保证，其应该发挥更积极的作用；经济保障是自由权利的重要基础，政府对经济增长和稳定负有责任，强化对市场、行业和企业的干预是必要的；政府要加强对劳工阶层的保护，扩充公共教育，提升公共教育服务。②20世纪初现代形式自由主义逐渐成为英国官方政策的重要基础。以现代形式的自由主义为理论基础的罗斯福新政是在政治实践层面践行和推进了美国自由主义的发展。强有力的国家干预有效回应了工业革命和现代化带来的种种挑战，带来了资本主义世界经济的普遍繁荣，引起政治实践的深刻变化，现代自由主义在西方政治思想界名声大噪。为了实现第二次世

---

①　吴春华：《密尔政治思想的自由主义特征及其形成》，《浙江学刊》2002年第3期。

②　参见徐大同、马德普编：《现代西方政治思想》，人民出版社2003年版，第14—16页；吴春华编：《当代西方自由主义》，中国社会科学出版社2004年版。

界大战后的复兴,解决自由资本主义和自由市场经济所带来的问题,英国、法国、联邦德国等纷纷强化政府干预,建设福利国家。

20世纪五六十年代是现代形式自由主义发展的鼎盛时期,席卷整个西方世界。然而,"福利国家"政策在西方国家的广泛推行并不能根治资本主义社会固有的各种矛盾,70年代左右凯恩斯主义政策开始引发各种社会病,产生经济停滞与通货膨胀等经济问题,自由主义面临严重挑战,自由主义队伍急剧分化。在这个时期,现代自由主义在理论上有了进一步的发展,提出分配正义的问题。1971年J.罗尔斯(John Rawls)发表了《正义论》,对平等的思想作了系统而深刻的论证。罗尔斯提出的"作为公平的正义"理论阐述了每一个人在不侵犯他人同等自由的条件下都应该享有最广泛的自由,同时,强调政府采取辅助性手段改善社会中弱势群体处境的干预行为是塑造正义社会的一部分。以自由原则和平等原则为基础的正义论重新唤起人们对现代形式自由主义的热情。以罗尔斯为代表的一些现代自由主义者在继承古典自由主义理念的基础之上进行改造,强调发挥国家在经济发展、稳定和维护公民权利方面的积极作用,对现代形式的自由主义进行了多方面的反复论证。他们阐述自由主义现代形式的合理性、理论上的不可替代性和现实中的有效性,为现代形式自由主义的发展描绘出一幅诱人的灿烂画卷。

20世纪70年代随着"福利国家"政策的破产,为了捍卫和守护古典自由主义传统,自由主义意识形态内部的另一派以弗里德里希·冯·哈耶克(F.A.Hayek)等人为代表的新古典自由主义(neo-liberalism)逐渐兴起,他们反对政府对经济的不必要干预,竭力主张恢复西方传统形式的自由主义,高度评价"看不见的手"的功能,强调通过市场进行自由竞争是进行资源配置的最有效的机制。新古典自由主义者否定积极自由的原则,提出只有坚持传统形式的自由主义,资本主义社会才能解决自身发展中存在的矛盾,自由主义才会展示无比的活力。他们明确划定政府权限的范围以及个人在社会中不可侵犯的权利,强调任何集体利益的实现都不应该以压制合理的个人利益为代价,政府应最大限度地减小其对公民的强制,市场的自我调节是实现资源优化配置和充分就业的唯一选择。新古典自由主义提出了一揽子与"福利国家"政策相对峙的改革福利制度的措施,其影响急剧扩大并向全球蔓延。自此,古典形式自由主义与现代形式自由主义两种形式并存的局面形成。20世纪自由主义的演变,在一定意义上就是对自由主义古典形式与现代形式进行不断认识、修正、发展和应用的过程。两种形式的自由主义在相互争论、批评甚至论战中,彼此影响和促进。古典自由主义与现代自由主义在关于政府的恰当角色的问题上存在着剧烈的争论,但是,这属于自由主义的内部分歧。

本书中的自由主义是一种广义的表达方式,主要是把自由主义看作一种资本主义社会的主流意识形态,代表了一种对西方社会和政治生活的整体视角,系统地反映了一种关于个人与国家或政府之间关系的思想与观念体系,包括思维方式、价值体系与政治理论三个层次的内容。作为一种普遍观念体系的自由主义有关个人、社会和国家的信念为西方民主理论与实践提供了某种价值支持或论证。可见,自由主义民主是民主在自由主义哲学上的附着物。自由主义具有深远的历史谱系,其内部关于民主的某些方面或许存在争议与分歧,但是在长期的历史演化过程中依然形成了一些连续性和共同性的基本内容。一般而言,自由主义民主是建立在个人权利、自由竞争的市场经济和国家与社会的分离三大基石之上的,以自由、政治平等、法治、分权与制衡为基本原则,以代议制民主为主导模式的一种有关国家权力的恰当范围与限度的政治理论。

二、回归中国的民主方案:批判自由主义
民主式民主的目的

本书从民主理论的角度对自由主义民主进行了系统的研究,但其问题意识来源于中国。从自由主义民主理论这一主题出发,从政治思想史的角度深入挖掘西方自由主义思想家对民主的探索,以及由此形成的理论特征进行系统研究,对于我们更深刻地认识民主是一个有益的尝试。自由主义者自信地认为:"与社会主义作斗争唯一有效的思想武器就是自由主义。"[①]反其道而行也不失为一种认识问题的方法。站在马克思主义的立场上,"在质疑中肯定,从批判中汲取"是笔者对自由主义民主理论的基本取向。"在这里,重要的是一种理性反思和对话原则所主导的集体学习过程:我们的'对话者'不但包括'他人',也同样包括'前人';我们'反思'的不但有'前人'的世界,更有'他人'的世界,因为在我们置身的这个时代,'他人'的问题同时也是'我们的'问题——离开了'他人',甚至都已经没有办法来界定'我们'。"[②]没有任何一种社会科学理论能够被独立地有效评价。通

[①] [奥]路德维希·冯·米瑟斯:《自由与繁荣的国度》,韩光明等译,中国社会科学出版社1995年版,第89页。

[②] 应齐:《从"西化"导"化西"——写在"公共哲学与政治思想系列"之前》,载[英]乔纳森·沃尔夫:《政治哲学导论》,赵荣华、陈任博译,吉林出版集团有限责任公司2009年版,第4页。

过对自由主义民主观的形成、理念与原则的阐述与分析,对其合理性与局限性的认识,将有利于我们在社会主义民主建设中避免其缺陷,借鉴其优点。

　　不同的意识形态把民主以各自特殊的方式分析和理论化,在民主理论上打下了自己的烙印。社会主义,特别是马克思主义,对自由主义民主的批判是深刻的,抓住了其本质特征。但是,"在政治哲学领域,仅仅举证证明资本主义的缺陷是不够的,因为它太多的缺陷是众所周知的。对如此众多的(资本主义)批判的一个强有力的反驳如雷轰顶:'那么拿出你的替代物来!'把丘吉尔为民主所作的辩护转换成资本主义的辩护则是:'这是所有可能中最坏的制度,若无所有其他的制度'"①。不可否认,马克思主义经典作家就社会主义民主的构建主要是提出了一些基本的理论。同时,再加上在世界范围内社会主义民主的理论与实践还不够成熟,特别是社会主义国家在 20 世纪的民主实践的一些挫折,这也许是更为重要的,使得社会主义民主的传统话语失去了信仰。"作为一种必然性理论的科学的马克思主义在东欧的消亡,却换来了作为一种规范政治理论的马克思主义的诞生。"②如今,社会主义民主的理论与实践还处在摸索与成长之中,不能因为其在实践中出现过问题就否认它的历史价值和现实意义。在这样的历史近况下,社会主义民主理论的优越性还需要通过历史的发展来证明。

　　很多研究者在涉及中国民主问题的时候,往往关注中国式民主应当怎么样的问题。这主要涉及理想层面的问题,还很难回答应当怎样发展的问题。本书试图突破以下两个方面。首先,就研究内容方面体现为对中国式民主进行系统研究。本研究旨在通过观察中国的实践和经验,来说明中国式民主从何而来、走到了哪里、到何处去的问题。其次,就研究角度而言,要回答区别于西方的自由主义民主的中国民主方案的问题,就必须有一个历史的角度和一个比较的角度。本书意图从中国的视角(历史)和国际的视角(比较)来对这一"非西方式民主"作一些探讨。

　　要深化政治体制改革,完善社会主义民主,有许多问题要进行深入的研究。然而,在探讨和研究中国的民主政治问题的时候,人们头脑中有一个西方式的竞争性民主"参照物"。因此,要稳妥推进政治体制改革,发展社会主义民主政治,必须改变这个思想"参照物"。"当中国即将实现民族的伟大复兴的时候,因为没有自己的话语权,很多人依然在按照'先生'的'标准

---

　　① ［美］戴维·施韦卡特:《反对资本主义》,李智、陈志刚等译,中国人民大学出版社 2002 年版,第 2—3 页。

　　② ［加］金里卡:《当代政治哲学》(上卷),刘莘译,上海三联书店 2004 年版,第 304 页。

答案'来对照中国,依然在说中国是一个错误的国家。我们现在面临的真问题是,如果'标准答案'错了,学生怎么做都被认为是错的。是时候放弃某些标准答案而寻求自己的答案了。"①十八大以来,全面推进"中国式民主",不断丰富社会主义民主的内涵和形式,充分展现中国特色社会主义民主是保证人民当家作主的最广泛、最管用的民主,折射出中国共产党人对中国特色社会主义政治发展道路的探索在深入。

　　长期以来,很多人习惯于用西方发达国家的民主化版本来界定民主,把民主简单和机械地聚焦于制度表现形式。于是,自由竞选、多党政治、分权制衡等就被看成是民主化的"通用指标"。显然,这种版本的解释标准会对中国民主政治的实践造成误解,进而对社会主义民主实践与理论建构形成极大的威胁和侵蚀。因此,如何应对这种挑战,破除对西方式民主的"盲目迷信"就成为当前中国政治理论研究的重要课题。

　　中国的民主经过长期实践和反复探索已经形成了具有中国特色的一种新的民主政治模式。中国式民主不仅仅是一种理论,同时更是体现在中国民主政治建设过程中的实践上。这是一种民主自信。毛泽东早在20世纪40年代就明确提出了"以中国为中心的研究方法","我们研究中国就要拿中国做中心,要坐在中国的身上研究世界的东西。我们有些同志有一个毛病,就是一切以外国为中心,作留声机,机械地生吞活剥地把国外的东西搬到中国来,不研究中国的特点。不研究中国的特点,而去搬外国的东西,就不能解决中国的问题"②。在这个新时代,我们只有通过对目前流行的一些观点进行理性辨析并建立自己的话语体系,才能打破自由主义民主神话,打破简单用西方的社会科学话语来"关照"中国的做法,进而为中国渐进有序的民主化探索提供论证,构建中国特色社会主义民主理论体系。要通过抛弃以西方为中心的民主论述,代之"以中国为中心"的思维方式和研究方法的有机结合,不断显现、展示中国特色社会主义民主的价值与魅力。

　　囿于笔者自身的理论深度、学识水平、思考能力等现实因素的限制,本书对自由主义民主理论未能进行全面和透彻的评判,对社会主义民主理论没能提出更为深刻的构想,可能存在着诸多不成熟、疏漏的观点和想法。也许,本书可以使得人们清醒地认识自由主义民主理论的本质,深化对社会主义民主理论的认识,引起人们进一步深入研究社会主义民主理论与实践的热情与渴望。这已足矣!

---

① 杨光斌:《观念的民主与实践的民主》,中国社会科学出版社 2015 年版,第 1 页。

② 《毛泽东文集》第二卷,人民出版社 1993 年版,第 407 页。

第一章　自由主义民主理论的演进

> 现代政治思想曾认为,民主的幽灵无法无天,并且易于导致暴动骚乱。
>
> ——谢尔顿·S.沃林《变幻无常的民主》
>
> 自由主义解除了民主的武装。
>
> ——罗德·黑格《比较政府与政治导论》

民主诞生于古代希腊,"人民的统治"或"人民的权力"这一经典定义就是对当时希腊民主实践的描绘。从此,"人民"与"权力"成为民主的核心构成要素。与民主的现代用法相对的是,民主最初是一个消极、贬义的术语,意为由无产者或未受教育的民众统治,而不是指由所有人统治。民主理论的历史就是思想家们对"人民"与"权力"二者的内涵及其关系的不断追寻以使其和谐共存的历程。直到19世纪,民主事业才广泛地被政治思想家们担负起来。从古代的城邦民主发展为现代民族国家的民主形式经历了漫长的历史,可以说是与占西方主流意识形态的自由主义的兴起、发展与繁荣紧密地联系在一起。在这一过程中,自由主义政治理论的任务在历史上是不断变化的。这是因为由于时代特点的不同,决定了其所面对的社会境况是有所区别的,因而自由主义理论对于"人民的内涵"与"统治的方式"在不同的时期所赋予的内容是不一样的。本章主要是在自由主义的理论范畴内从历史性的角度来分析自由主义者对于民主的理解与建构。"自由主义者:目前是指相信政府为了满足个人需要而采取某种行动的人;最初是指抵制政府越界侵犯个人自由的人。在其最初意义上,这个词描述法国和英国正处于上升期的中产阶级,他们要求抛弃由占统治地位的贵族所制定的用来巩固自己统治的那些规则。在20世纪20年代,这个词的意义变为描述这样一些人,他们相信某种程度的政府行动对于保护人们'真正'的自由是必要的,这种自由与人们纯粹法律的(不必是现已存在的)自由是相对立的。"[1]在自由主义发展的历史脉络中,自由主义民主理论发展的线索渐渐明晰,其内涵与特征也就得到了彰显。

---

[1]　William Safire, *The New Language of Politics*, New York: Collier Books, 1972, pp.343-344.

一、17 世纪、18 世纪自由主义民主理论的奠基与兴起

"人民"作为民主政治的主体成为现代政治合法性来源是革命的产物。"鉴于似乎没有哪个传统的国家把基于自然权利的人民民主当作根本政治价值,要接受这些价值,替换掉传统的政治价值,自然就免不了一场革命。"①资产阶级随着经济地位不断上升,开始为在政治中争得一席之地而发动革命,向过去被排斥的阶层开发政治体系,扮演着民主推动者的角色。在 17 世纪、18 世纪的革命时期,夺取国家政治权力与制度建构成为资产阶级的历史使命。

(一) 17、18 世纪资产阶级革命时期

经过 15 世纪、16 世纪的发展,到了 17 世纪现代意义上的国家概念和作为一种抽象的公共权力的国家观念已基本确立。近代民族国家兴起的同时,资本主义在迅速发展,资产阶级经济力量不断壮大,逐步展开了与封建专制势力的政治斗争。"这一时期,西方社会经历了由传统向现代化演进的深刻变革。在经济上,新的资本主义生产关系与市场经济经历了由萌发、形成到发展的过程,生产力获得巨大的发展;在政治上,资产阶级通过革命和改革,完成了夺取政权和制度建设的任务。"②自由主义是随着资本主义的兴起而产生的一种思想,形成于 17 世纪的英国。"整个 17 世纪,包括英国在内的整个欧洲卷入了一场政治革命,其意义不亚于思想和科学革命。这场革命有时表现得非常激烈。……在这些动荡的过程中,有些东西崭露头角:主权国家克服封建多元结构脱颖而出;为了结束宗教派别之间的争斗,人们致力于寻求宗教和解的方式;个人主义的兴起,取代中世纪的团体和集体个性;个人自由与新国家的主权权威之间的对立问题开始突现。新的政治理念大量涌现,涉及主权、宗教宽容、自由和权威等内容。人们寻求能够实现完美国家的方案。"③1688 年英国的光荣革命标志着资产阶级在政治上取得胜利,自由主义的立宪政府的主张得到确立。约翰·洛克(John Locke,1632-1704)是这次英国革命的哲学家。洛克的《政府论》是对英国

---

① 刘小枫:《施密特论政治的正当性》,载舒炜编:《施密特:政治的剩余价值》,上海人民出版社 2002 年版,第 7 页。

② 高建:《重视对西方近代政治思想的研究》,《浙江学刊》2002 年第 1 期。

③ [美]罗兰·斯特龙伯格:《西方现代思想史》,刘北成、赵国新译,中央编译出版社 2005 年版,第 65—66 页。

一个世纪以来政治实验所得结论的提炼,是对光荣革命所奠定的英国宪政的辩护。"创建新的政治理论体系,为资产阶级夺取政权的革命行为的合法性辩护,按照资本主义经济内在要求的自由、平等、法治的原则设计新的政治制度,并论证其合理性,就成为这一时期政治思想的主题。"①17世纪英国自由主义理论的产生与历史现实之间紧密相连。洛克的自由主义方案解答的是如何构建一种政治秩序以保障获得政权的新型资产阶级的天赋人权。

18世纪是西方资产阶级在英国革命的基础上进一步发展,并在整个西方确立统治地位的全胜阶段。民主作为一种政府形式的确立源于其革命性的精神。"从历史角度看,现代民主和古代雅典民主的产生都与革命紧密相连。在每个事例中(公元前15世纪,17世纪40年代,1776年和1989年),都激发了民主观念的产生,并急剧扩大了政治参与的范围,使得此前被排斥,或处于边缘地位的社会阶层积极参与进来。"②1776年美国的《独立宣言》以及1787年的《权利法案》以政治纲领形式和宪法形式确立了自由主义原则。改变近代民主历史的,最主要的不是民主的理念,"在18世纪,民主的理念只是一种虚弱无力的存在;而是平民的行动,尤其是法国大革命时代迸发的参政大潮。我们几乎可以说,一下子,曾经作为哲学家或者平民激进分子头脑中的抱负或梦想的政治理念,被提上了现实政治的日程。不仅法国乃至欧洲是这样,整个世界都是如此。法国大革命的原则和先例促成了海地加勒比人首次奴隶起义的成功以及南美洲的政治独立运动。这些运动都提出了民主问题,即人民权力问题"③。18世纪美国独立战争和法国大革命是民主发展的巨大推动力。

随着民族国家政治共同体的形成,人民主权思想从被隐没的政治论说中"解放"出来,发展成为取代宗教的神圣合法性的唯一来源。"欧洲被誉为是公职任期制、议会、出版自由和政府必须获得本国居民同意等基本民主实践的诞生地,而让查理一世统治夭折的利刃,使得欧洲作为代议制政府故乡的声誉更加坚实了。"④实现公民在归属感上从对宗教、民族忠诚转向对民族国家政治共同体的忠诚是一个人成为现代公民的先决条件,也是现

---

① 徐大同、高建编:《西方政治思想史》(第三卷),天津人民出版社2005年版,第3页。
② [美]谢尔顿·S.沃林:《变幻无常的民主》,载[美]塞拉·本哈比编:《民主与差异:挑战政治的边界》,中央编译出版社2009年版,第38页。
③ [英]安东尼·阿伯拉斯特:《民主》,孙荣飞、段保良译,吉林人民出版社2005年版,第54页。
④ [澳]约翰·基恩:《生死民主》,安雯译,中央编译出版社2016年版,第273页。

代民族国家政治体制得以生存的前提。这一时期的自由主义主要是反对
专制统治,争取民主权利,保障个人的生命、自由、财产以及追求幸福的权
利。社会学家 T.H.马歇尔把权利的发展划分为三个阶段:公民的阶段、
政治的阶段和社会的阶段。公民权利则主要包括个人的自由权、言论和
思想自由、恰当的程序。"公民的要素由个人自由所必需的权利组成:包
括人身自由,言论、思想和信仰自由,拥有财产和订立有效契约的权利以
及司法权利。"①马歇尔认为,在 18 世纪公民权利得到了极大的发展,这
些权利通过正式的司法系统得到维护。言论自由、获得公平审判的权利
和获得司法援助的平等权利等权利在 18 世纪结束之前就已经大致地达
到了。"17 世纪和 18 世纪的革命冲突带来了政治参与和成员资格观念
的扩张。政治公民概念的形成,是民族国家历史发展的重要附属物,民族
国家已成为当代政治生活的主要政治单元。绝对主义的失败和宪政主义
的延续,为议会权利和政治参与的逐步发展创造了合适的环境。"②因此,
在 17 世纪、18 世纪的革命时期,自由主义政治理论的主题主要是夺取国家
政治权力,并在此基础上围绕着如何分配和制约国家权力、如何行使和保障
个人权利,提出并实践了各种政治制度的设计与选择,建构了西方政治制度
的基本框架。

(二) 洛克:个人权利政治观的确立③

17 世纪自由主义的兴起成为自由主义民主的起点。作为自由主义之
始祖的约翰·洛克为自由主义式民主的发展作出了奠基性的贡献。"我们
可以说,洛克是资本主义这样一个时期中的自由主义的思想代表,在这个时
期,市民阶层不需要一个绝对君主来约束贵族、来统一民族国家,而希望废
除绝对君主制、直接支配政府。洛克的资本主义的出发点是社会契约,不可
侵犯的个人权利,以及将主权放在人民手中的政治理想。"④作为 1688—
1689 年英国光荣革命的哲学家,洛克通过代议机构和改革后的君主制之间
的妥协确立人民主权,把握了整个时代的精神。当然洛克不是严格意义上

① [英]T.H.马歇尔:《公民身份与社会阶级》,载郭忠华、刘训练编:《公民身份与社会阶级》,
江苏人民出版社 2007 年版,第 7 页。
② [英]布赖恩·特纳:《公民身份理论概要》,载郭忠华、刘训练编:《公民身份与社会阶级》,
江苏人民出版社 2007 年版,第 228—229 页。
③ 本部分内容以《自由主义民主的道德根基的确立——洛克对自由主义民主理论的贡献》
为题发表于《贵州师范大学学报》2015 年第 3 期。
④ [挪]G.希尔贝克、N.伊耶:《西方哲学史》,童世骏、郁振华、刘进译,上海译文出版社 2012
年版,第 335 页。

的民主主义者,但是他阐述和论证的一些基本原则奠定了自由主义民主理论的发展方向,后来逐渐发展为"洛克原则"。比如政府的目的是保护个人的自然权利,即生命、自由与财产;政府的合法性权力起源于人民,人民通过社会契约委托政府进行统治;强调法治;等等。"洛克确实被人们视为与自由主义政治思想的发展有密切关系,既然如此,按照通常的思维模式,他的名字也与民主的理念相关联了。"①正是洛克围绕政治权力的起源、性质、目的、限度等政治思想的基本主题为自由主义民主理论发展奠定了基本方向与轮廓。

1. 政治权力源于人民的委托

关于个人与国家关系的概念构成了自由主义全部学说的基础。自由主义认为,个人是基本的社会单位,社会与国家都是从个人出发而形成的。在近代,自由主义者把个人与国家的关系理解为契约关系、目的与手段的关系。洛克论证说,人民是通过社会契约委托政府进行统治。社会契约的作用就是将人民的权力授予政府。"政治权力是个人交给社会的他在自然状态中所有的权力,由社会交给它设置在自身上面的统治者,附以明确的或默示的委托,即规定这种权力应用来为他们谋福利而保护他们的财产。"②政府应该建立在契约和同意之上,政府是为了人民利益而设立的财产托管机构。人们通过结成社会契约,成为共同体的一个成员。

"最高权力属于人民"是近现代西方建立民主制度的首要原则。在洛克的政治思想中,最高权威是人民,政府通过人民的"同意"来统治。人民对一项新的社会契约表示同意从而进入政治体,人民的"同意"成为新的合法性的基础。洛克从自然状态出发构建合法的政治制度,"凡是脱离自然状态而联合成为一个共同体的人们,必须被认为他们把联合成共同体这一目的所必需的一切权力都交给这个共同体的大多数,除非他们明白议定交给大于大多数的任何人数。只要一致同意联合成为一个政治社会,这一点就能办到,而这种同意,是完全可以作为加入或建立一个国家的个人之间现存的或应该存在的合约的。因此,开始组织并实际组成任何政治社会的,不过是一些能够服从大多数而进行结合并组成这种社会的自由人的同意。这样,而且只有这样,才曾或才能创立世界上任何合法的政府"③。个人的权

---

①　[英]安东尼·阿伯拉斯特:《民主》,孙荣飞、段保良译,吉林人民出版社2005年版,第46页。

②　[英]约翰·洛克:《政府论》(下),叶启芳、瞿菊农译,商务印书馆1964年版,第105页。

③　[英]约翰·洛克:《政府论》(下),叶启芳、瞿菊农译,商务印书馆1964年版,第61—62页。

利是自由主义的话语和"价值",政府的使命就是要维护这种个人权利。洛克的契约论是基于自然法和自然权利理论来论证政府的权力来源于人民的转让,内含了人民拥有最高的权力的政治解释。政府统治的正当性基于公众同意,并且以保障社会的安全以及人民的生命、自由和财产权利为主要目的。一旦政府的行为背叛了公民的委托,变成了压迫性的机构,人民就有权利以革命暴力的手段将权力重新收回。

2. 政府的目的是保护个人权利

个人权利的正当性是自由主义民主的首要特性。政治哲学与自由民主理论之间存在着密切的关系。自由主义民主是民主在自由主义哲学上的附着物。"民主理论家很少受抽象的哲学立场驱动而得出他们本不愿意得出的政治观点(即便曾经有过这种情况)。相反,当理论家们预先假定,或积极投身于某些重要的政治问题时,他们会想尽一切办法使得自己的政治哲学立场与实际政治问题相适应。"①洛克的民主思想是受到其有关自然权利的自由主义哲学的强烈影响,对于西方民主理论的发展产生了深远影响。

在自由主义的辞藻和论证中,个人在进入社会之前就拥有基本的权利,而且这些权利具有至高无上性,社会和政府的目的在于保护个人的权利,实现个人利益。洛克是持这一观点的代表人之一。生存的权利,享有自由的权利以及财产权是人所拥有的"自然权利"的主要内容。他指出,理性是人自身的产物,理性即是自然法,作为理性的自然法为人类规定了生命、自由、财产等不可让与、不可剥夺的自然权利;为了保护人民的权利,人们之间订立契约、建立国家,政府的目的就是保护人们的权利不受侵犯。洛克对财产权进行了个人主义式的道德证明,即人通过劳动获得了财产权,"无私产即无私权"。洛克将人身理解为具有生命力的躯体,每个人都对自己的身体具有所有权。由自己身体从事劳动及其工作能够创造财富。这种人身所有权是财富的唯一来源,只有自己有权利拥有。以劳动与一件东西结合是最稳固的所有权根据。洛克特别推崇个人财产在公民权系列中具有首要地位,鲜明地指出了财产是公民权的发展根基,除非经过自愿同意,否则不容侵犯。洛克将财产权合法化,人在组成政府之前具有多种权利,政府的组建是为了保护这些权利。"人们参加社会的理由在于保护他们的财产;他们选择一个立法机关并授以权力的目的,是希望由此可以制定法律、树立准则,以保卫社会一切成员的财产,限制社会各部分和各成员的权力并调节他

────────

① [加]弗兰克·坎宁安:《民主理论导论》,吉林出版集团有限责任公司2010年版,第42页。

们之间的统辖权。"①政府的作用是为了保障人民按照自己的意愿来运用其财产的自由。洛克的财产论主要着力点在于维护既有的财产关系以免被国家威胁,重点在保护权。洛克时代之后,财产权被看作是基本的自然权利。

自由意味着在自然法限度内行动的自由。洛克把自由作为自然法赋予人的不可剥夺的自然权利之一,他的全部理论都是从维护人的自由出发的。"现代早期思想家,从马基雅维利到洛克,则将民主理想同个人主义相联系,以便实现个人自由。"②个人财产所有权与个人自由之间存在的紧密联系是洛克政治思想的一个突出主题。"洛克持有一种早期的个人主义者所没有看到的明晰洞见,即个人的独立必须以私人财产权在法治之下得到安全地保护为前提条件。洛克以后,公民社会需要广泛分布的个人财产权这一看法成为自由主义文献的一个重要主题;并且,这一洞见体现了洛克对自由主义的最大贡献。"③任何政府如果超越了自身的权限,或者侵犯了公民基本的自然权利和自由,或者没能有效地履行职责,那么,人民就有权解散整个政府,收回权力。在此,洛克表达了自由主义者恪守的一个基本的政治信念,即个人的权利是一种政治秩序的基础观念。

3. 法治与分权的主张

作为一名契约论者,洛克在其《政府论》中所阐述的政府是人类以自愿同意为基础而创建的产物,其权力局限于对个人权利的保护。建立在契约论之上的洛克式的政府是有限政府。洛克提出,政府是人们通过与统治者签订社会契约而建立起来保护个人的自然权利的政治组织,因此,必须对政府的行为进行控制,实行法治和分权。"洛克有时被认为是一个早期民主、分权以及法治的理论家,但前两个主题在他的政治著作中并没有得到任何详尽阐释。……相形之下,洛克对法治的强调更为有力和隽永。"④法治是洛克主张的一种限制政府滥用职权的方式。洛克提出:"无论国家采取什么形式,统治者应该以正式公布的和被接受的法律,而不是以临时的命令和未定的决议来进行统治。"⑤同时,洛克的政治思想也体现了对政治权力的

---

① [英]约翰·洛克:《政府论》(下),叶启芳、瞿菊农译,商务印书馆1964年版,第133—134页。

② [美]唐纳德·坦嫩鲍姆、戴维·舒尔茨:《观念的发明者》,北京大学出版社2008年版,第269页。

③ [英]约翰·格雷:《自由主义》,曹海军、刘训练译,吉林人民出版社2005年版,第20页。

④ [英]戴维·米勒、韦农·波格丹诺主编:《布莱克维尔政治学百科全书》,邓正来译,中国政法大学出版社2002年版,第459页。

⑤ [英]约翰·洛克:《政府论》(下),叶启芳、瞿菊农译,商务印书馆1964年版,第85—86页。

不信任,强调法律的权威及其对政治活动的指导,不受任何法律控制的权力本身就意味着对个人权利的威胁。

从维护个人自由权利出发,洛克主张从权力结构上分权,即立法权、执行权和对外权的分立。立法与财政权由议会直接掌握,洛克视立法权为国家最高权力,以立法权制约国王的行政权。洛克认为:"立法权是指享有权利来指导如何运用国家的力量以保障这个社会及其成员的权力。"①所以,立法权是"国家的最高权力",当共同体一旦把它交给某些人时,它便是神圣的和不可变更的。在洛克看来,立法权为最高权力,主要是立法权制约行政权(执行权)。执行权是负责执行被制定的和继续有效的法律;对外权是负责决定战争与和平、联合与联盟以及同国外进行一切事务交往的权力。他虽然将权力机构视为政治共同体内实行压迫和暴政的主要根源,但亦承认,一个由大众选举产生的立法机构,如果滥用了权力,也可能丧失效力。"在现代国家中,唯有英国曾经竭力推动议会民主,其他现代国家的政府体制都是从英国体制派生出来的。清教徒革命时期的鼓动家以及政治思想大师——哈林顿、霍布斯和洛克——都对这一历史性成就做出贡献。"②可见,洛克的分权思想是英国议会民主的理论论证。洛克主张立法权属于议会,奉行的是"议会至上"的原则,国王则只有行政权。一旦王室滥权而侵害到社会的利益,议会便有天赋的、不可让渡的权力与之对抗,必要的话还可以取代犯错的行政部门。洛克的使命是通过加强议会权力来削弱或架空王权,为资产阶级确立的新的社会秩序提供理论依据。总之,洛克关于法治之下的议会制政府的思想是对英国自由主义的一种独特的解释与运用。"中古教会代表基督教社群最高道德的传统权利,即制衡世俗政府、在极端的情况下甚至解除其权威的权力,已经以纯世俗的形式再度伸张。议会成为公民社群最高道德利益的代表,被催促去接受从前由宗教权威行使的功能。"③洛克的分权思想由后来的孟德斯鸠继承并进一步发展,对美国三权分立制政权产生了一定的影响。

4. 个人权利:自由主义民主道德根基的确立

自由主义作为一种政治意识形态是通过 17 世纪英国的实践而形成的。最先在英国起源和形成的自由主义是作为一种与封建专制作斗争的思想运

①　[英]约翰·洛克:《政府论》(下),叶启芳、瞿菊农译,商务印书馆 1964 年版,第 89 页。

②　[美]罗兰·斯特龙伯格:《西方现代思想史》,刘北成、赵国新译,中央编译出版社 2005 年版,第 95 页。

③　[美]弗雷德里克·沃特金斯:《西方政治传统:近代自由主义之发展》,李丰斌译,广西师范大学出版社 2016 年版,第 58 页。

动出现的。自由主义者所倡导的个人权利与人民主权的观念为挑战在近代
欧洲占主导地位的绝对主义的理论和实践提供了思想基础。

洛克运用绝对权利的话语论证了人民主权的政治理念,明确人民是合
法性的唯一来源。人民主权思想代表着正在上升的资产阶级追求自由的诉
求。在这一时期,"人民统治"这一民主理念成为自由主义反对专制统治的
思想武器,宣称人民的权力是合法政府的唯一来源。"这是一场 17 世纪自
由主义观念占统治地位的运动:为了建立私人财产的权利和政治权力,以及
为了自由与财产权和繁荣之间的惯常联系。"①在洛克的理论中包含了潜在
的革命性,比如,政府产生于被统治者的同意,建立在人民同意的基础之上,
当政府不能承担有效保护人民的自然权利的责任时,人们有权推翻现有的
统治而建立新的政府。

确立个人权利为自由主义式民主的道德根基。现代政治的首要特点就
是通过一系列的抽象和分离来构建和强化国家或政治权力。从 15 世纪到
18 世纪,"在这段三到四个世纪的时期内,西方国家也出现过为正在崛起的
自由主义政治制度提供规范基础的思想家。洛克是最早进行这种论证的思
想家之一。他提出,公民应当探索能够确保他们享有自然权利的机制上和
实践上的措施"②。洛克论证的生命、自由和财产的自然权利观念成为现代
人权观念的先驱。"现代民主是解决神学政治问题的抽象政治的发展后
果。只有人被抽象为独立平等的个体后,才有可能构想现代民主,而民主的
发展也会不断推进这一抽象。这一抽象为个体在独立平等的前提下重建他
们之间的纽带、参与共同生活提供了可能……因此,抽象政治使得西方重新
发现罗马共和国灭亡后失落已久的共同政治生活成为可能。"③洛克主张个
人为社会和法律的基础,社会和制度的存在就是为了推进个人的目标。洛
克把人抽象为以自我保存为目的的个体,在此基础上建立掌握最高权力、保
护个体安全和社会秩序的国家。洛克以个人神圣不可侵犯的自然权利为根
据来论证一种政治秩序的建立,代表了一种自由主义的政治思维方式。这
时的自由主义无疑起了积极的历史作用。"从霍布斯与洛克的自然权利以
后,以权利的眼光、术语和范畴来看待和讨论政治学及政治问题的权利政治
观,从近代以来至今日,已经成为西方政治思维的一种传统与习惯,权利一

---

① ［英］安东尼·阿巴拉斯特:《西方自由主义的兴衰》,曹海军等译,吉林人民出版社 2004
年版,第 196 页。

② A.H.索姆杰:《西方民主理论与非西方民主经历:印度》,载［美］霍华德·威亚尔达主编:
《民主与民主化比较研究》,北京大学出版社 2004 年版,第 108 页。

③ ［法］马南:《民主的本性》,华夏出版社 2011 年版,第 34 页。

词仍或明或暗地主导着西方的政治话语。"①

对政府"不信任"的理念的确立。自由主义的兴起几乎同时伴随着西方现代国家的兴起。"自由主义民主的核心优点就在于:它既使得有益于其公民的高效和强大的现代国家的建构得以可能,又能够约束国家的权力并避免滥用这种权力而对公民形成伤害。"②自由主义从理论上对民主问题作出论证正是通过制度和程序赋予其现实的效力,从而有效地维持国家权力的运转与制约之间的平衡。洛克提出了一套何为正当政府的理论。这个政府理论是建立在自然法理论之上的。他认为人类在进入文明社会之前处在一种自然状态之中,人们在其中享有自由和平等。然而,为了获得确定的法律的保护,人们通过契约建立起了国家这个共同体。在社会契约之下,公民制定法律并同意加以遵守,同意产生资格。"多数同意"的概念成就了民主制度,但同时也伴随着对"多数暴政"的恐惧。因此,在自由民主制的宪法里建立了监督与制衡的系统,借由划分权力至几个不同的部门以限制政府的权力。免于国家干涉的自由是一种自由主义的思想传统。可以说,"剥离掉一切表层以后,自由主义就是宪政,亦即'法治的政府而非人治的政府'"③用法律来规制政府是自由主义者根深蒂固的一种信仰。法律的统治是为了确保对国家权力的限制,使其只能以一种中立的方式发挥调节功能,从而保障社会的公平与公开。

人民主权、同意和反抗权这些原则都被洛克纳入一个以财产为基础的个人权利为核心的理论之中。洛克的政治理论为今后自由主义的发展提供了一个以个人权利取向的、有限的、权力分立的民主政府的基本方向与框架,在后来美国的宪法和政治实践中得到了最充分的运用。正是从洛克开始,自由主义开始在西方文明中真正崛起。

(三) 孟德斯鸠:分权原则的确立

使三权分立与制衡的思想成为自由主义民主理论的重要原则的最突出的贡献者是孟德斯鸠(Montesquieu,1689—1755),全名为沙利·路易·德·斯龚达·孟德斯鸠。自由与权力之间的冲突一直是自由主义在思考政治时的核心问题之一。权力分立是自由主义为了实现限制政府权力而进行的一种制度上的具体构想。事实上,分权思想是西方政治思想中一个重要

---

① 徐大同、高建编:《西方政治思想史》(第三卷),天津人民出版社2005年版,第294页。
② [加]威尔·金里卡:《当代政治哲学》,刘莘译,上海三联书店2004年版,序第5页。
③ C.H.Mcllwain, *Constitutionolism and the Changing World*, New York,1939,p.286.

内容,其源头可以追溯到古希腊,从柏拉图的混合政体理论,到亚里士多德提出的议事、行政、审判的政体三要素说,再到罗马帝国时期,希腊人波利比阿通过对罗马的政治制度进行广泛的实地考察和系统的理论分析,发现国家权力体系各构成部分和机构之间的制约与平衡的这种政治制度的优越性是罗马人成功的原因。之后,罗马人西塞罗阐发了波利比阿提炼和总结出的分权与制约平衡原则,为后来的三权分立学说奠定了理论基础。到了近代,自由主义兴起以后,随着西方政治实践的发展,洛克在前人的基础上阐述了一套近代型的分权学说,提出了立法权、执行权与对外权三权分立制衡的主张,实际上是行政权与立法权的两权分立。作为西方政治传统的三权分立与制衡理论的真正创立者孟德斯鸠为自由探寻坚实的基础。

1. 权力分立与制衡为保障自由的唯一方法

孟德斯鸠继承并发展了洛克的分权学说,以 18 世纪英国的统治形式和经验为依据提出了著名的权力分立和制衡理论。孟德斯鸠明确地将政府的权力划分为立法权、行政权与司法权三个部分,并就这三部分如何分属,如何行使其职责做了具体说明。孟德斯鸠把洛克提出的执行权和外交权归并为行政权,用这种权力来决定媾和或宣战,派遣或接受公使,保障国内公共安全,防御外敌侵略。第三种权力为司法权力,主要用来惩罚犯罪,或裁判私人讼争。同时,他在对国家权力的合理分工的基础上,又指出三种权力之间要互相监督,互相制约。各机关的相互制约表现为三方面。首先,由君主掌握的行政机关拥有对立法的否决权,立法机关不能自行集会或闭会,而由行政机关来决定。这是行政机关以否决的特权对立法机关行使权力的一种约束和牵制。两院同受行政机关的限制。在孟德斯鸠看来,立法机关作为代表合法性的拥有者最容易滥用其手中的权力。其次,立法机关由议会控制,它对行政机关执行法律的情况进行监督,议会享有对行政首脑的违法行为的“弹劾权”,这是行政机关受立法机关牵制的一种表现。再者,由法院独立行使司法权,司法机关对立法机关制定的法律、法令是否合乎宪法和行政首脑的执行情况享有监督权。三项权力中的任何一方,都是为了抵制另外两方中的任何一方施行专制的倾向。“当立法权和行政权集中在任何一个人或同一个机关之手,自由便不复存在了……如果同一个人或是由重要人物、贵族或平民组成的同一个机关行使这三种权力,即制定法律权、执行公共决议权和裁判私人犯罪或争讼权,则一切都完了。”①孟德斯鸠明确反对把立法权、行政权、司法权这三种权力掌握在同一个机关或同一些人手

① 　[法]孟德斯鸠:《论法的精神》上册,张雁深译,商务印书馆 2004 年版,第 185—186 页。

中,不论是一个人、少数人或者许多人,任何两权也不能合为一体,否则便是专制,便会扼杀自由。立法权主要负责按照法定程序制定法律,并且修改和废止已制定的法律,同时他也明确提出了司法独立的原则。孟德斯鸠设计的三权之间的关系是平等的,否认立法权优越于行政权。他认为三权不仅鼎立,而且彼此牵制实现相互制衡。

　　孟德斯鸠的分权理论是以维护人的自由权利为出发点的。政治权力的分立与制衡是防止权力滥用,保障公民政治自由的重要条件。"一个公民的政治自由是一种心境的平安状态。这种心境的平安是从人人都认为他本身是安全的这个看法产生的。要享有这种自由,就必须建立一种政府,在它的统治下一个公民不惧怕另一个公民。"①而当任何一切权力合而为一时,任何自由都不可能存在。孟德斯鸠认为,政治结构各组成部分在法律上相互制衡的体制对于自由是十分重要的。自由只能通过行政、立法和司法机构三权分立与制衡机制来加以维护,并把这一学说作为自由立宪的条件。"孟德斯鸠的政治著作的重大意义在于他提出了如下命题:在一个人人均有野心并把自己的特殊利益置于他人之上的社会中,必须创立一些制度来把这种野心转换成良好有效的统治。"②三权分立与制衡机制从此成为自由主义民主理论中保障自由、维护个人权利的一项基本原则。只有权力被分割、受到遏制才能维系自由成为自由主义政治理论的一个历史传统。

　　2. 拓展民主和代议制之间的链接

　　孟德斯鸠在论述关于政体分类的思想中包含了民主政治的三项基本内容:人民拥有主权,通过享有普选权来实现人民的意志,人民需要把某一部分权力委托给自己的代理人。在《论法的精神》中,孟德斯鸠也依古法把政体分为共和政体、君主政体和专制政体三种,都有其性质、原则与目标。君主政体是一个人依照法律为治。专制政体则是一个人在不受法律约束下统治。共和政体则是全体人民或仅仅一部分人民握有最高权力的政体,包含民主政治和贵族政治两种形式。共和政体是主权在民,或部分人民,即共和国的一部分人民握有最高权力时就是贵族政治,"共和国的全体人民握有最高权力时就是民主政治"③。在这种民主政体中,人民通过选举来体现人民的意志。这种政体是人民主权的表现。"恰恰是孟德斯鸠提出的关于民主的定义,成了对欧洲民主演变过程进行系统研究的不可避免的出发点。

---

① ［法］孟德斯鸠:《论法的精神》上册,张雁深译,商务印书馆2004年版,第185页。

② ［英］戴维·赫尔德:《民主的模式》,燕继荣等译,中央编译出版社2004年版,110页。

③ ［法］孟德斯鸠:《论法的精神》上册,张雁深译,商务印书馆2004年版,第9页。

由于认为立法权应该委托给代议制议会,孟德斯鸠把宪法的职能交给了议会,并且把反映民意的任务交给了代表。"①孟德斯鸠提出了民主的基本内容:人民拥有主权,人民通过享有普选权来实现人民的意志。"只有通过选举,人民才能当君主,因为选举表现了人民的意志。主权者的意志,就是主权者本身。因此,在这种政治之下,建立投票权利的法律,就是基本法律。民主政治在法律上规定应怎样、应由谁、应为谁、应在什么事情上投票……"②这一思想包含着丰富的民主内容,对于民主的本质及其相应的制度与法律规范都跃然纸上。在此,有关选举权利的法律成为民主政体的保证。这是对民主的法治原则的论证与坚守。

在此基础之上,孟德斯鸠提出在民主政体中人民任命自己的代理人。人民指派自己的代理人,即官吏,是民主政体的一个基本准则。"多数公民有足够的选举能力,而不够被选资格。同样,人民有足够的能力听取他人关于处理事务的报告,而自己则不适于处理事务。"③握有最高权力的人民需要把某一部分权力委托给自己的代理人,让代理人去做自己做不好的事情。孟德斯鸠虽然信任民众,但认为民众最适宜于择人,不适宜于治事。将人民的事务交托给人民选出的"代理人"去执行,这是以代议对民主进行新的定义。如此一来,与洛克论证权力的起源问题不同,孟德斯鸠以威胁自由的权利为起点,重点考察权力的实施或者功能的实现,以避免权力的滥用。代议制民主"这个词汇要到18世纪末才开始被立宪者和政论作家用来指称一种新的制度形式。没有人知道谁第一次使用了'代议制'这个词。这个矛盾修饰似乎是盎格鲁——法兰西——美利坚共同孕育的果实。18世纪法国一位政论作家的工作特别具有开创性的意义。此人的名字是查理-路易·德·瑟贡达·孟德斯鸠男爵……他很可能没有意识到他的论述颠覆了人们在此问题上的传统思想方式"④。普通的民众有能力选举他们的代表,但不具有进行统治的能力是"富有"的自由主义者的一贯主张。这里的民众代表主要指的是一种资产阶级的公众,防备,拒斥,甚至鄙视农民、城市无产阶级、无业游民等社会其他大众是资产阶级意识形态的一个组成部分。"'人民'的表述本身在当时(18世纪——引者)颇具两重性,即在一种客观的政治含义(人民——国民,全体社会成员)和一种贬义的社会学含义(人

① ［意］萨尔沃·马斯泰罗内:《欧洲民主史——从孟德斯鸠到凯尔森》,黄华光译,社会科学文献出版社2001年版,第7—8页。
② ［法］孟德斯鸠:《论法的精神》上册,张雁深译,商务印书馆2004年版,第9—10页。
③ ［法］孟德斯鸠:《论法的精神》上册,张雁深译,商务印书馆2004年版,第11页。
④ ［澳］约翰·基恩:《生死民主》,安雯译,中央编译出版社2016年版,第141页。

民——群氓、愚昧和盲目的民众)之间游移不定。"①

3. 孟德斯鸠确立了权力分立与制衡的民主原则

孟德斯鸠的三权分立与制衡学说是集西方分权思想之大成的一个完整而卓越的体系。"他进一步专注于如何确保一个代议制政体致力于实现自由,并且能最大限度地限制腐败和特权的不可容忍的垄断。洛克很少提到公共权力应当具有什么特征才是合意的,或很少提到公共权力的组织方式,而孟德斯鸠则对这个问题倾注了相当多的精力。"②三权分立与制衡原则逐渐发展成为现代西方政府的主要组织原则之一。

孟德斯鸠确立分权与制衡的民主原则的主要目的是解释自由所依靠的条件。要想保障政治自由,必须使政府的权力不滥用;要想使政府不滥权,只有政权分立并互相牵制。"如今认为自由有赖于制衡宪政体制中之分权,其实这正是传统的西方认为'自由是教会与国家分立的产物'这一观念的新版而已,孟德斯鸠在著作中大肆发挥这种理论,使此观念不仅流行于英国,也流行于欧洲。这是取代十七世纪一元政治倾向的唯一方法。"③要将国家权力限制于指定范围内,必须先建立一项审慎的政治制度。"孟德斯鸠在他所处时代的主要重要作用在于,传播和加强了以英国的制度作为实现政治自由手段的信念。总的说来,对他作出这样的评价并无不当。"④孟德斯鸠在理论领域的主要贡献在于把分权作为实现合理的政府形式的一个必要条件,为资本主义国家描绘了一个与新生经济力量相协调的新政治体制基本框架。构建限制统治的权力结构对于确保法治和公民的自由具有重要意义。毫无疑问,孟德斯鸠关于自由、民主与权力三者的界定与角色的定位确定了明确的自由主义语音,与自由主义民主学说是一脉相承的。

(四) 美国宪政民主传统的形成

像英国革命一样,美国独立革命是一场资产阶级的民主革命。"到18世纪末,民主运动突然转向西方,离开欧洲,跨过大西洋,进入波士顿、查尔斯顿和费城这些欣欣向荣的美国城镇。这一变化让美国成为当时世界上民

---

① [法]皮埃尔·罗桑瓦龙:《公民的加冕礼——法国普选史》,吕一民译,世纪出版集团、上海人民出版社 2005 年版,第 42 页。

② [英]戴维·赫尔德:《民主的模式》,燕继荣等译,中央编译出版社 2004 年版,第 106 页。

③ [美]弗雷德里克·沃特金斯:《西方政治传统:近代自由主义之发展》,李丰斌译,广西师范大学出版社 2016 年版,第 58 页。

④ [美]乔治·霍兰·萨拜因:《政治学说史》下册,刘山等译,商务印书馆 1986 年版,第 625 页。

主运动的新重心。美国人民也因此而自豪地认为,1776 年的战争是当代历史上第一次民主革命。"①18 世纪的美国,自由主义思想占据了思想界的统治地位,从发表《独立宣言》到制定《联邦宪法》,再到《联邦党人文集》,②见证了美国宪政民主传统的成长历程。在英国整个 18 世纪发展起来的自由主义理念开始在美国付诸实践,并取得了空前的胜利。

1. 美国宪法的民主维度

在美国民主政治中,宪法居于核心地位,成为美国政府形式的象征。"在近代各国人民中,只有美国人把自然法转变成宪法。"③美国独立战争胜利以后,国父们的任务是制定一部宪法来把 13 个从前处于英国统治下的殖民地结合成为一个国家。1787 年,制宪会议起草并批准了美国《联邦宪法》,从此产生了一部对立法权力加以限制的宪法。美国宪法的民主性主要体现在以下三个方面。

首先,人民制定了宪法,人民主权成为宪法的基础。托克维尔指出,正是在美国革命的过程中,"人民主权原则成了法律的法律"④。宪法序言中宣称:"我们合众国的人民……制定本宪法",由此确认政府是建立在被治者出于自由意志的同意的基础之上。人民的同意是政府正当性的基础。只有人民的同意才能给予国家道德上和法理上的有效性,权力只有来源于人民的同意才是正当的。无论什么时候,无论什么形式的政府,一旦违背这个目标,人民有权改变它或推翻它,重新建立自己的政府。"美利坚帝国的建筑物应该奠立在人民的同意的牢固基础上。国家权力的河流应该直接来自一切合法权力的洁净的原始的泉源。"⑤政府权力必须是经过授权的,人民是政府权力的来源成为美国宪政制度的民主基础。

其次,《联邦宪法》规定了政府的制度设置,配置和分配了各项权力。规定了政府权力的有效性是美国宪法最革命性的贡献。宪法中明确规定,国会、总统、最高法院还有各州宪法,所有这些都从属于联邦宪法。联邦宪法和合众国法律都是最高法律。全国性政府只能拥有宪法当中明确授予的

---

① [澳]约翰·基恩:《生死民主》,安雯译,中央编译出版社 2016 年版,第 233 页。
② 《联邦党人文集》是为了影响纽约州的投票人以批准 1787—1788 联邦会议通过的新宪法,以"普布利乌斯"为笔名在纽约报纸上以连载的形式发表的论文集。此文集由 85 篇文章组成,由一批活跃且成功的政坛人物执笔,其中汉密尔顿 51 篇,麦迪逊 24 篇,杰伊 5 篇。对美国宪法的意涵作了深度的理论阐述,被誉为美国宪法的"圣经"。
③ [美]康马杰:《美国精神》,杨静予等译,光明日报出版社 1988 年版,第 458 页。
④ [法]托克维尔:《论美国的民主》(上卷),董果良译,商务印书馆 1993 年版,第 62 页。
⑤ [美]汉密尔顿、杰伊、麦迪逊:《联邦党人文集》,程逢如等译,商务印书馆 1980 年版,第 113—114 页。

权力,即政府的权力是有限列举的。新兴的《联邦宪法》作为基本法优先于
政府、优先于普通法的观念在美国得到牢固地确立。在美国的政治生活中,
宪法一直保持着独一无二的地位。在这个意义上,国父们制定的美国宪法
绝对不只是一种对权力渊源的规定,而且还是一个限制政府权力、保障自由
的宪法。

　　第三,《联邦宪法》是一部保障个人权利以反对一切专断性强制的宪
法。宪法在美国以后的政治中居于核心地位,它不仅规定了国家政权的
组织形式,而且也规划了公民的权利和义务的基本框架。美国政治体系
的一个主要特征就是权利本位原则,个人拥有的自然权利先于政府的建
立。政府建立的目的就是为了保护人们的生命、自由及幸福的权利。《联
邦宪法》是依照建立一个适合自由人民的政府的理念而形成的。早在
1776 年《独立宣言》的自由主义政治宣言中,美国的建国者们以政治纲领
的形式提出了如下原则:人人生而平等,人具有不可剥夺的生命、自由和
追求幸福的权利,以及政府必须经人民的同意而组成,应为人民幸福和保
障人民权利而存在,政府的权威不是绝对的或独占的,人民有权起来革命
以推翻不履行职责的政府。在字里行间我们可以清楚地感受到洛克的影
响。1787 年的宪法是合众国的开国文献,由托马斯·杰斐逊执笔的《独
立宣言》可以说是美利坚之道的古典自由主义文献。正是 1787 年宪法以
根本大法的形式把《独立宣言》的共识和原则固定下来了,这两个文献也
因此成为美国立国的根本。

　　联邦宪法在美国宪政甚至是西方立宪主义发展史上的地位是无可替代
的。这部新宪法确立了一种美国典型的政府形式,确立了民主政治制度,使
公民享受到自由权。在西方,不少人把 1776 年的《独立宣言》和 1787 年的
美国宪法作为应遵循的民主范例来介绍。一般说来,美国立宪制度的拥护
者都认为民主在美国宪法中得到了实现。但是,我们也需要客观地认识美
国宪法对民主所作出的贡献。就其根本性的目的而言,宪法是为了维护个
人的自由。"美国人忧患民主,为此他们精心设计出他们的宪法来防备民
主的危害。"①美国宪法在如雷贯耳的开篇"我们"、"人民"之后每一个细节
都是在谈如何牵制人民,如何收敛人民的精神。对民主疑虑的制宪者们是
用"人民"来对抗他们心目中民主的缺陷,他们希望那些富有的、受过良好
教育的人在政府占有优势以制约民主制的轻率。联邦宪法中包含了一些对

---

　　① [英]阿克顿:《自由与权力:阿克顿勋爵论说文集》,侯建、范亚峰译,商务印书馆 2001 年
版,第 396 页。

民主的限制性措施。① 美国的制宪者们通过一系列的妥协措施来弱化民主。"在联邦主义者那里看到了一种强烈的反差:一方面高调宣示主权在民,另一方面却又对民主很不信任。人民主权和民主的背离,只有在当时的政治氛围中才能得到理解:联邦主义者试图把联邦权力的合法性同抽象的人民联系在一起,但又不愿意赋予大众真正的权力,因此,他们在人民主权和民主之间进行了切割。"② 对多数人的意志从制度上加以制约、选举人团、权力分立、联邦主义和两院制是众多立宪制度创新中最显著的特征,其目的在于使民主适应多元化、派系化和经济多样化的联邦制国家。"从某种意义上讲,1787 年宪法并不是民主的产物,反而是对民主的反动。事实上,美国宪法的民主性原则是在权利法案的通过以及其他一系列宪法改革中实现的。在这一过程中,杰斐逊为使人民主权成为宪法的基础作出了重要贡献。民主性的原则亦成为美国宪法的一个原则,并通过美国宪法成为其他资本主义国家宪法的一个基本原则。"③ 美国宪法包含了民主的种子,但其内在的逻辑将法治置于民主之前。美国政体具有自由优于民主的特性,自由主义乃是其指导原则。

2. 代议制是人民政府的实现形式

联邦宪法所主张与维护的是一种崭新的民主共和政体,目的是要回答新共和国应该如何进行自我管理的问题。这一新的共和主义政体是一种代议制政体。"共和政体,我是指采用代议制的政体而言,情形就不同了,它能保证我们正在寻求的矫正工作。让我们来研究一下它和纯粹的民主政体的差别,我们就能理解矫正的性质以及它必然会从联邦得到的功效。"④ 汉密尔顿把这种由宪法创立的共和制称为"代议制民主",以区别于古代的民主制度。这一代表制的民主是联邦党人的理论基础。《联邦党人文集》则是对美国联邦政府这一原则的经典评注。

美国建国者们选择代议制原则作为与他们的新国家规模相适应的首要方式。《联邦党人文集》指出,代表的作用是通过一种公民选择团体,提炼

---

① 美国著名的民主理论家达尔在《美国宪法的民主批判》中指出美国宪政体系与民主信仰之间存在的紧张的关系。美国宪法的不民主方面有诸多表现,比如:选举人团制度、参议院、对选举权的限制、奴隶制、性别不平等等等。参见[美]罗伯特·达尔:《美国宪法的民主批判》,佟德志译,东方出版社 2007 年版。

② 郭为桂:《大众民主:一种思想史的文本解读与逻辑重构》,武汉大学出版社 2008 年版,第77 页。

③ 徐大同、高建编:《西方政治思想史》(第三卷),天津人民出版社 2005 年版,第 482 页。

④ [美]汉密尔顿、杰伊、麦迪逊:《联邦党人文集》,程逢如等译,商务印书馆 1980 年版,第49 页。

并扩大公共观点。政府需要委托给由其余公民选举出来的少数公民。"由人民代表发出的公众呼声,要比人民自己为此集会,和亲自提出意见更能符合公共利益。"①代表制既可以通过选举代表使公众意见得到提炼和扩大,限制公民直接参与政府管理产生的党派之争与混乱,也可以最大限度地实现整个共同体的最佳利益。"对于联邦党人来说,尤其需要明确消除的是那种具有乌合之众统治、大多数人暴政等特征的古代民主模式。但是使其成为一个如此引人注目的概念性问题的原因在于大革命的美国,他们不能以反对政治理想的名义、不能以寡头政治的名义,而必须以民主本身的名义来抵制古代民主。"②缔造者们选择间接选举制作为限制大众影响的工具,制度设计的效果就是要"纯化"群众粗鲁的激情。

这种共和政体区别于古代民主政体的地方还在于,采用代议制的政体能管辖更多的公民和更为辽阔的国土。"一种纯粹的民主政体——这里我指的是由少数公民亲自组织和管理政府的社会——不能制止派别斗争的危害……这种民主政体就成了动乱和争论的图景,同个人安全或财产权是不相容的,往往由于暴亡而夭折。"③联邦党人认为,在联邦的范围和适当结构里,面积过大而不能让全体公民都参与。代议制民主能够使民主共和国扩大到以联邦制方式联合起来的广袤的疆域,医治了直接民主政府最易发生的弊病,成为回应规模问题的最适合的解决办法。一套经过"纯化"、透过代议原则运作的政治制度绝无可能使国会出现主张重新分配财产的多数。这样,一种新的关于民主的理解与定义在美利坚合众国牢固地确立了。在该定义中,权力向"人民代表"的转移不仅构成了对民主范围和复杂性的必要让步,而且构成了民主的精髓本身。

3.权力分立与制衡的制度设计

分权与制衡也是美国共和制度构建的一个基本原则。从人性论出发,联邦党人在宪政框架内实现了立法、行政与司法三种权力的牵制与平衡。法国思想家孟德斯鸠的思想在美国的政治实践中得到制度上的确立。同时,美国的建国者们结合本国的具体历史情况,对分权与制衡的思想进行了更为深入的论证。从民主的角度看,这种分权与平衡的要害是限制人民行

---

① [美]汉密尔顿、杰伊、麦迪逊:《联邦党人文集》,程逢如等译,商务印书馆1980年版,第49页。

② [加]艾伦·梅克森斯·伍德主编:《民主反对资本主义——重建历史唯物主义》,吕薇洲等译,重庆出版社2007年版,第221页。

③ [美]汉密尔顿、杰伊、麦迪逊:《联邦党人文集》,程逢如等译,商务印书馆1980年版,第48页。

使权力。

联邦党人指出,代议制民主政体的确立有其合理性。但是,这一体制也不可避免地存在侵犯公民权利的可能性。这其中最容易发生的是人民选取的代表背离了人民的意志。对于代表的背叛行为,人民通过普选权来行使对掌权者的控制权。"在组织一个人统治人的政府时,最大困难在于必须首先使政府能管理被统治者,然后再使政府管理自身。毫无疑问,依靠人民是对政府的主要控制;但是经验教导人们,必须有辅助性的预防措施。"①联邦党人认为,只是对选出的人民代表进行约束是远远不够的,不足以防止专制,辅助性的预防措施是必要的。美国的建国者们最为担心的是不受限制的议会统治的暴政:一个由选举产生的机构,特别是下议院,会把无限权力集中在手中,从而暴虐地行使权力。麦迪逊和杰斐逊称之为"选举的暴政"。美国民主传统的缔造者杰斐逊指出:"173 个暴君肯定和一个暴君一样地富于压迫性","选举产生的专制政府并不是我们所争取的政府,我们争取的政府不仅仅要建立在自由原则上,而且政府各项权力必须平均地分配给几个政府部门,每个政府部门都对其他部门有效地遏制和限制,无法超越其合法范围。"②因此,希望用各种制度设计来削弱下议院的权力,有效地控制政治权力,防止多数暴政,新宪法把中央权力分为行政、立法以及司法三个部门之间相互独立及相互制衡。这一体制包括一个拥有立法违宪权的独立法院;一名总统,其选举和合法性独立于立法部门;强大的两院制,在这种体制下,立法必须经过两院的同意,而且两院三分之二的多数票可以推翻总统的否决权。这是一种包含多重否决权的政治体制,即"以野心来对抗野心"的分权体制。在制度设计上,不仅仅涉及行政权、立法权和司法权三权之间的横向分权,同时宪法规定了中央与各州的关系,即联邦制,实现了中央与地方之间的纵向分权。这种体制使得联邦与各州政府在管辖权问题上时常处于紧张状态。联邦制是美国人的创造,中央与地方政府的权力平衡虽然从实践上来看是双方妥协的结果,但对于分权与制衡理论也是一个大的贡献。这些限制政治权力的行使的制度性设计成为美国宪政的基本精神实质。

无可争议,美国的宪政民主确实是一个具有巨大民主潜能的制度创新,其对西方宪政体制的发展产生了重要影响。"美国革命的直接结果是刺激

---

① 　[美]汉密尔顿、杰伊、麦迪逊:《联邦党人文集》,程逢如等译,商务印书馆 1980 年版,第264 页。

② 　[美]托马斯·杰斐逊:《杰斐逊选集》,朱曾汶译,商务印书馆 1999 年版,第229 页。

了绝对民主的成长。"①美国的宪政对促进广泛的选举权、政党政治、司法独立和其他自由主义民主特征有很大的影响。今天,在民主化浪潮的冲击下,世界上许多国家都力图模仿美国的宪政体制。但是,也有许多学者开始严肃地审视其缺陷与不足。达尔就是一个典型的代表。不过,这并不会动摇其对美国以及人类文明所作出的杰出贡献。"普布利乌斯"的声音就是对美国宪政民主缔造者智慧的最高礼赞:"美国舞台上出现了许多有利于私人权利和公众幸福的新变革,子孙后代会因这些变革、全世界也会有所借鉴而感激这种大胆精神……他们完成了一次人类社会史上无可比拟的革命。他们建立了地球上尚无范例的政府组织。他们设计了一个伟大的邦联,他们的后继者有义务改进它,并使它永存下去。如果他们的工作有不完善的地方,那末我们会因他们的缺点太少而感到惊奇。如果他们在于联邦的结构上犯了最大的错误,是由于这是最难完成的工作……"②正是因为这一点,美国的缔造者们所发起的事业显示了极高的政治文明和政治智慧。对人类文明而言,美国的民主实验尽管还存在一些瑕疵,但仍不失为一种巨大的进步。

二、19 世纪自由主义民主理论的发展与完善

自由主义思想在 19 世纪继续向前发展。随着大众政治的到来,革命胜利后的资产阶级一旦占据了社会的统治地位马上表现出对人民的担忧,对"恶魔的呼声"的恐惧。"自由主义刚刚取得对于旧国家的'绝对权力'的胜利,许多自由主义思想家就开始表露出对于正在上升的人民权力的担心……麦迪逊、托克维尔和 J.S.密尔等全都关心多数统治对于民主的新威胁:民主的承诺可能由于'人民'本身在行动中一致反对少数而遭到削弱。"③贯穿 19 世纪向 20 世纪变迁的特征是大众时代的到来所带来的政治社会变迁。大众社会的到来使得民主的趋势越发不可阻挡。对大众批评的思潮从 18 世纪下半叶一直持续到 20 世纪。"未经自由主义节制的民主是不健全的民主,大众政府自身带着极权专制的种子,只有通过播撒同等剂量的由个人自由、自然权利、私有财产权和市场资本主义制成的宪政除草

---

① [美]弗雷德里克·沃特金斯:《西方政治传统:近代自由主义之发展》,李丰斌译,广西师范大学出版社 2016 年版,第 105 页。

② [美]汉密尔顿、杰伊、麦迪逊:《联邦党人文集》,程逢如等译,商务印书馆 1980 年版,第 70 页。

③ [英]戴维·赫尔德:《民主的模式》,燕继荣等译,中央编译出版社 1998 年版,第 262 页。

剂,才能避免它生根发芽。"①这一时期的自由主义者构思民主的方式集中于如何解决在一个大众社会的基础上依然保持自由的问题。

（一）19世纪资本主义的巩固时期

到18世纪末,资产阶级反封建、要求独立的任务已基本完成,各个资本主义国家面临着如何巩固资本主义制度、发展资本主义经济的新任务,它们相继进入了工业革命时代,即资本主义开始由手工业转向机器工业。工业革命不断推动着资本主义经济的飞速发展与繁荣,整个西方世界处于自由竞争的资本主义阶段。作为资本主义辩护理论的自由主义占据了19世纪政治思潮的主流,并从政治自由发展为经济自由,成为资产阶级维护政治统治、稳定社会、发展资本主义的思想武器。"自由主义是近代西方社会占主导地位的政治思潮。它孕育于文艺复兴和宗教改革时期,形成于革命时期,在革命后把自由的关注由政治领域扩展到经济、社会的领域,发展为有广泛影响的社会政治思潮。在当代,自由主义仍是西方社会的主要思潮。"②随着自由主义在政治生活中的不断巩固,它的原则日益扩大到经济领域,倡导经济自由、竞争自由,主张国家不干涉经济生活和社会生活,赋予个人以更大的活动余地。可以说,19世纪是资本主义高歌猛进的时期。在这种新的条件下,作为资本主义主流意识形态的自由主义政治理论的主要任务已经不是解决政权合法性的问题,而是如何对现有的政权结构进行改革以适应在经济上"上升为真正的贵族"的工业资产阶级的政治需求。"这个时期的自由主义思想家在阐述关于国家政治制度的观点中,不再像革命时期的政治思想家那样主张变革政权,而是主张通过政治体制的改革来推进国家的民主化进程。"③为了维护与扩展自己的利益,工业资产阶级展开了历次政治改革,削弱贵族阶级的统治,提升本阶级的政治与社会地位。到了19世纪末期,政治与经济的双重革命完成了。

在19世纪,工人阶级开始成为推动民主发展与争取民主权利的推动力。民主是通过斗争而取得的。随着工业革命的深入,工人阶级力量也不断壮大,阶级意识不断成熟,并开始与占统治地位的资产阶级展开斗争,从要求改善生产和社会条件的经济斗争逐渐发展为争取政治权利、要求自由

①　Benjamin R.Barber, *Strong Democracy—Participatory Politics for a New Age*, Barkeley, Los Angeles and London:University of California Press,1984,pp.93-94.

②　高建:《重视对西方近代政治思想的研究》,《浙江学刊》2002年第1期。

③　徐大同、吴春华编:《西方政治思想史》(第四卷),天津人民出版社2005年版,第22页。

民主的政治斗争。① 19 世纪整个社会都在进行民主化,选举权范围的扩大通常伴随着这一进程而来,并反映了这一进程。美国 19 世纪 20 年代和 30 年代的杰克逊改革以及英国 1832 年和 1867 年的《改革法案》,在很大程度上扩大了男性的选举权。美国南北战争中北方的胜利结束了南方的奴隶制度,宣告了一个基于剥削和奴役的社会和经济体系的崩溃。在英国,1911 年的《议会法》进一步削弱了封建领主和皇室的权力,也极大地削弱了上议院的权力。在当时,人们都将民主问题视为阶级问题,"除了像詹姆斯·穆勒和爱德华·迈阿尔这些自信的中产阶级人士之外,无论是为争取普选权而斗争的人们,比如说 19 世纪三四十年代的宪章派,还是那些害怕、反对普选权的人们,都一致认为,普选权将为工人阶级的政治统治铺平道路。工人阶级在投票时将会团结一致地将选票投给代表本阶级的候选人,由于工人阶级在总人口中明显占多数,还有什么能阻碍工人阶级取得政治优势呢?"②自由与平等之间、自由主义与民主之间的权力斗争事实上是 19 世纪的主要历史问题。斗争的内容涉及教育、选举权、权力以及税收等方面。"本世纪(指 19 世纪)产生了自由所未曾遭遇过的最坏的敌人:社会主义。社会主义之所以强大,是因为它解决了迄今为止政治经济学一直没有解决的一个难题:它想方设法保证财富的增长将不会以牺牲财富的分配为代价去获得。"③无产阶级在政治上日益成熟,成为推进政治民主的重要政治力量。基于此,社会学家马歇尔认为,在 19 世纪,作为工人阶级争取更加平等的参与议会过程的结果,政治权利得到显著的提升。政治公民身份要求扩大选举权和利益表达的政治渠道。从英国的情况来说,包括秘密投票、组建新的政党以及扩大公民权利等方面。政治权利的扩展成为这一世纪的主要特征。"19 世纪早期,当时,与自由身份联系在一起的公民权利已经获得了足够的内容——这是我们可以谈论一种普遍的公民身份的依据。并且,当政治权利开始出现的时候,其意义并不在于它创造了新的权利以充实已经为所有人享有的身份,而在于它把一些既有的权利授予了更多的人。"④此

---

① 国内学者从阶级斗争的角度透视了西方代议民主的演进,认为资产阶级创立和促进了西方代议制民主,但随后又阻碍代议民主的进一步发展。工人运动对西方民主的构建产生了极大的推动作用,促进了资本主义社会内部的变革。参见孙力、高民政:《工人运动与西方民主》,《政治学研究》1999 年第 3 期。

② [英]安东尼·阿伯拉斯特:《民主》,孙荣飞、段保良译,吉林人民出版社 2005 年版,第 71 页。

③ [英]阿克顿:《自由与权力:阿克顿勋爵论说文集》,侯建、范亚峰译,商务印书馆 2001 年版,第 382 页。

④ [英]T.H.马歇尔:《公民身份与社会阶级》,载郭忠华、刘训练编:《公民身份与社会阶级》,江苏人民出版社 2007 年版,第 11 页。

时,"民主"开始被视为公民以民选代表为中介手段参与决定集体意志的权利。19世纪自由主义民主的发展就主要体现了以参与行使权力和选举政治团体成员等为主要内容的政治权利的形成与巩固。

在公民作为政治权力实体的成员参与行使政治权利的同时,"民众"或者说"暴民"也开始被普遍使用。"民主制实际上是19世纪后几十年中形成的,无论就这个词的政治意义还是社会意义而言,都是如此。"①1867年和1884年,英国一步步实现所有男性公民的选举权,议会制政府在英国获得成功。之后,在美国(1920年)和英国(1928年),女性也被赋予了选举权。19世纪大众政治运动和选举权的扩张引起了自由主义者的恐慌。"自由主义者常常断言,民主会导致社会主义,因为无财产的多数人如果获得权力,就会用于剥夺拥有财富者。或者用亚里士多德的一个说法,他们认为民主会通过暴民统治而导致独裁。'古典的自由主义'把自己标榜为个人主义对专制主义和民主二者的胜利。19世纪有许多著作宣布民主与自由二者永远对立。"②至少从柏拉图时代开始,政治理论家就已经警告说,民主会助长暴力统治,而不是促进共同的善。随着19世纪选举权的逐步扩大,自由主义者告诫人们,要当心民主导致多数暴政的倾向。自由主义者们害怕、反对普选权,用激烈的言辞痛斥民主是那个时代的正统观念。"正如我们看到的那样,对'乌合之众',无产者的恐惧是自由主义内部持续的主题。1789年后,这个问题呈现出完全不同的形式。这不再是一个大众不满的问题,偶尔浮出水面的愤怒和绝望的爆发,而是需要认真对待的问题,作为一种持续力量而存在的'人民',他们能够意识到自身的独特存在,并确信其权利和要求是合法的。在工业无产阶级当中,阶级意识逐渐形成,并首先通过工会运动和社会主义的形式表现出来。"③后革命时代法国大革命的民主实践使得许多思想家开始反思在社会契约和人民主权理论下的实践,特别是当民主已经成为历史发展的趋势,成为近代政治体制的主要形式时,如何在民主的体制下更好地维护自由成为19世纪思想家们思考的重点,使得民主思想的发展逐渐地完善起来。

---

① 〔美〕罗兰·斯特龙伯格:《西方现代思想史》,刘北成、赵国新译,中央编译出版社2005年版,第405页。

② 〔美〕罗兰·斯特龙伯格:《西方现代思想史》,刘北成、赵国新译,中央编译出版社2005年版,第277页。

③ 〔英〕安东尼·阿巴拉斯特:《西方自由主义的兴衰》,曹海军等译,吉林人民出版社2004年版,第352页。

（二）贡斯当：法国大革命的反思

在法国大革命后的思想家中，最早从理论上阐述自由主义民主学说的是法国自由主义传统的奠基人之一的本杰明·贡斯当（Benjamin Constant，1767—1830）。在法国，贡斯当是 19 世纪前期欧洲大陆最著名的自由主义者，他从近代社会自身的需要的现实角度来认识自由，并确立了自由的核心地位，反对人民主权，始终维护法治和程序政治的原则，并为代议制政府辩护。"十九世纪初，中产阶级自由主义者的政治意识已极度发展，他们已不愿遵循任何不能反映其基本理想的政治程序形成的结果。贡斯当就是这近代自由主义演化的特殊阶段的典型倡导者。这个趋势首见于法国与美国，不但成为这两国的特色，也为一般西方世界的特色。"①贡斯当把自由看作一个系统，在这个系统当中人们能够最大限度地发现和发展自己的个性，追求个人的利益。贡斯当的政治主张集中反映了法国大革命后自由主义务实的政治思想的特点。

1. 古代自由与现代自由的区分

贡斯当是古典自由主义思想的先驱之一，其《古代人的自由与现代人的自由之比较》堪称经典性的自由主义的政治宣言。贡斯当提醒人们注意两种类型自由，即古代人的自由与现代人的自由的不同，而且这两种类型自由的混淆一直存在。他甚至认为，在法国大革命期间，这两种混淆的自由是许多罪恶的肇因。在这些毫无益处的实验折腾下，法国已经精疲力竭。贡斯当把希腊民主城邦和法国的情况进行对照分析之后，指出 1789 年的法国大革命正是"古代自由的信徒者"试图提供给现代人"自由"而采用的政治手段。这种试图复兴古代自由概念的努力产生了极为严重的后果。在贡斯当看来，古代人的自由是一种政治自由，表现为积极而持续地参与集体权力，以维护他们的政治权利以及分享管理国家的权力。在这种自由中，所有个人的行为都受到严格的限制，古代人为了政治权利而牺牲个人独立。那时人们还没有明确划出一个私人领域，古代自由民族相信共同体可以干预个人活动的几乎所有领域，对个人权利的所有限制都会由于充分地、直接地参与公共事务辩论与决策而得到充分补偿。"古代人的目标是在有相同祖国的公民中间分享社会权力：这就是他们所称谓的自由。"②随着文明的进

---

① ［美］弗雷德里克·沃特金斯：《西方政治传统：近代自由主义之发展》，李丰斌译，广西师范大学出版社 2016 年版，第 117 页。

② ［法］邦雅曼·贡斯当：《古代人的自由与现代人的自由》，阎克文、刘满贵译，上海人民出版社 2005 年版，第 40 页。

步以及几个世纪发展形成的商业趋势要求当权者尊重个人的独立,个人独立是现代人的第一需求,每个人享有自己的权利。现代人的目标是享受有保障的私人快乐,维持一个不受政治权力干预的私人空间。现代人把对这些私人快乐的制度保障称作自由。贡斯当政治思想的中心是个人自由,包括个人的言论、信仰、财产、经营以及追求个人利益等自由。"公民拥有独立于一切社会权力的个人权利,这些权利就是人身自由、宗教自由、言论自由、保证不受专横权力之害,以及享有财产。"①贡斯当认为现代自由的精神是个人的独立和自由,更强调个人按照自己的选择来生活的权利。个人自由是基础,而公民参与行使政权的自由则是个人自由的保障。因此,政府建立在被统治者参与的基础之上是个人权利的一个有效保障。正是由于现代人亲自参加公共事务的讨论与决策变得非常困难,代议制就成了唯一可以采用的形式。这一制度通过使用选举权、代表的委任和免职来保障个人对政治的影响力,又维持了个人私人活动的空间。

2. 代议制民主是庇护自由的唯一政府形式

贡斯当认为代议制有助于保护自由。在新的商业社会中,随着国家规模的扩展,公民不可能直接参与公共事务的管理,而是推举共同体中的极少数杰出成员和职业政治家作为代理人来进行决策和管理。现代的政治代表制是先进商业社会劳动分工的自然结果。贡斯当认为,法国大革命尽管有诸多过分之处,但是提供的重要启示之一就是代议制是赖以庇护自由与和平的唯一的政府形式。在先进的商业社会,公民把大部分时间都用于生产财富,留给参与公共生活的空间就很小。"代议制度就是,大众希望维护自己的利益,但没有时间去自己保护自己的利益,于是委托一定数量的人做他们的代表。"②一个国家可以凭借代议制度这种组织安排少数个人去做国家自身不能或不愿做的事。现代国家的情形使得公民发挥不了任何积极的作用,只能通过代议制的统治方式,以一种假定的方式行使主权。人们求诸代议制度是为了享有和捍卫个人自由。因此,我们要好好享受代议制政府的好处。在贡斯当的思想中,现代商业国家政治代表的性质体现了个人自由。自由给现代人带来的是利用自己的选择形成代表的好处,是被人代表。这毫无疑问是一种安全保障,区别于古代人的那种行动的快乐,它没有包含任何权力的快感。但是,代议制制度中代表的权力必须受到限制,如果跨越个

① 〔法〕邦雅曼·贡斯当:《古代人的自由与现代人的自由》,阎克文、刘满贵译,上海人民出版社 2005 年版,第 148 页。

② 〔法〕邦雅曼·贡斯当:《古代人的自由与现代人的自由》,阎克文、刘满贵译,上海人民出版社 2005 年版,第 47—48 页。

人权利所要求的界限,政治统治就会成为专制统治。"如果不对代议制权力施加限制,人民的代表将不再是自由的捍卫者,而是暴政的候选人,而且,一旦暴政得以建立,很可能会证实一切都更为可怕,因为暴君更为众多。只有在国民代表服从约束的制度下,包括国民代表在内的全体国民才是自由的。"①"代表"与"民主"连在一起形成新的、代议民主原则,赋予民主一种与古希腊全然不同的含义,代议制民主限制了民众直接参与决策的机会,是一种对大众无限权力的制约。

3. 人民主权原则的有限性

为了捍卫个人自由,贡斯当提出了维护法治与程序等一系列的宪政主张,为现代民主政治的发展提供了重要的制度性基础。贡斯当认同普遍意志高于任何特殊意志的原则,但是明确反对人民主权的至高性和无限性,指出必须认清它的确切性质并规定它的确切范围。人民主权的意志不能自己表达,因此需要一个实际的权威组织来代表他们,以全体名义做出的行为并不具有正义性。"如果你确信人民主权不受限制,你等于是随意创造并向人类社会抛出了一个本身过度庞大的权力,不管它落到什么人手里,它必定构成一项罪恶。把它委托给一个人,委托给几个人,委托给所有人,你仍将发现它同样都是罪恶。"②因此,人民主权过于相信人民手中的权力,结果带来的并不是民主,而是雅各宾派专政。贡斯当把"无限的人民主权"看作是一种罪恶。他认为,这是至关重要的真理,是必须确立的永恒原则,即世上没有不受限制的权力,不管是人民的权力,还是那些自称人民代表的人的权力,人民主权应被约束在正义和个人权利所限定的范围之内。这个限制就是个人权利,比如:个人自由,宗教自由、财产不受侵犯、舆论自由,等等。

贡斯当始终维护法治和程序的政治原则。贡斯当视政治权力为一种必要的罪恶,认为要确保人民的自由和权利不受任何侵犯,必须坚持法治原则。法治是与任何不受限制的权力相对立的,"自由主义意味着法治和宪政国家"③。宪政就是用宪法来制约国家的权力。宪法本身即是一种对权力不信任的行为,它为权威设了限制。政府必须落实宪法对公民权利的保护,同时自身严格按宪法和法律办事。"宪法是人民自由的保障,任何有关

---

① [法]邦雅曼·贡斯当:《古代人的自由与现代人的自由》,阎克文、刘满贵译,上海人民出版社 2005 年版,第 78 页。

② [法]邦雅曼·贡斯当:《古代人的自由与现代人的自由》,阎克文、刘满贵译,上海人民出版社 2005 年版,第 59 页。

③ Guy Howard Dodge, *Benjamin Constant's Philosophy of Liberalism*, The University of North Carolina Press, 1980, p.107.

自由的东西都是合宪的,同时任何与自由没有关系的东西都是不合宪的。"①贡斯当热爱自由,他的目的就是用自由为民主设置障碍,最终"驯服"民主。为了避免专断权力状况的出现,权力不管这个是由封建帝王还是民主政府行使都必须遵循规则和程序。"程序是社会的保护神。只有程序才能保护无辜,它们是使人们融洽相处的唯一手段。"②被压迫者所能求救的只有显而易见的程序,其他的一切都是含糊不清的。贡斯当的结论就是人民主权如果没有得到有效的约束与限制,最终就会将民主引向专制的深渊。

(三) 托克维尔:民主与自由的冲突及平衡③

托克维尔,全名是夏尔·阿列克西·德·托克维尔(Alexis Tocqueille,1805—1859),是法国政治学家、历史学家,政治社会学的奠基人。作为自由主义发展历程上的一个重要人物,托克维尔提出民主是历史的潮流,民主政府的好处在于维护大多数人的利益,但是,民主在很多方面充满了对最重要的自由权的致命威胁。因此,他提出自由主义者必须将自由与民主调和起来。托克维尔关于民主的分析对近代民主政治理论的发展作出了巨大贡献。"在思想上我倾向民主制度,但由于本能,我却是一个贵族——这就是说,我貌视和惧怕群众。自由、法制、尊重权利,对这些我极端热爱——但我并不热爱民主……我无比崇尚的是自由,这便是真相。"④正是托克维尔敏锐地觉察到美国与法国两个民族在把现代社会推向民主时代的不同途径。《旧制度与大革命》对法国大革命爆发的原因和发展作出了最深刻的分析,而《论美国的民主》则是一部分析美国民主的不朽著作,也是19世纪西方民主思想的经典作品。托克维尔实质上是一个崇尚民主制度的新型自由主义者。

1. 民主时代的到来

托克维尔提出平等的逐渐推进和民主的来临是历史的潮流,势不可挡。托克维尔通过对美国民主制度和法国大革命的考察研究,指出未来社会的

---

① [法]邦雅曼·贡斯当:《古代人的自由与现代人的自由》,阎克文、刘满贵译,上海人民出版社2005年版,第55页。
② [法]邦雅曼·贡斯当:《古代人的自由与现代人的自由》,阎克文、刘满贵译,上海人民出版社2005年版,第178页。
③ 本部分内容经过修改后以《民主时代的自由之钥——托克维尔对民主与自由关系的调和》为题发表于《云南行政学院学报》2009年第5期。
④ [法]托克维尔:《旧制度与大革命》,冯棠译,商务印书馆1997年版,序言第4页。

民主趋势。"人民生活中发生的各种事件,到处都在促进民主。所有的人,不管他们是自愿帮助民主获胜,还是无意之中为民主效劳;不管他们是自身为民主而奋斗,还是自称是民主的敌人,都为民主尽到了自己的力量。所有的人都汇合在一起,协同行动,归于一途。有的人身不由己,有的人不知不觉,全都成为上帝手中的驯服工具。"①他在叙述了贵族制度必然衰落和平等与民主的发展势不可挡之后,热情洋溢地提出:"在我们这一代,领导社会的人肩负的首要任务是:对民主加以引导;如有可能,重新唤起民主的宗教信仰;洁化民主的风尚;规制民主的行动:逐步以治世的科学取代民情的经验,以对民主的真正利益的认识取代其盲目的本能;使民主的政策适合时间和地点,并根据环境和人事修正政策。"②在托克维尔看来,民主是优越于贵族制度和任何形式的专制统治,其发展势不可挡。20世纪的民主化进程印证了托克维尔对民主运动普遍性的预测。

在明确了民主是社会发展的大趋势之后,那么,托克维尔是如何理解民主的? 托克维尔没有为民主的概念作出一个严格的定义,而是通过考察美国民主社会的模式来得出民主的特性。托克维尔首先是把民主理解为一种社会状态,而不优先采用民主的政治定义,即把民主定义为政治的类型。民主并不总是只象征政府的一种形式或者选择政府的一种形式,它可以是一个应用于整个社会的术语。在《论美国民主》一书中,托克维尔主要探讨的是美国社会,而不是它的政府形式或政治体系。托克维尔的"'民主'包含两种含义。在政治方面,民主是以扩大的公民权为基础的代议制;但是他指的是更加普遍和重要的社会民主,即一种平等被普遍接受为根本社会价值的社会。他从后一种意义上对民主所进行的分析,考察了这种对平等的信仰会如何影响普遍的社会倾向"③。托克维尔意识到将民主制度作为一种社会形态的定义和将民主制度作为一种制度形式的传统定义之间的差异。在大多数场合,托克维尔用"民主制度"这个词来表示一种社会状态,而不是一种政府形式。民主意味着一种特定的社会类型,而不仅是指一种特定的政府形式或选举一个政府。民主制度的对立面是贵族制度。托克维尔主要对美国民主结构进行社会性和政治性的研究,更多地关注社会和经济的平等及其政治意涵,而不是仅仅将民主狭义地界定为一种纯粹的政治体制。

---

① [法]托克维尔:《论美国的民主》(上),董果良译,商务印书馆1997年版,第7页。
② [法]托克维尔:《论美国的民主》(上),董果良译,商务印书馆1997年版,第8页。
③ [英]戴维·米勒、韦农·波格丹诺主编:《布莱克维尔政治学百科全书》,邓正来译,中国政法大学出版社2002年版,第818页。

2.民主发展的两面性

托克维尔民主思想的特点与贡献不仅在于敏锐地洞察出民主发展的历史趋势,而且还在于对民主的理性理解,特别是对于民主的好处与弊端的论述更具启发性。同时,他始终是站在自由主义者的立场上来反思民主的好处与弊端,协调民主与自由之间关系。

托克维尔研究美国的民主是为了对民主作出正确的判断。"托克维尔的伟大探索乃是出于这样一种信念:对民主的扩散,无论如何哀叹抱怨都无济于事,所能做的只有考察其后果,学会如何与之共存。"①美国的政治结构,在托克维尔看来是一种可以采取的政府形式,但并不是唯一的和最好的政府形式。这种美国的民主政治是不够成熟的,但是给美国政府带来了很明显的好处。首先,美国的民主政府很好地维护了本国人民的权利与利益。一般来自公民之中的多数的民主的法制更趋向于照顾大多数人的利益。公民之中的多数虽然可能犯错误,但民主的立法更有利于人民。人民通过代议制防止他们的代表偏离他们根据自己的利益为代表规定法律。"民主的好处究竟是什么呢? 民主的真正好处,并非像人们所说是促进所有阶级的兴盛,而只是对最大多数人的福利服务。"②其次,美国的民主政府培养了公民的公共精神。民主政府的最大优点之一就是把政治权利的观念普及到每个公民。公民通过自己的社会活动积极参与社会与政府的管理。"我要说,使人人都参加政府的管理工作,则是我们可以使人人都能关心自己祖国命运的最强有力手段,甚至可以说是唯一的手段。在我们这个时代,我觉得公民精神是与政治权利的行使不可分的。"③第三,社会也可以从这种民主政府中获得好处。托克维尔看到美国是一个充满活力的国家,人们对于参与社会管理并讨论管理的问题有浓厚的兴趣。"由民主政府引进政界的这种此起彼伏的狂热鼓动,随后便扩及整个市民社会。我不知道这究竟是不是民主政府的最大优点,但我祝愿民主政府的成就将来比现在更好。"④毋庸置疑,人民积极参与公共事务,并在市民社会中开展类似的活动,使得公民享有更多的权利与利益。

托克维尔始终认为民主政府的真正好处在于维护大多数人的利益,使整个社会不论在何种环境下都具有充沛的活力和持久的积极性,而非保护

① ［美］罗兰·斯特龙伯格:《西方现代思想史》,刘北成等译,中央编译出版社2005年版,第278页。
② ［法］托克维尔:《论美国的民主》(上),董果良译,商务印书馆1997年版,第266页。
③ ［法］托克维尔:《论美国的民主》(上),董果良译,商务印书馆1997年版,第271页。
④ ［法］托克维尔:《论美国的民主》(上),董果良译,商务印书馆1997年版,第279页。

所有人的利益。民主的弊病也根源于此。托克维尔在论述了民主的好处以后，也严肃地叙述了民主政体中所固有的某些威胁，如多数暴政。"19世纪任何一位政治和历史思想家都不持有他那种关于大众民主政体的发展前景和所面临的威胁的独到见解。"①托克维尔发现，民主的美国多数具有无限权威。任何无限的权威都可能是暴政。"民主政府的本质在于多数对政府的统治是绝对的，因为在民主制度下，谁也对抗不了多数。美国大部分州的宪法，还设法人为地加强了多数的这种天然力量。"②在美国，多数的力量不仅居于压倒一切的地位，而且促使它成为不可抗拒的力量。多数的道义影响一部分来源于下述这样一种思想：许多人联合起来总比一个人的才智大。托克维尔谴责了这种多数人的"道德帝国"。"我认为'人民的多数在管理国家方面有权决定一切'这句格言，是渎神的和令人讨厌的；但我又相信，一切权力的根源却存在于多数的意志之中。我是不是自相矛盾呢？"③为了在民主制度中防止"多数人的暴政"产生，托克维尔结合美国的政治现实提出了许多建议，特别强调了行政权分散、法学家精神和陪审团制度的作用。"假如把立法机构组织得既能代表多数又一定不受多数的激情所摆布，使行政权拥有自主其事的权利，让司法当局独立于立法权和行政权之外，那就可以建立起一个民主的政府，而又使暴政几乎无机会肆虐。"④可见，托克维尔维护自由，反对过分的民主，特别反对舆论的专制和多数派的专横。

3. 民主与自由的平衡

托克维尔坚信民主是不可避免的，但是他也相信民主在许多方面是敌视自由的。"显示民主时代的特点的占有支配地位的独特事实，是身份平等。在民主时代鼓励人们前进的主要激情，是对这种平等的热爱。"⑤自由与平等的紧张关系是托克维尔思想的中心关注点。如何在平等中保存自由？"人对自由的爱好和对平等的爱好，实际上是两码不同的事情。我甚至敢于补充一句：在民主国家，它们还是两码不调和的事情。"⑥建立民主政治的最终目的是为了维护自由，民主的扩展不能使自由受到威胁。因此，自由主义者必须学习如何将自由与民主调和起来。

① ［英］戴维·米勒、韦农·波格丹诺主编：《布莱克维尔政治学百科全书》，邓正来译，中国政法大学出版社2002年版，第817页。
② ［法］托克维尔：《论美国的民主》（上），董果良译，商务印书馆1997年版，第282页。
③ ［法］托克维尔：《论美国的民主》（上），董果良译，商务印书馆1997年版，第287页。
④ ［法］托克维尔：《论美国的民主》（上），董果良译，商务印书馆1997年版，第290—291页。
⑤ ［法］托克维尔：《论美国的民主》（下），董果良译，商务印书馆1997年版，第621页。
⑥ ［法］托克维尔：《论美国的民主》（下），董果良译，商务印书馆1997年版，第621页。

民主在瓦解了团体和等级构成的贵族社会之后,在托克维尔看来值得注意的就是独立或孤独的个体和大众或多数。民主制中大多数人的道德力量是无法反对的。由于个体在民主社会对大众不自觉的盲目服从,人们在公众舆论中依靠大众权威,这就对个人的思想自由形成威胁。少数人无法以他们自己的名义拒绝大多数人,并极有可能成为多数人暴政的牺牲品。"在1815—1848年这个自由主义时代,正是一位最伟大的自由主义者使自由与民主的矛盾成为一部传世之作的主题。托克维尔在《论美国的民主》中认为,大众文化施加了'多数的暴政',从而扼杀了个人创造力。多数的统治,无论是精神的还是肉体的,都对个人自由形成压迫,特别是迫使任何人不得脱离标准模式。个人自由需要保护,以防范任何外界权威,民主的权威可能会像君主的权威一样是压迫性的——实际上更具压迫性。"①在任何政体中,都应当为个人的不受限制的发展保留空间。托克维尔提出以社会制约权力的思想。托克维尔在美国的民主政体中看到了美国民主的分散,特别提到了贵族政治的衰落和自愿组织的增多,这种组织在他看来是一种对抗中央联邦政府权力滥用的反对力量。权力的多元化以及自治组织的增多起到市民与政府之间的纽带作用,且阻止了全面权威的国家的出现。

托克维尔预言民主时代的到来。作为民主问题的先驱思想家,他研究和解释了民主发展的条件及其相关的因素,同时指出民主政体是现代社会的前进方向。在指出民主政体中固有的对个人自由的威胁之后,托克维尔提出了一些具体的防范措施。托克维尔"对美国的研究和法国历史的研究,旨在对他所谓的民主的产生和影响进行探讨和描述。而且这些对他来说具有极大实用价值的研究是为了表明:在他认为民主的出现威胁到自由时,为了维持自由而在政治上应该怎么办。他坚信理论和实践的统一,急切希望运用自己的理论来维护他认为的'神圣之物'——自由"②。热爱自由的信念,是贯穿在托克维尔一生活动中的一条红线。托克维尔正是通过对美国新政治秩序和民主政治实践的分析来描述和探讨民主制的特点、民主的问题及其解决的途径,最终达到维护自由的目的。

当然,托克维尔这种对民主的态度与古典自由主义者敌视民主的传统态度有着明显的区别。从此,民主开始成为自由主义思想体系的一个重要主题。"作为政治学学者,托克维尔从美国的实际出发,提出了一个新的带

①　[美]罗兰·斯特龙伯格:《西方现代思想史》,刘北成等译,中央编译出版社2005年版,第277页。

②　[英]戴维·米勒、韦农·波格丹诺主编:《布莱克维尔政治学百科全书》,邓正来译,中国政法大学出版社2002年版,第818页。

有自由内容的民主形象,因此,'民主自由'便成为一种政治性建议。然而,为了理解托克维尔在欧洲政治思想中实现的这一转折的意义,必须把他的立场同贡斯当的立场进行比较。《宪法论》的作者贡斯当是以个人自由的名义反对民主,而《美国的民主》的作者则是为了捍卫个人自由而接受民主,认为民主的作用在于能够维护绝大多数人的利益。作为取代独裁与暴政的替代方案,自由民主应理解为所有人通过投票而'自由地'表达自己意见的权利。"①托克维尔对民主问题的研究主要立足于当时的具体历史条件。在托克维尔看来,建立在社会多元主义基础之上、体现分权原则、保障个人自由的民主具有合理性。可以看出自由主义者开始渐渐把民主与自由之间的相互关系作为一种政治主题加以研究,对民主的传统性思维提出了严肃的挑战。可见,托克维尔对近代民主政治理论的发展作出了巨大贡献,深深影响了西方的民主理论和民主实践的发展。

(四) 密尔:代议制民主理论主导地位的确立②

约翰·斯图亚特·密尔(John Stuart Mill,1806—1873),是19世纪自由主义思想的典型代表人物。在托克维尔的基础上,密尔系统地阐述了一个自由主义者对民主的思考。密尔对自由主义民主理论的突出贡献就是使得代议制民主成为宪政理论的重要组成部分。③ 代议制民主从一般民主形式上来理解是一种关于政府形式的普遍性的程序。从此,民主成为自由主义政治理论中的一个重要主题。然而,与其他自由主义者一样,密尔对民主问题的认识是建立在其自由原则之上的。密尔提出了个人在社会中的自由,使传统自由主义思想发生了重大转折,为现代形式自由主义的出现奠定了基础。在社会自由的广阔背景下,密尔对于政治民主的思考更具有合理性

---

① [意]萨尔沃·马斯泰罗内:《欧洲民主史——从孟德斯鸠到凯尔森》,黄华光译,社会科学文献出版社2001年版,第90—91页。

② 本部分主要内容经过修改以《西方代议制民主理论模式的确立》为题发表于《中共天津市委党校学报》,2009年第3期。

③ 代议制民主是自由主义式民主的典型方式,是自由主义民主理论在现实政治中主要的运行方式。"在以保障全体公民享有某些个人或集体权利(如言论自由和宗教信仰自由等)为目的的宪法约束范围内,行使多数人的权力的政府形式(通常也是代议制民主),称为自由民主或立宪民主。"实际上,代议制是中世纪出现的制度,它与封建等级制有密切联系。参阅丛日云、郑红:《论代议制民主思想的起源》,《世界历史》2005年第2期,第74—83页。17世纪英国革命之后,在旧的制度中融入某些民主成分,开启了代议制与现代民主的结合。"代议制民主"这个词在19世纪才开始使用。代议制消除了古代民主国家的规模限制,并将民主从仅仅适用于小型城邦的学说转化为一个适用于现代大型民族国家的学说。代议制的出现使得民主的规模在理论上具有无限扩大的可能性。

与进步性,对代议制民主理论的全面阐述为以后民主理论的发展提供了深厚的理论资源。

1.自由原则:个人与社会之间的界限

自由原则是密尔民主理论的基础。密尔对个人自由的坚守是其政治思想的核心特征。"密尔的名作《论自由》一如托克维尔之名著《论美国的民主》,是一个要求去清醒地认识到与民主规则运作相伴而来之危险的强有力呼吁。据他们认为,那些最大的危险不是存在于多数者利用其权力对少数者的压迫的可能性之中,而是,随着民主理念的传播,这种压迫会被人们认为无可非议而理所当然,多数者会认为他们就应该如此。"①为此,密尔把对自由的探讨扩展到更为广阔的社会领域,他在《论自由》中阐述了个人自由的基本原则,提出了个人自由与社会控制的界限,主张维护个人在社会中的自由,成为个人主义的"宣言"。

密尔所讨论的乃是社会自由,探讨社会所能合法施用于个人的权力的性质和限度,仅仅对政府权力的防范并不能保证真正的自由。密尔提出了个人自由与社会控制的界限,主张维护个人在社会中的自由。"仅只防御官府的暴虐还不够;对于得势舆论和得势感想的暴虐,对于社会要借行政处罚以外的办法来把它自己的观念和行事当作行为准则来强加于所见不同的人,以束缚任何与它的方式不相协调的个性的发展,甚至,假如可能的话,阻止这种个性的形成,从而迫使一切人物都按照它自己的模型来剪裁他们自己的这种趋势——对于这些,也都需要加以防御。"②在密尔看来,个人个性的自由发展是福祉的首要因素之一。找出集体意见对个人行为、选择与自由的合法干涉的限度,并维持这个限度不遭侵蚀对于获致人类事务的良好情况,就如同防御政治专制一样是必不可少的。由于习俗和舆论压力等因素产生的社会暴政,在密尔看来,是同国家专制一样的可怕与邪恶。因此,密尔提出了更要防范"社会暴政"的主张。当社会作为集体而凌驾于构成它的个人时,"假如它所颁的诏令是错的而不是对的,或者其内容是它所不应干预的事,那么它就是实行一种社会暴虐;而这种社会暴虐比许多种类的政治压迫还可怕"③。这种社会暴虐由于透入生活细节更深,虽不常以极端性的刑罚为后盾,却使人们有更少的逃避办法,奴役到灵魂本身。

为了保护少数者以免多数者的侵凌,防止社会的奴役,密尔提出了社会

① [英]H.L.A.哈特:《法律、自由与道德》,支振峰译,法律出版社2006年版,第75页。
② [英]约翰·密尔:《论自由》,许宝骙译,商务印书馆1982年版,第5页。
③ [英]约翰·密尔:《论自由》,许宝骙译,商务印书馆1982年版,第5页。

自由的思想。"从政治自由到经济自由,又发展为社会自由,标志着传统自由主义思想发展的三个阶段。这一发展过程,最终是由密尔完成的。"①这也就是说,密尔从个人与社会的角度提出了自由的必要性。在人们日常的社会领域,本人对于他自己的身和心乃是最高主权者,只有个人最清楚自己的利益所在。"人类之所以有理有权可以个别地或者集体地对其中任何分子的行动自由进行干涉,唯一的目的只是自我防卫。"②凡属社会以强制和控制方法对付个人之事都要绝对以这条原则为准绳。只有在一个人的行为的任何部分侵犯到他人的利益的时候,社会对它才有裁判权。这样,是否危害到他人的利益就成为个人与社会之间的界限。任何人的行为,只有涉及危害他人的利益,社会才有权行使强制行为。可见,密尔关于社会自由的论证使得自由的范围伸展到个人生活的一切领域,而不仅仅局限于政治的思维范式之下。在密尔看来,"唯一实称其名的自由,乃是按照我们自己的道路去追求我们自己好处的自由"③。

2. 代议制政府:保护与促进自由的有效形式

密尔的代议制民主理论是其自由理论在政治实践中的具体体现,对政府的目的、运作、职能等一系列问题的探讨都在紧紧围绕着这样的目的:如何实现社会控制和个人自由之间的有效平衡,如何实现和促进个人自由从而促进整个社会的进步。在密尔看来,良好的政府既能最大限度促进社会幸福,又能很好地维护个人自由,促进人们的美德和智慧提升。在《代议制政府》一书中,密尔从政府形式的角度系统地讨论理想政府的模式、原则、职能及其弊端和补救措施等现实问题。

密尔认为在一个地域和人口众多的社会里,所有的人都亲自参与公共事务是不切实际的,代议制政府是最理想的政府形式。代议制政体就是全体人民或大部分人民通过一种专门化的代议机构,在这种机构下由人民定期选出的代表行使最后控制权。他们必须完全握有这个最后权,无论何时都是支配政府一切行动的主人。最高权力归于人民代表是代议制政府的一个根本特征。当然,密尔并不希望所有公民都亲自担任某种地方的或一般的公共职务来直接管理政府,他只是希望普通民众通过选举能够代表自己的贤能之士来体现对政府的控制权。代议制既提供了政府管理所需的专业化人才,也保证了政府对人民负责。在密尔看来,这种民主制政府的优越

---

① 吴春华:《密尔政治思想的自由主义特征及其形成》,《浙江学刊》2002 年第 3 期。
② [英]约翰·密尔:《论自由》,许宝骙译,商务印书馆 1982 年版,第 10 页。
③ [英]约翰·密尔:《论自由》,许宝骙译,商务印书馆 1982 年版,第 72 页。

性就体现为:它比其他任何政体都更有利于提供良好的管理;也比其他任何政体更有助于人民的道德、智力和积极能力的提高,能促进较好的和较高的民族性格的发展。这就是密尔判断政府优劣的两个标准:保护性功能的标准与教育性功能的标准。

密尔指出,代议制政府是建立在两个原则基础之上的,"第一个原则是,每个人或任何一个人的权利和利益,只有当有关的人本人能够并习惯于捍卫它们时,才能免于被忽视。第二个原则是,从事于促进普遍繁荣的个人能力愈大,愈是富于多样性,普遍繁荣就愈达到高度,愈是广泛普及"①。在密尔看来,代议制政府容易有的弊病和危险可分为消极与积极两类,代议制政府的消极表现是:不把执行政府职务的足够权力集中于政府,不能使人民和个人能力得到充分发挥。和其他政府形式一样,代议制政府特别应当防止的是积极的缺陷和危险,其表现为:第一,议会中普通无知无能,或者说高级智力条件不充分。这是平民政府最容易有的弊端。第二,有受到和社会普遍福利不同的利益影响的危险。② 密尔认为,作为多数人的统治其权力受到地方和阶级利益的影响,不按照对全体人民利益的无私关怀所要求的原则行事是完全可能的。民主制和所有其他政府形式一样,最大的危险之一在于掌权者意图实现统治阶级的眼前利益而损害全体利益。为了克服代议制政府的弊端,密尔提出通过限制选举权,并采用个人代表制、复票制等方法对民主制度加以限制,以保证有教养的"少数"能够有足够的代表权,来除去或减轻代议团体的高级智力条件不足和阶级立法倾向。

3. 代议制民主理论的集大成者

密尔的民主思想标志着代议制民主作为自由主义民主模式主导地位的确立。从古希腊开始实行的民主制到 18 世纪,否定民主制的看法仍然占上风。到 18 世纪末,褒义的民主这个术语才进入一般的政治讨论中。"大体而言,19 世纪政治思想可以说都在解答这个问题:现代世界应该由谁统治?自是各家答案不同。"③从总体上看,19 世纪自由主义者认识到时代发展带来的政治形态的变化,对民主政治的诉求成为时代潮流有着清醒的认识。在此前提下,自由主义者开始思考如何防范民主对自由的侵犯。19 世纪的自由主义者对民主依旧充满疑虑。在 19 世纪中期,"民主的理念还没有像自由主义和马克思主义那样形成一种意识形态。它是借助其他思想慢慢地

---

① [英]约翰·密尔:《代议制政府》,汪瑄译,商务印书馆 1982 年版,第 44 页。
② [英]约翰·密尔:《代议制政府》,汪瑄译,商务印书馆 1982 年版,第 85 页。
③ [英]约翰·麦克里兰:《西方政治思想史》,彭淮栋译,海南出版社 2003 年版,第 510 页。

渗透进人们的头脑,几乎还没有坚决的支持者。它没有任何堂皇的学说作为后盾。历史上的思想传统基本上是反对它的"①。但是作为现代性的特征之一的群众的政治化,产生了广泛的政治要求和政治期望,重新界定民主的意识形态的优势变得愈加明显。"民主的观念在群众动员时代隶属于统治阶级新的意识形态压力,它不仅需要'民主'权力的异化,而且要求'民主'从'民众'中明确分离出来——或者至少需要一种远离作为民主价值主要准则的大众权力的决定性转变。其结果是,把民主的中心从大众积极行使权力,转移到了被动地享有惯例和程序上的保障和权利,从下属阶级的集体力量转移到了单个公民的神秘而独立的力量。'民主'的观念开始越来越多地与自由主义一致起来。"②

对民主态度的转变最为明显地体现在密尔身上。自从民主产生以来,下层大众就是民主的基础,是"穷人的统治"的代名词。随着 19 世纪大众政治的到来以及选举权的不断扩张,民众直接参与政治的机会不断增多。面对民主的历史潮流,自由主义开始接受一种"有限性"的民主,提供制度性的约束来限制民主政治的权力,避免绝对民主的危险。代议制民主在自由主义理论体系中的地位开始得到认可。密尔在《代议制政府论》一书中把自由民主政体定义为"代议制民主",在这种政体当中,认可了全体人民对公共事务最后的控制权,使民主从此"正名",同时"少数派的利益和意见"将得到听取,真正的民主制是一种能够照顾到总体利益的政体,是一种使多数选民能够拥有多数代表、使少数选民也能拥有自己的代表的政治制度。密尔强调代议制政府必须是代表全民的,而不能仅仅代表多数。密尔把"保护少数"作为代议制政体的一项政治原则。这就为以后民主的发展奠定了良好的基础,在 20 世纪民主最终成为不可撼动的价值。

密尔是一位明确倡导民主的自由主义者。他提出民主制政府有利于社会事务的良好管理,有利于增加社会福利,只有在民主制下,个人的权利和利益才能得到保证。密尔关注的是在人类的全部行为领域中,个人自由达到什么样的程度。"对他来说,自由民主的或称代议制的政府之所以重要,不仅因为它为追求个人满足设置了一些边界,而且,因为它是个性自由发展的一个重要方面。他坚持认为,参与政治生活——选举、参与地方的行政管理和陪审事务——对引起人们对于政府的兴趣,从而对于为信息灵通、不断

①　[美]罗兰·斯特龙伯格:《西方现代思想史》,刘北成、赵国新译,中央编译出版社 2005 年版,第 275 页。

②　[加]艾伦·梅克森斯·伍德主编:《民主反对资本主义——重建历史唯物主义》,吕薇洲等译,重庆出版社 2007 年版,第 224 页。

成熟的(男性或女性)公民和一个充满活人的'发展政体'创立基础都是至关重要的。"①密尔认为,在民主制下,人民积极参与政治过程有利于开发民智和公民个性的形成。而良好的性格与品质不仅是代议制民主运转的前提与条件,而且对于实现人的自由,特别是社会自由,具有重要作用。

密尔的代议制民主理论是大众参与与精英统治的结合。随着公民政治权利在内容和范围上的扩大,自由主义者在理论上确立以财产权为基础的公民选举权以限制民主,推动向稳定而健康的代议制政府的转变。"无产者的目标只是想得到一些财产:一切你能允许的手段都会被用于这个目标。如果除了你应当给予他们的运用其才能与勤奋的自由之外,你再给他们加上你不该给予他们的政治权利,操在绝大多数人手中的这些权利不可避免地会被用于侵占财产。他们将使用这种不正当的手段而不是遵循人间正道——劳动——去追逐财产。这将成为他们堕落的根源,对国家来说则是动乱的根源。"②自由主义者主张,只有财产能使人们具备行使政治权利的能力。这样,对行使政治权利提出了财产资格的限制,排斥广大无产者享有政治权利。密尔提出为了保证代议制政府的有效性,某些下层民众不应当享有选民资格。密尔的《论代议制政府》"是以后二十年讨论民主的危险和希望的参照标准。为了防止大多数人对少数人的压迫,他提出了代表比例制度,使受教育者获得额外投票权的多重投票制度。他试图在以下两方面之间找到平衡点:一方面是广泛参与和政府进步,另一方面是知识和道德精英的影响"③。在社会变革的背景下,密尔的理论将大众参与和精英统治结合起来,设计出一种代议制政府的模式。政治参与的不断扩大推动了民主的进一步发展,密尔的目的在于寻求一种理想上最好的政府形式,使精英统治获得一种合法的大众化基础。需要指出的是,19 世纪的密尔、托克维尔信奉的基本上还是传统的民主理论,他们最早意识到民主的"多数专制"的危险,已经具有从人民民主论转向精英民主论的某些思想倾向。

三、20 世纪自由主义民主理论的修正

到了 20 世纪,民主获得了普遍性的权威,民主制变成了一个好政体。

---

① 　[英]戴维・赫尔德:《民主的模式》,燕继荣等译,中央编译出版社 2004 年版,第 126 页。

② 　[法]邦雅曼・贡斯当:《古代人的自由与现代人的自由》,阎克文、刘满贵译,上海人民出版社 2005 年版,第 98—99 页。

③ 　[英]彼得・斯特克、大卫・韦戈尔:《政治思想导读》,舒小昀等译,江苏人民出版社 2005 年版,第 376 页。

全球的政治意识形态为民主价值观所支配。"大体说来,在 19 世纪,自由因素胜于民主因素;到 20 世纪,形势发生了变化,今天是民主因素胜于自由因素。"①在这一时期,自由主义的发展更多的是维护自由的原则,应付来自各个方面的挑战,或以更为系统化的方式深化自由主义的基本原则。"十九世纪后半叶,社会主义在政治舞台上的出现及其所取得的迅速进步,在自由主义思想中引起深深的不安,但同时也带来了旨在阐明理论的因素与一种新倾向。"②20 世纪的历史,民主成为社会主义与自由主义学术争论和意识形态斗争的主要话题之一。

(一) 20 世纪资本主义发展的新阶段

民主是由制度环境所塑造的人类的一种行为方式和生活方式,它永远是在一个特定环境下出生、发育和成长的。19 世纪末 20 世纪初,西方资本主义国家相继完成了由自由竞争向垄断资本主义的转变。随着垄断资本的不断发展,掩盖在资本主义国家之下的资本与劳工之间的矛盾日益显露出来。垄断资产阶级在自由竞争的市场体制下,通过占有的大量资本不断加重对工人阶级和劳动人民的盘剥,聚敛了巨大的社会财富,控制了政治,而广大工人的生活状况却日益贫困。同时,资本主义国家之间相互争夺原料产地、产品销售市场和资本输出场所的斗争也在不断加剧,最终导致了第一次世界大战的爆发。为了解决社会问题,缓和阶级矛盾,保持社会稳定,自由主义开始更多地强调发挥国家的积极作用,开始了从传统自由主义向现代自由主义的转变。

1. 自由主义的转变与分化

传统自由主义是指从 17 世纪起延续到 19 世纪末的一种自由主义形式,而自 19 世纪末开始,自由主义为了指导现实的政治实践,寻求一种既能继承以往政治传统,又能适合新的政治要求的新的思想形式,形成了新的自由主义政治派别,称为现代自由主义。③ 自由主义的传统形式与现代形式并存成为一种事实。20 世纪自由主义的演变,在一定意义上就是对自由主义传统形式与现代形式进行不断认识、修正、发展和适应的过程。两种形式的自由主义在相互争论、批评甚至论战中,彼此影响和促进,形成了两者并存的局面。

---

① [美]乔·萨托利:《民主新论》,冯克利、阎克文译,东方出版社 1998 年版,第 437 页。
② [意]圭多·德·拉吉罗:《欧洲自由主义史》,杨军译,吉林人民出版社 2001 年版,第 357 页。
③ 参见徐大同、马德普编:《现代西方政治思想》,人民出版社 2003 年版,第 9 页。

　　从自由主义的发展历程来看,自由主义的兴起推进了现代民主的发展。"英国的议会改革,美国的宪法修正,扩大了资本主义民主的基础,在国家干预、减少社会经济的不平等、解决日益严重的失业和贫困问题等方面,取得了显著的成效。欧洲大陆的法国、德国、比利时、意大利、希腊、瑞士、荷兰等国家都出现了政治和经济的变革,甚至形成了一次民主化的浪潮。"①到了19世纪70年代,英国发生了严重的经济危机,以T.H.格林、L.T.霍布豪斯等为代表的一批学者提出了既坚持英国自由主义传统,又要充分发挥国家在减少日益严重的失业和贫困现象中的作用的新理论。在20世纪,特别是第二次世界大战后的五六十年代,现代自由主义继承并发展了传统自由主义,成为西方资本主义"福利国家"政策的理论基础,公民的政治与社会权利不断得到扩展,为民主的进一步发展提供了条件。

　　传统自由主义与现代自由主义在民主问题上存在分歧。一般而言,为了适应新的历史境况与任务,现代自由主义强调通过国家干预、社会福利等政策达成社会公平,更看重公共政治参与,突出了民主制度对社会的协调和指导功能,对民主化的态度也更积极。随着民主运动的蓬勃发展,现代自由主义认为,随着时间的推移,具有激进性的民主理论与现实中运转的民主不一致的问题凸显出来。同时,这种革命时期形成的民主理论无法为现存的政治体制提供有效的论证,也不利于维护现有秩序的稳定。于是,许多理论家从不同的角度对民主进行重构。比如,达尔提出了"多元民主理论",认为民主是"多重少数人的统治"。这种新的理论解释既避免古典民主理论的革命性倾向,又可以克服古典理论无法有效解释现实的缺陷,找出政治与经验的关系。随着20世纪60年代民主运动的蓬勃发展,现代自由主义者提出,贫穷的解除和延伸选举权能够为个人自由提供更好的社会条件。与传统自由者相比,现代自由主义者更关注自由与社会经济公正的密切关系,更强调个人自由发展的社会条件,在民主理论上也有了新发展。如罗尔斯、德沃金和阿伦特都对公民的非暴力反抗(又译"公民不服从")进行了有力的辩护,发展了非暴力反抗理论。达尔并没有将民主局限于政治领域,主张把民主扩展到经济领域和车间中去,甚至提出通过重新分配所有权和控制权来增加工人参与和控制的可能性。与这种主张发展民主的理论不同,对于不少传统自由主义者而言,新兴的民主威胁到了财产权和经济自由,所以,古典自由主义者批评西方的民主太多了、太滥了,无限制的民主导致了政府超载,最终造成了民主的危机。

---

　　①　徐大同、吴春华编:《西方政治思想史》(第四卷),天津人民出版社2005年版,第339页。

2.20世纪是民主的世纪

在20世纪,政治思想演进的一个特点就是思想界对民主的态度发生了逆转,都声称自己信仰民主,几乎所有的国家都声称把民主作为政府的基础。在19世纪以前民主没有受到这般的推崇。自由主义者对于民主的态度基本上还是一种审慎的态度。"到十九世纪末二十世纪初,民主宪政制度已成为一般人接受的西方政治规范,结果是将西方的法治传统重新放在一个有效的基础上。这个时期中公共服务业的扩张,使国家官僚的数目与重要性与日俱增,但是近代自由主义的原则却足以将这项发展局限在严格的法治架构内。"①在世界的民主化浪潮的冲击下,自由主义者更侧重于把民主纳入自由主义的框架下,修正民主的古典内涵,构建一种自由主义式民主观念。20世纪自由主义"对民主概论和理论的整体性重写。这不是一个完全令人惊讶的发展。众所周知,自由主义对民主一直是极为模糊和犹豫不决的;由约瑟夫·熊彼特,罗伯特·达尔和西摩马丁·李普赛特这些学者所促进的对民主理论的理论性修改体现了一种传统自由主义怀疑和疑虑式的精致化的社会学版本"②。修正的基本点是把民主概念局限于政府系统,或者,更狭窄地限于选择政府的过程。

自由主义受20世纪五六十年代居于主流地位的行为主义研究方法的影响开始由规范的民主理论向经验的民主理论转换,批评理想主义的民主价值,而追求对民主的经验式、实证式的分析。"直到20世纪,自由主义和民主才真正达成一致,比如很容易说'自由的民主',而到了20世纪末,自由的民主实际上已经成为世界上最主要的意识形态。"③当然,自由主义者对民主的疑虑并没有消失,由于选举权的扩大和政治生活特征的相应变化,特别是社会主义国家的建立,这种对民主疑虑的传统情感甚至被进一步加深了,只是表现的方式有所变化而已。

3.资本主义与社会主义意识形态之争

在20世纪社会主义由理论变为现实,并成为一种与自由主义相抗衡的思想体系。19世纪末,自由资本主义发展到了私人垄断资本主义阶段,资本主义的矛盾和弊端进一步显现,并最终导致了第一次世界大战的爆发,促

---

① [美]弗雷德里克·沃特金斯:《西方政治传统:近代自由主义之发展》,李丰斌译,广西师范大学出版社2016年版,第187页。

② [英]安东尼·阿巴拉斯特:《西方自由主义的兴衰》,曹海军等译,吉林人民出版社2004年版,第432页。

③ [澳]约翰·S.德雷泽克:《协商民主及其超越:自由与批判的视角》,丁开杰等译,中央编译出版社2006年版,第2页。

使社会主义运动发展。以列宁为首的布尔什维克党 1917 年领导十月革命,开辟了通往社会主义的道路。到 20 世纪中叶,社会主义运动在世界范围内蓬勃发展,中欧、东欧和亚洲等的十多个国家建立了社会主义制度,社会主义由一国扩展到多国,在此基础上形成了社会主义世界体系。作为替代资本主义制度的一种尝试,社会主义开始了实践上的艰难探索。这种探索的成败和得失,对西方国家的各种思潮和社会运动都产生了巨大的影响,并在很大程度上深刻地塑造了 20 世纪的历史进程。

在 20 世纪里,社会主义对资本主义的思想冲突成为意识形态阵容里矛盾冲突的主轴。民主在理论上提供了一种以公平和正义的方式调解价值和价值争议的政治生活方式。这样,民主就成为引起学术争论的主要焦点之一。① 特别是在冷战的背景下,人们对民主的思考不可能脱离社会主义与自由主义之间的意识形态斗争,或许给民主下定义就已经成为一场意识形态大战。在西方国家,自由主义民主被"合法化":民主被看作是政府选举中公民的投票、多党竞争、法治等。这种民主被顺其自然地描述为唯一可以考虑的民主概念,而排除了其他民主形式的可能性。"在西方,民主日渐具有资产阶级民主的含义;它现在不是根据参与和平等的标准来定义,而是根据某些现存的正式的政治特征和选举制、宪法对于一致同意的政治讨论的规则来定义。"②资本主义与社会主义之间有关民主话语权的争论使得 20世纪的民主图景更加丰富与多元。

（二）熊彼特对自由主义民主理论的重大修正

熊彼特,全名约瑟夫·阿洛伊斯·熊彼特(Joseph Alois Schumpeter,1883—1950),是美籍奥地利经济学家、社会学家和政治思想家。熊彼特在对民主做了一种全新的、现实主义的定义的基础上详细地提出了一套修正了的民主理论的架构。熊彼特对古典民主理论所进行的修正,对于自由主义式民主理论的发展具有里程碑的意义。③

---

① 20 世纪社会主义与自由主义关于民主问题的争论可以归纳为四个核心问题,即民主的社会经济条件问题、如何界定"人民"以及如何"统治"的问题、民主统治的适当范围问题、民主的价值基础问题。参见高建、乔贵平:《民主的分歧——20 世纪社会主义与自由主义关于民主问题的争论》,《政治学研究》2008 年第 1 期。

② [美]艾伦·沃尔夫:《合法性的限度——当代资本主义的政治矛盾》,沈汉等译,商务印书馆 2005 年版,第 22 页。

③ 本部分主要内容经过修改以《熊彼特对古典民主理论的批评及其建构》为题发表于《河南师范大学学报》(哲学社会科学版)2009 年第 4 期。

　　1. 去除古典民主理论的伦理取向

　　熊彼特的民主理论建立在对古典民主理论的批判之上。熊彼特批判的靶子集中在古典民主理论的两根支柱,即共同福利和人民意志。人们认为存在着一种共同福利,至少在原则上同意;存在人民的共同意志(即全体有理智个人的意志),它完全与共同福利、共同利益、共同福祉或共同幸福是一回事。这种共同福利成为人们采取或准备采取措施的评判标准。熊彼特认为,这种共同福利与人民意志既不存在,也不可能。①

　　首先,不存在全体人民能够同意或者用合理论证的力量可使其同意的独一无二的决定的共同福利。这主要因为对不同的个人和集团而言,共同福利必然意指不同的东西。其次,即使有一种充分明确的共同福利——譬如功利主义者提出的最大经济满足——证明能为所有人接受,但并不意味着对各个问题都能有同等明确的回答。第三,作为前面两个命题的结果,功利主义者据为己有的这个人民意志的特殊概念就烟消云散了,因为这个概念必须以存在人人辨得出的独一无二的决定的共同福利为先决条件。这样,人民意志就成为一个理想性的政治概念。那么,古典民主理论中所想象的民有政府是不存在的。"关于古典理论,我们的主要困难集中于这样的命题,即'人民'对每一个问题持有明确而合理的主张,在民主政体中,人民以挑选能保证他们意见得以贯彻的'代表'来实现这个主张。这样,选举代表对民主制度的最初目标而言是第二位的,最初目标是把决定政治问题的权力授予全体选民。"②人民怎么有技术上的可能性去进行统治? 人民是一个过于笼统的词,本身绝不能真正进行统治或管理。"人民实际上从未统治过,但他们总是能被定义弄得像在统治。"③这是熊彼特试图揭示的一个政治事实,即人民的任务是产生政府,或产生用以建立全国执行委员会或政府的一种中介体。"根据我们所持的观点,民主政治并不意味也不能意味人民真正在统治——就'人民'和'统治'两词的任何明显意义而言——民主政治的意思只能是:人民有接受或拒绝将要来统治他们的人的机会。"④在这一理论逻辑之下,"人民"选举政治领导人的方法的民主理论产生了。

---

　　① [美]约瑟夫·熊彼特:《资本主义、社会主义与民主》,吴良健译,商务印书馆1999年版,第372—373页。

　　② [美]约瑟夫·熊彼特:《资本主义、社会主义与民主》,吴良健译,商务印书馆1999年版,第359页。

　　③ [美]约瑟夫·熊彼特:《资本主义、社会主义与民主》,吴良健译,商务印书馆1999年版,第365—366页。

　　④ [美]约瑟夫·熊彼特:《资本主义、社会主义与民主》,吴良健译,商务印书馆1999年版,第415页。

2. 对民主的重新定义

熊彼特可以说是为自由主义者重新定义、修改和限定民主的理论迈出了关键性的一步,民主成为一种只是程序性的工具。熊彼特在《资本主义、社会主义与民主》一书中根据对政治领导地位的竞争来对民主进行定义。"民主是一种政治方法,即为达到政治——立法与行政的——决定而作出的某种形式的制度安排。因之其本身不能是目的,不管它在一定历史条件下产生的是什么决定都是一样。任何人要为民主下定义必须以此为出发点。"①这样,民主基本上就与代表性无关,民主的要素是为了获取权力的制度化竞争。熊彼特修正了民主的古典理论,他不仅丢弃了"人民的统治"的观念,而且将民主的合法性与政治家代表选民的借口相分离。取而代之的是,熊彼特塑造了以制度化竞争为基础的民主理论。

熊彼特民主的定义具有以下三个特点。首先,提出了竞争性地争取权力和职位是民主的一个基本要素。他认为,人民的适当角色是通过竞争性的选举选择他们的统治者,然后让统治者去处理统治事务。"按照民主方法行使的政治领导甚至比其他领导更少绝对性,因为竞争的要素是民主政治的本质。"②正如公司在市场上的商业竞争一样,政治领导人也要为选票进行竞争。他认为在现实的政治生活中,潜在的政治决策者之间竞争以获取人民的选票才是民主的关键特征。

第二,熊彼特把民主看作是一个程序性的术语,民主被定义为通过定期安排的竞选来选择政府。在这一民主政体里,选民投票的首要作用是产生政府,实际上等于决定领导人应该是谁。熊彼特正是通过对政治过程的分析,提出民主作为一种方法就是为实现政治决策的一种制度性安排,个人在这种安排下通过竞争赢得人民的选票以后才能得到决策权。这就体现了熊彼特式民主在程序意义上定义民主的特点,即有组织地竞争权力。熊彼特对民主的这种定义后来被广为接受。"熊彼特的成功不在于创造了一套全新的民主理论,而在于他分离了民主的制度与价值,剔除了民主理论中的理想主义成分,避开了纠缠不清的价值选择,长出了民主的共性特征,从而使民主更加具有可操作性。"③在程序性民主理论中,选举、政治竞争、议会等只不过是选择执政者的程序。

---

①　[美]约瑟夫·熊彼特:《资本主义、社会主义与民主》,吴良健译,商务印书馆1999年版,第359页。

②　[美]约瑟夫·熊彼特:《资本主义、社会主义与民主》,吴良健译,商务印书馆1999年版,第410页。

③　徐大同、吴春华编:《西方政治思想史》(第四卷),天津人民出版社2005年版,第626页。

第三,精英民主也是熊彼特民主思想的一个特色。熊彼特是民主政治下的精英治国论者。他认为民主仅是产生治理者的一个过程,而且还不是一个必要过程,无论人民参与民主的程度有多少,政治权力始终都是在精英阶层当中转让,这就为精英思想同民主理论的结合找到了一个结合点。熊彼特认为,要将"统治"和"决策"作出区分,因为"决策"的权力是人民无法直接或亲自实现的,必须赋予被选举出来的"政治家"。选民除了挑选他们的统治者之外不应该再有其他的权利,对政府的管理是专业政治家的事。"民主政治的意思只能是:人民有接受或拒绝将要来统治他们的人的机会。但是,因为人民也能用全然不民主的方式来决定接受或拒绝,我们不得不增加另一个识别民主方法的标准,来缩小我们的定义,那就是由未来领导人自由竞争选民的选票。现在,定义的一个方面可以用这么一句话来表达,即民主政治就是政治家的统治。清楚地理解这句话所含的意义是极端重要的。"①这也就是说,在民主制度下,政治精英的统治是不可避免的最终结局。可见,熊彼特通过由精英竞争政治职位的意思来对民主进行定义,适合了工业国家的现实情况,提供了一个评判民主的西方标准,即正式竞选的合法性的标准。

3. 民主方法成功的条件

民主方法的令人满意的运行要具备某些条件,这也是熊彼特要讨论的主题之一。熊彼特认为在现代类型的大工业国家中,民主方法要想成功地运行,必须具备以下四个条件。② 第一个条件是人的政治素质应该有足够优秀的水平,包括领导和管理政党的人,选出来进入议会和上升担任内阁职务的人,等等。充分适当的人才对于民主政府的成功特别重要。熊彼特非常重视政治活动的职业性。在现代民主制度中,政治不可避免地是一种职业。同时,民主方法更有利于创造职业政客。政治决定的有效范围不应扩展太远是民主政治成功的第二个条件。有效范围不仅取决于政府能成功地处理问题的性质和数量,也取决于组成政府人员的素质以及这些人必须在其中工作的政治机器的类型和社会舆论的模式。第三个条件是民主政府必须是一个富有强烈责任感和集体精神以及有良好名望和训练有素的官僚机构,以便能做好国家事务领域所包括的所有事务。民主政治成功的第四个条件是"民主自制",主要指国内集团乐意接受立法条款和行政命令。熊彼

① [美]约瑟夫·熊彼特:《资本主义、社会主义与民主》,吴良健译,商务印书馆 1999 年版,第 415 页。
② [美]约瑟夫·熊彼特:《资本主义、社会主义与民主》,吴良健译,商务印书馆 1999 年版,第 422—430 页。

特严格地限定了从选民到议会,再到政治家、议会外边投票的人等各种类型的人的品质,以及宽容的态度等要素。

4. 熊彼特民主思想评析

熊彼特提出的竞争式民主观已成为西方民主理论的经典命题,深深影响着西方的民主理论和民主实践的发展。精英式的、实用主义的熊彼特民主理论"指明了现代西方自由主义民主的许多公认的特征:政党之间争夺政治权力的斗争;公共官僚的重要作用;政治领袖的作用;现代政治如何运用大量广告技术;选民如何受到大量信息、书面材料和消息的持续影响……"[1]

熊彼特的民主理论通过一种更为隐蔽与复杂的方式表达了自由主义者对于"大众意义上的民主"的敌视传统情感,是对自由主义民主理论的重大修正。与许多自由主义者一样,熊彼特认为人民主权原则更多的是具有一种消极而非积极的意义,批判而非建构的意义。民主一词最初意味着最高权力应该掌握在人民的大多数或多数人手中,但是这种大众民主的理念会导致煽动行为,也会为实现实质性正义而扩张政府权力。因此,熊彼特认为民主实际上是通过竞争式的选举来选择统治的精英。熊彼特的精英民主论事实上就是一种竞争式民主论,是精英通过竞争获得政治权力,选举保证了政治过程的民主性。这样民主成为一种程序性的工具,即多数人选择政治统治者的一种方法,以保证政权实行和平和定期的交换。民主过程被解释为竞争领导地位的理论。在熊彼特那里,这一政治过程被视为一种市场过程,选民是需方和消费者,政治家和官僚就好比是公司,是供方,政治家所追求的选票就是利润,而政府实施的政策就是政治商品和服务。熊彼特通过强调政治竞争与经济竞争之间的相似性,清晰地表达了他的竞争思想。"即这些修正主义者实际更关注庆贺现存政治而不是批评之、更倾向于做个辩护者而不是分析者。它本来无须变得如此。可以欣然承认西方政治的实际演化向民主的传统性思考提出了严肃的挑战。但没必要走到民主理论必须简单重构,从而与现存政治实践相协调这一步。"[2]民主不仅仅应该被理解为一种人民在几个相互竞争的精英团体中进行选择的方式,而且还是有关人民自治、大众参与和平等公民权的一种理想。经过熊彼特改造的民主理论彻底颠覆了民主的原意,完成了从"人民统治"向"人民选择统治者"

---

① ［英］戴维·赫尔德:《民主的模式》,燕继荣等译,中央编译出版社 2004 年版,第 241 页。

② ［英］安东尼·阿巴拉斯特:《西方自由主义的兴衰》,曹海军等译,彭斌、吴润洲译,吉林人民出版社 2004 年版,第 437 页。

的转型。

　　熊彼特的民主思想是一种论述民主政治的方式与方法的理论,销蚀了民主的伦理取向,它更强调民主的工具性。熊彼特和许多自由主义者一样,按照民主的实践和制度来定义民主,按照自由主义的这种"现实主义"方式,民主仅仅意味着把政府的权力交给那些通过竞争的合法途径获得最多选票的政治精英。在这里,选民的作用则被低估了。"在民主之中潜藏着危险,但是,在那些能够惩罚下层民众的哲学化的传统本身中也同样潜藏着危险。我们可以看到,下层民众总是被那些事实上只是欺骗与背叛他们的哲学家教导着要安于现状。在这里,我们的主题不是讨论哲学本身所固有的危险。但是,当我们审视自由主义对民主的批评的时候,我们应当牢记这种危险。"①对于这种利用思想控制和麻痹等政治统治技术实施对人民大众控制的"隐蔽性"手法也应该有清醒的认识。自由主义者认为,传统意义的人民统治是不可能实现的,所有的统治都是精英在统治,或者最多是许多相互竞争的精英群体中的一群精英在统治。人民的统治或大多数人的统治这种民主理想需要最大程度弱化,不仅是出于对所有人最大限度参与民主可能性的条件是不存在的疑虑,更为主要的是个人积极参与政治生活对于民主政治体系而言是危险的。熊彼特在对古典民主学说进行批评时就提出,大众不具备在政治生活中参与和决策方面的能力,缺乏协调和妥协的技能。公众在政治领域中太过广泛的政治参与会导致政治的不稳定性和潜在的危机。自由主义者将广泛参与看成是对自由的威胁,另一些人则进而将其看成是迈向极权主义的一步。在自由主义民主体系中,民主并非意味着人民统治,而是体现在自由的、周期性、竞争性的选举上,即人民通过竞争式的选举来选择精英进行统治和政治精英通过竞争获取权力。所谓的自由竞争规则还是对那些占有优势资源的精英阶层最为有利。少数政治精英而不是人民大众成为政治过程的核心和支配力量,操控着选举与政治生活。在这种自由民主政体中,公民参与水平大幅度下降,政治逐渐成为政治精英的势力范围,而民众则被边缘化。

　　自由主义不断修改对民主本身的定义以使其与现代西方国家中的现实可能性相匹配是其发展的一个特点。民众的统治或大众的力量等民主的古典要素已经远离了自由主义者对民主的界定,他们习惯于根据自由竞选、两党竞争、公民选举等西方的一些原则来界定民主。自由主义构建了远离古代的民主模式的民主概念,"民主"变成了"竞争性的民主选举"。"民主理

---

　　① 　[美]本杰明·巴伯:《强势民主》,彭斌、吴润洲译,吉林人民出版社 2006 年版,第 117 页。

论的明智开端是区分人们能做的事和他们不能做的事。对民主运动可能造成的最大伤害是把人民当作神秘的、万能的上帝,而没有注意到那些多数人无法靠纯粹的数量来做的事。就这点来说,民主的一般定义会让我们自欺欺人。"①自由主义者正是依据对既存现象的经验性解释来建构新的民主理论以应对现实带来的巨大理论挑战。在现代世界上,民主制已不再是人民直接制定所有的政府政策。政府治理是专门化的职业,需要专业知识和非同一般的品格与头脑。因此,自由主义者认为,那些无知、迷信和散漫的"人民"是没有资格担任治理的工作、政策的选择和权威的运用的,投票就成为人民发挥作用的主要形式。人民有能力选举他们的代表,但人民不能"胜任"讨论事情和参与决策,只能留给"他们的代表"。"人民"变成了"选民","人民"和政治行动领域之间的距离越大,公民权与政治参与之间的直接联系就会越少。选举把人民大众参与政治的作用限制在几年一次的"选主"范围之内,将政治变为少数政治精英的游戏,逐渐远离了人民的决定权。这种为现实的资本主义民主进行政治辩护的统治方式就是精英统治,其实质是经济上占有统治地位的特殊政治集团维护其利益的一种手段。

(三) 达尔对自由主义民主理论的修正与补充②

20 世纪,自由主义民主理论受行为主义研究方法的影响开始由规范的民主理论向经验的民主理论转换,批评理想主义的民主价值,而追求对民主的经验式、实证式的分析。而罗伯特·达尔(Robert A.Dahl,1915—2014)对自由主义民主理论的修正与补充最具有代表性。多元民主理论是罗伯特·达尔提出与建构的一种描述性的理论,主要目的是为现代民主政治提供一种多元主义的理解。达尔秉持价值中立原则,改进了民主理论的研究方法,区分了理想的民主与现实的民主,并在此基础上构建了一种适应西方政治现实的多元主义民主理论。达尔提出的是权力结构的一种模式,与熊彼特相比较而言,"达尔也恪守竞争论,但他所强调的与熊彼特不同。达尔的起点是熊彼特的终点。他寻求的是在全社会普及和加强精英之间的竞争。如果说熊彼特的任务是理解民主的功能,达尔的任务还要加上推进民主"③。达尔并不认同整体的权力精英的存在,相反,他认为许多社会精英和其他利益

① E.E.Schattschneider, *The Semi-Sovereign People*:*A Realist's View of Democracy America*, New York:Holt,Rinehart & Winston,1960,p.139.
② 本部分主要内容经过修改以《民主理论的修正与补充——试析达尔对自由主义民主理论的贡献》为题发表于《天津行政学院学报》2012 年第 5 期。
③ [美]乔·萨托利:《民主新论》,冯克利、阎克文译,东方出版社 1998 年版,第 173 页。

群体互相竞争,但没有哪一个群体足够强大到独享权力。冲突是存在着的,但也是可以在社会体系内部得到解决的。达尔的多头政治的含义是权力有许多中心。多元主义是多头政治的一种方式。多元主义认为政治资源在一个多头政治或多元主义的社会里是分散的,但这种分散并不意味着政治资源是平等分派的。达尔在提出多头政治的概念之后一直强调的是,他自己所提出的多头政治的体制是从19世纪开始经过20世纪逐步完善起来的具体的民主制度。

　1.民主理论研究方法的改进

　　遵循自熊彼特而来的民主思想路线,达尔秉持价值中立原则进行民主理论建构。达尔认为:"贯穿整个民主理论历史的是把'民主'同政治平等、人民主权和多数人统治等同起来。"①这种传统的民主理论具有伦理学的特征,关于现实世界,它没有说明任何东西。因此,从经验角度对民主政治制度及其条件进行描述是十分必要的。"与其说民主是一种有赖于人民去采纳和实行的现实政治制度,还不如说民主是一种有赖于哲学家们去理论化的主题。"②从理论的角度入手是达尔研究民主的一种方式。

　　达尔指出,经过长期历史发展而形成的民主理论存在着许多不同的思路。"我们首先必须面对的困难是:没有一种真正的民主理论——而只有各色各样的民主理论。"③达尔把构建民主理论的方法分为两种类型:具有伦理学特点的最大化理论与描绘现实世界的描述性理论。构建出某种民主理论的方法"其一是最大化方法,即详细列举一组要使之最大化的目标,然后根据最大化这些目标或其中某几个目标所必需的特定统治过程来定义民主"④。这种理论把某种事务的状态(例如政治平等)视为价值或者目标。最大化理论基本上是一种价值中立性的理论,它寻求使那些应当得到最大化的价值或目标合法化、得到解释或理性化。"在这个意义上,这些目标或价值被视为既定的,至少对这种理论的目的来说是如此。"⑤在达尔看来,古典民主理论家所主张的主权在民与政治平等的价值,并未涉及真实世界中的任何事物,只是为作出集体决策的程序规则提供了一个目标。为了矫正这种缺失,达尔提出将政治平等与主权在民视为理论建构的"已知条件",而不试图去加以验证、解释或合理化。同时,在理论建构时用"描述法"直

---

① [美]罗伯特·达尔:《民主理论的前言》,顾昕、朱丹译,三联书店1999年版,第45页。
② [美]罗伯特·达尔:《论民主》,李柏光、林猛译,商务印书馆1999年版,第3页。
③ [美]罗伯特·达尔:《民主理论的前言》,顾昕、朱丹译,三联书店1999年版,第2页。
④ [美]罗伯特·达尔:《民主理论的前言》,顾昕、朱丹译,三联书店1999年版,第85页。
⑤ [美]罗伯特·达尔:《民主理论的前言》,顾昕、朱丹译,三联书店1999年版,第3页。

接指涉真实世界。

达尔提出,在某种意义上,通过观察现实世界,我们能够在现实世界中找到使设定目标最大化的必要条件,也就是在建构一种经验的理论。最大程度地实现这种目标的必要条件是什么? 在构建一种民主理论中要在最大化方法中融入描述性方法。因此,构建某种民主理论的方法"其二——也许可以称之为描述性方法——是把那些被政治科学家们普遍称之为民主的所有国家与社会组织,视为单独的一种现象,通过考察其中的成员,首先发现其共同的特征,其次探寻这类社会组织之所以具有这类特征的必要条件和充分条件"①。这种理论的主要内容实际上是在表述这些社会组织的共同的特征以及使这些社会组织存在下去的必要条件。这也是达尔考察现实民主的主要内容。简言之,最大化方法与描述性方法是达尔研究民主理论的两个最基本的方法。通过这两个方法的运用,达尔构建了一种完整的理论体系。

2. 理想的民主与现实的民主的区分及联系

达尔对民主理论的修正与补充转换了民主话语主题,即由注重规范的民主理论向经验的民主理论转换。在达尔看来,通常"民主"一词,既可以指一种目标或理想,也可以指部分达到了这一目标的现实。"讨论民主的时候,最让我们迷惑的,或许莫过于一个简单的事实:'民主'既是指一种理想,又是指一种现实。我们常常划不清两者的界线。"②我们对目标与理想等之类东西的判断是一种纯粹的"价值判断"或"道德判断",而对现实、实际一类的东西则属于一种"经验判断"。这两种判断应该区别开来。因此,达尔对民主的理想和现实加以区分,并在此基础上阐述了民主的理想或目标与民主的现实之间的联系。对"什么是民主?"、"为什么实行民主?"这些问题的回答,依据的是人们理想的价值观念。而实行民主需要什么样的政治制度? 哪些条件有利于民主? 这些问题的答案则是对于现实民主的描述或对现实政治事实的种种解释。这是达尔有关民主理论的两种研究方法在具体理论中的体现。

对于"什么是民主?",达尔提出了五个标准:有效的参与、投票的平等、充分的知情、对议程的最终控制和成年人的公民资格。③ 这些标准描述的是理想的、完美的民主体制,任何国家的政府都不可能完全符合这些标准。

① ［美］罗伯特·达尔:《民主理论的前言》,顾昕、朱丹译,三联书店1999年版,第85—86页。
② ［美］罗伯特·达尔:《论民主》,李柏光、林猛译,商务印书馆1999年版,第30页。
③ ［美］罗伯特·达尔:《论民主》,李柏光、林猛译,商务印书馆1999年版,第43页。

"虽然这样,这些标准还是为我们提供了一个尺度,利用它,我们就可以对实际政治体制,对其各项制度的成就、它的欠缺,进行一番比较。同时,它们还能把我们引向一些能使我们更接近理想的办法。"①这些标准提供了非常有用的尺度,可以用它来衡量民主政府的成就以及各种可能性。

"为什么实行民主?"这个问题是关于民主正当性的证明。传统的民主理论认为,平等是民主的必然的价值基础,是不证自明的。但是,达尔提出内在平等的理念并不足以证明民主的正当性。他认为,内在平等的理念和利益平等考虑的原则是纯然的道德判断,它们是普遍而且无条件的,但是,这一理念本身存在着缺陷。由于它没有规定什么才能算作人的利益或善,而且它对不平等的限定也是极为宽泛和模糊。因此,它本身不足以支持民主所要求的那种政治平等。"在系统的道德推理中,内在平等假设的持久性和普遍性可以归因于深植于所有西方文化之中的规范的存在,我们无法拒斥这种规范,也不能否定我们的文化遗产从而否定我们是谁。这种规范与其说诉诸历史与文化,倒不如说源自自身的合理性,但采纳这一规范的依据又为任何替代性方案设置了提出合理性证明的难题。"②内在平等的理念作为民主证明的不完善性只有与个人自主的原则相配合才能为民主的信仰提供坚实的基础。达尔指出,常人普遍都有资格统治自我,只有基于这一假设,民主——人民的统治——才能得到证明。"一般来说都是他或她自身善或利益都应该得到平等的考虑,而且每个成年人一般说来都是他或她的善或利益的最佳裁决者,那么,总的来说,一个联合体中的成员都具有足够的资格参与制定影响具有约束力的集体决策,也就是成为一个 demos 中的有充分资格的公民。更具体地说,在做出具有约束力的决策之时,每个公民对于适用之法律、规则、政策等的主张必须被看成是有效的而且是同等有效的。"③在这里,个人自主的假定就是,每个人都应该被认为是他或她自身的善或利益的最佳裁决者。人民应该在个人和集体决策中尊重个人自主的假定。任何人,其个人自主持续地被家长制权威所取代,他就会处于持续的不成熟和依赖状态。因此,如果集体决策始终缺乏个人自主而由家长制权威作出,那么,在公共事务领域,人民将永远被排除在公民资格之外,他们也就被剥夺了维护自身利益的机会。个人自主以及由此产生的在民主秩序之内

---

① [美]罗伯特·达尔:《论民主》,李柏光、林猛译,商务印书馆 1999 年版,第 33 页。
② [美]罗伯特·达尔:《民主及其批评者》,曹海军、佟德志译,吉林人民出版社 2006 年版,第 110 页。
③ [美]罗伯特·达尔:《民主及其批评者》,曹海军、佟德志译,吉林人民出版社 2006 年版,第 137 页。

作为一个有资格的公民,这是将民主过程视为作出具有约束力的决策的一个基本前提。

理想的民主与现实的民主的区分是进行民主理论研究的一个基本前提。在此基础上,达尔把重点转入现实中实行民主所需要的政治制度和有利的社会条件。大规模民主,或者说一个以民主的方式治理的国家所需要的政治安排、惯例或政治制度是现实民主的一个主要内容。为了统治人民,必须拥有某种统治途径,即统治过程。达尔把这一统治过程描述为一种民主过程理论,或者称为民主的统治程序。达尔更加明确地反对实质民主的概念,主张在一定程度上将民主程序与民主价值区别开来,去除民主内涵中的价值性因素,用程序民主来描绘民主的过程。为了证明这一民主程序的合理性,达尔预定了两个假设作为程序民主的基本前提,即首先要假设人们需要一种政治秩序;其次,假定只有那些服从决策的人,亦即联合体的成员们,而不是联合体之外的人才能作出具有约束力的决策。"我们首先要假定,为了在一个联合体内共同生存,联合体的成员就需要一个作出决策的程序,以便讨论联合体的各种原则、规则、法律、政策行为,等等。成员们被期望服从这些决策:这些决策具有约束力。"[1]在达尔看来,为了在一个联合体内共同生存,人民需要一个达成统治性决策的程序:即一个政治程序,并且,在这一联合体内做出的决策是具有统治性或具有约束力的集体性决策。正是在这两组假设的基础上,达尔提出了程序民主的五个标准,即有效参与、决定性阶段的表决平等、开明理解、民众对议程的最终控制和包容性。[2] 任何完善的符合这些标准的程序就是一个完善的民主过程,同时,联合体的政府也就是一个完善的民主政府。

3. 多元民主理论

达尔用多元主义民主一词来指称那种去除了古代民主弊端,适合现代国家的政治体制形式。达尔认为,民主多元论的问题必然是现代民主中一个普遍的问题。"在'民主多元主义'或'多元主义民主'的说法中,'多元论'和'多元论者'这两个术语都指组织的多元论,也就是指在一个国家范围内许多相对自治的(独立的)组织(子系统)的存在。"[3]达尔认为,独立的

---

① [美]罗伯特·达尔:《民主及其批评者》,曹海军、佟德志译,吉林人民出版社 2006 年版,第 105 页。

② [美]罗伯特·达尔:《民主及其批评者》,曹海军、佟德志译,吉林人民出版社 2006 年版,第 142—150 页。

③ [美]罗伯特·达尔:《多元主义民主的困境》,周军华译,吉林人民出版社 2006 年版,第 5 页。

组织存在于所有民主国家。"在民主国家中,至少在大规模的民主国家中,独立的组织十分必要。只要民主程序在像民族国家那样大规模的国家当中被采用时,自治的组织一定会产生。然而,这些组织并不仅仅是民族国家政府民主化的直接结果。它们对民主过程本身的运行、对于使政府的高压统治最小化、对于政治自由、对于人类福祉也是必须的。"①各种相对独立并具有组织意识和活动意识的社会组织与团体不仅是维持民主政治的重要条件,也是有效整合和维护个体利益的中间结构。在现代民族国家的范围内,国家的政府要想通过民主程序取得最高而且可行的成就,多头政治体制对实现民主是不可或缺的。多头政治与程序民主之间的关系可以概括为,多头政治是程序民主的具体实现形式。②

在多元主义民主理念中,政治权力分散在众多自治的社会组织与集团之中。多元主义民主理论是"在与精英理论的对立中发展起来的。其中心假设是,政治资源广泛分布,在不同的年代和不同的政治争论中,不同的利益占据着主导地位。多元主义理论也是对经典民主理论的反应。它降低了投票作为民主筹码的重要性,为压力集团的活动提供了智识上的合法性。而压力集团的活动在民主生活中,其地位一度是可疑的"③。多元主义民主理论认为,现代社会是多元的社会,权力散布于许多相互竞争的利益群体之间。政治是一个由竞争着的利益群体组成的领域,且权力有许多的来源,包括财富、政治职务、社会地位、教育等。民主政治应该是多元主体通过多元竞争与讨价还价,妥协并达成价值趋中的政治。

在把"民主"保留为一种理想类型的前提下,达尔将近似于民主的西方政治体制称为"多元主义民主"、"多头政治"或"多头政体"。在达尔看来,多头政体具有两大特征:公民权在成年人当中被扩展到一个相当高的比例;公民的权利包括了投票反对和选举政府最高官员的机会。由这两个一般特征进一步展开,多头政体的七种制度是:④一是选举官员。从宪法上看,对政府政策的决定进行控制的权利寄托于选举产生的官员。二是自由与公正的选举。产生官员的选举是经常的、公正的,在那里,高压政治极其罕见。

---

① [美]罗伯特·达尔:《多元主义民主的困境》,周军华译,吉林人民出版社 2006 年版,第1页。

② 关于在多头政治与程序民主之间的关系的具体分析见[美]罗伯特·达尔:《民主及其批评者》,曹海军、佟德志译,吉林人民出版社 2006 年版,第 306 页。

③ [英]戴维·米勒、韦农·波格丹诺主编:《布莱克维尔政治学百科全书》,邓正来译,中国政法大学出版社 2002 年版,第 579 页。

④ [美]罗伯特·达尔:《多元主义民主的困境》,周军华译,吉林人民出版社 2006 年版,第10页。

三是包容的选举权。在实践中,所有成年人都有权在产生官员的选举中投票。四是竞选官员的权利。在实践中,所有的成年人都有权竞选政府中的选任官员,尽管选任官员年龄的限制可能会比普选的高。五是言论自由。公民有权表达自己对广泛的政治事务的批评,包括对官员、政府、体制、社会经济秩序以及主流意识形态的批评,不必担心受到严厉的惩罚。六是选择性的信息。公民有权通过不同的渠道得到信息。而且,可选择的信息来源的确存在,并通过法律得到保障。七是结社自治。为了得到各种各样的权利,包括上述所列,公民还有权组成相对独立的团体或组织,包括独立的政党和利益群体。在达尔看来,多头政体不仅是大规模民族国家实现民主不可或缺的必然选择,而且是所有国家的政府要想通过民主程序取得最高而且可行成就的必经之途。这七项制度构成了多头政体的基本内涵,是达尔根据西方代议制民主及其利益集团在现实政治运作规则的理论化。"多元论者坚持的是:民主可能性必须经由一种利益竞争,其中胜者代表最广泛自由决定的支持,才能得到最佳的实现。"①可见,对于民主理论而言,作为一种经验性的叙述,多元主义对于民族国家实现民主可能性的政治安排是基于一种竞争性利益的学说。

　　4.达尔对自由主义民主理论的贡献

　　民主问题研究的核心是为事实上实现人民主权的民主信念提供一种制度性的解决方案。民主政治可经由一系列特定制度的媒介而进行,甚至不同的文化可以就民主问题提供不同的解决方案。达尔的多元主义民主是对熊彼特民主理论的改进,并且更适合西方现代民主宪政的运行模式。达尔的多元民主理论把注意力不是主要集中在宪法的先决条件,而是集中在一个民主秩序的社会先决条件。"现代工业社会的多元化和复杂化不可避免地对当代自由主义和民主理论施加了经验主义的限制。民主不能表达出自主的个体的普遍意志,民主必须被重新理解为是对政府决策实施控制和影响的一种机制,并确保批判和竞争的优势,以达到各种代理机构的协调以及在其中权威性地分配负担和利益的目标。熊彼特的非传统民主模式没有实现以上这些目标。竞争的政党议会民主不仅脱离了它试图代替的自由主义价值观,并扭曲了原来的目标。民主变成了政治精英鼓吹平民主义的一种手段。"②多元主义的政治理论是一种对于自由民主理论的解释性或者说补

---

　　①　应奇编:《代表理论与代议制民主》,吉林出版集团有限责任公司2008年版,第239页。

　　②　[英]理查德·贝拉米:《重新思考自由主义》,王萍等译,江苏人民出版社2005年版,第157页。

充性的理论。多头民主表示政权既不掌握在某一个特定的集团或者个人手中,也不掌握在全体人民手中,而是分散在几个相互竞争的不同集团之间的政治体制模式。

这种政治体制模式是对于传统意义上的民主政治的一种替代模式。达尔提出与建构的多元民主理论是一种描述性的理论,主要目的是为现代民主政治提供一种多元主义的理解。达尔提出的是权力结构的一种模式。与熊彼特相比较而言,"达尔也恪守竞争论,但他所强调的与熊彼特不同。达尔的起点是熊彼特的终点。他寻求的是在全社会普及和加强精英之间的竞争。如果说熊彼特的任务是理解民主的功能,达尔的任务还要加上推进民主"①。达尔并不认同整体的权力精英的存在。相反,他认为许多社会精英和其他利益群体互相竞争,但没有哪一个群体足够强大到独享权力。冲突是存在着的,但也是可以在社会体系内部得到解决的。达尔的多头政治的含义是权力有许多中心。多元主义是多头政治的一种方式。多元主义认为政治资源在一个多头政治或多元主义的社会里是分散的,但这种分散并不意味着政治资源是平等分派的。"多元主义理论的出发点是代议制民主制度下由于不可能实现全体民众直接参与政治决策而产生的统治者与被统治者之间的断层,其基本特征是一方面认可民主的政治价值,另一方面在认识到直接民主在现代民族国家的范围内没有实现的可能性的情况下,力图在代议制民主的框架之内,为统治者与被统治者之间架起一座政治和社会的桥梁。被多元主义论者找来作为这种桥梁的,就是那些存在于个人和国家之间的社会组织。"②达尔的模式对所有关于政治社会实际权力结构的争论具有重要意义。"'具有说服力'之处也是修正主义者重新界定民主的弱点之一;他试图把'民主'从一个理念或一个批判性观念转换到仅仅是关于西方政治的描述性观念。这个观念不再是现实由之被予以衡量的一个规范或原则;西方社会现实自身就是民主本身。不再有什么东西值得去致力追求。"③这种解释框架塑造了他们试图加以解决的当代政治理论问题,具体而言,就是自由主义民主的弊端。

对民主的发展和稳定的合适条件的探讨是达尔民主理论的一个重要贡献。20世纪是民主大获全胜的世纪,即使人们开始信奉民主的理念和目标,但是,要取得更深远的民主化的成果仍然需要适合的条件。达尔提出,

---

① [美]乔·萨托利:《民主新论》,冯克利、阎克文译,东方出版社1998年版,第173页。

② 唐士其:《西方政治思想史》,北京大学出版社2002年版,第445—446页。

③ [英]安东尼·阿巴拉斯特:《西方自由主义的兴衰》,曹海军等译,吉林人民出版社2004年版,第436页。

民主和市场是"敌对的共生"。"民主和市场资本主义就像两个被不和谐的婚姻所束缚的夫妻。尽管婚姻充满了矛盾,但它却牢不可破,因为没有任何一方希望离开对方。"①在达尔看来,民主和市场资本主义两者之间处于持续的张力中,每一方都在改变和限制另一方。市场在促进民主发展的同时,也限制了民主的进一步发展。在任何一个民主国家中,政府都对市场所产生的负面影响进行管制与干预。"如果一个国家中民主政治制度的存在严重地影响了市场资本主义的运行,那么这个国家中的市场资本主义就会严重地影响民主政治制度的运作。也就是说,冷箭射向两个方向:从政治到经济和从经济到政治。"②

　　达尔认为,独立的多元社会组织也是民主过程本身运转所必需的。达尔的多元民主理论是对现代大规模民族国家实行民主统治的论证与描绘,而这种国家规模上的民主除了需要代表制、选举制等政治制度之外,还需要建立独立的组织与社团。"虽然相对自治的组织本质上不是民主的充分条件,但它们是大规模民主的必要条件,既是大规模民主运转的先决条件,也是大规模民主不可避免的结果。"③在所有的民主国家里,某些重要的相对自治的组织性竞争的手段在大规模的政治系统中有助于防止垄断的产生,并产生互相控制,促进民主的发展与巩固。社会制衡是实现民主的关键环节。达尔提出,一个国家如果拥有一个 MDP 社会很可能是发展或是维持一套多头政体的有利条件。所谓 MDP 是 modern dynamic pluralist society 的缩写形式,达尔称为现代动态多元社会。一个 MDP 社会的特征是政治资源的分散,比如金钱、知识、地位,以及参加组织;战略地位的分散,尤其是经济的、科学的、教育的以及文化事务;商谈地位的分散,既有公开的,也有隐蔽的,涉及经济事务、科学、交流、教育以及其他方面。MDP 社会有利于多头政体,主要体现在分散权力、影响、权威以及控制给多样性的个人、集体、协会和组织。而且,它鼓励有利于民主理想的态度和信仰。④ 达尔认为,传统政治民主化理论关注宪法上的分权制衡与政府内部的权力制衡,而忽视了社会上的多元制衡机制的作用,而后者才是实现民主的关键环节。只有政府与社会两种权力制衡机制共同发挥作用,民主才能真正得到保障。多元

　　① 〔美〕罗伯特·达尔:《论民主》,李柏光、林猛译,商务印书馆 1999 年版,第 174 页。
　　② 〔美〕罗伯特·达尔:《论民主》,李柏光、林猛译,商务印书馆 1999 年版,第 185 页。
　　③ 〔美〕罗伯特·达尔:《多元主义民主的困境》,周军华译,吉林人民出版社 2006 年版,第 33 页。
　　④ 参见〔美〕罗伯特·达尔:《民主及其批评者》,曹海军、佟德志译,吉林人民出版社 2006 年版,第 348 页。

主义民主的核心是决策权力的分散化以及决策过程的多元竞争和妥协性，它是对资本主义民主制度政治的一种描绘，是一种与自由社会的政治相关的中立性学说。简言之，达尔的多元主义民主是一种对于自由民主理论的解释性或者说补充性的理论，更加适合现代资本主义国家的政治体制形式。

达尔对民主的研究，无疑是以自由主义为其理论基础，主要是从西方社会的规范和实践中对自由主义民主制度要件与先决条件的探讨。这一研究视角主要关注的是实现民主的条件以及民主的巩固问题。批判的目的不在于纯粹的理论"批判"，而在于实践的借鉴，在于解决中国的实际问题。置身于政治合法性如此依赖民主的时代，面临中国社会政治转型的重大使命，我们比以往任何时候更需要一门关于民主的理论。达尔的民主理论对于我们在全面认识和正确对待自由主义民主的基础上构建中国特色社会主义民主模式，以应对西方自由主义民主政治模式的挑战，并且最终超越自由主义民主政治模式，有一定的参考价值。

（四）萨托利：自由主义民主理论的系统阐述

受欧陆思想传统的影响的一些自由主义学者站在政治现实主义立场上，放弃了传统民主理论中的规范性要素，依据西方民主国家权力运行机制的客观经验来构筑现实主义版的民主理论，突出其经验性要素。美国政治学家乔·萨托利（Giovanni Sartori，1924—2017）试图站在古典自由主义的立场上重建"主流民主学说"，这项理论传统上是基于自由主义式的政治秩序而得到辩护的。达尔民主理论的一个明显特征是把民主一词留给政治理想，而用"多头政体"来作为民主在政治现实中的替代物。不同于达尔的研究路径，萨托利从规范性与描述性两个层次来定义民主，更关注现实政治中的民主。这显然是民主理论针对如何处理政治现实与政治理想之间关系的两种不同的方式。萨托利所强调的始终是理想如何影响现实世界以及现实世界又如何反过来接受或阻挠和挫败理想。沿着这一思路，萨托利的民主理论把重点便放在了对理想的管理上。萨托利在自由主义民主思想史上占有独特的地位，他的《民主新论》一书出色的理论梳理成为我们在新的时代背景下检验自由主义民主政治观的颇为重要的理论资源。

1. 民主的规范理论与经验理论的区分

20 世纪，人类社会中第一次没有任何理论是作为反民主的理论提出的，绝大多数国家都自称是民主国家，民主已变成了一个在国际主流社会广受赞誉的词。"直到 40 年代以前人们一直知道什么是民主，并且喜欢它或反对它，而后来我们虽都声称喜欢民主，却不再知道（理解、一致同意）什么是民主了。于是我们生活在一个以民主观混乱为特色的时代里。"①萨托利认为,理论上的严重混乱是西方民主在当代发展中存在的最为严重的问题。萨托利坚持从古典自由主义的立场看待民主,从民主的规范性定义同经验性定义区别的角度来展开对民主问题的研究。

萨托利提出,事实与价值的紧张关系是民主的主要组成部分。民主即人民的统治或权力是对"民主是什么"的回答,但是,现实中的民主与这一定义存在巨大差异。"民主应是什么"是一个实然的问题。民主的词源学定义和解释是不能够解决这一问题的。这就是规范的民主理论同经验的民主理论的不同。"民主这个词没有恰当地描述民主这件事情。但是我们不能避开这个词(没有词我们什么也不能做),也不能改变它,例如,不说民主而说多头统治。我们必须记住,民主一词把我们带向一个规定性定义,而我们还必须寻找一个描述性定义。搞出两个定义自然会带来问题,但我们就会看到,把民主是什么的描述同民主应是什么的规定加以区分,恰恰是解决我们的问题的办法所在。"②直到20世纪40年代还不存在规范的民主理论同经验的民主理论的划分。随着行为主义方法论的盛行,形成了一种区别于过去占主导地位的规范性研究方法的民主的经验理论。规范的民主理论适用于阐述民主的理想与价值,导致对民主的某种规定性定义,是一种规范性的理论推演。相反,经验的民主论是从事实概括而来,注重经验分析。经验的民主理论是对民主的描述性定义,即民主在现实世界中实际运作的真实状况是什么。因此,萨托利主张在民主理论的阐述中,把规范理论与经验理论结合起来,以便说明理论是怎样同实践发生关系以及怎样变成实践的。确切地说,在一定程度上显示民主特性的那些事实是通过理想而形成的行为模式。

2. 古代民主和现代民主之区别

在提出民主的规范性研究和经验性研究的两种不同方法论之后,萨托利比较和分析了古代民主(直接民主)和现代民主(间接民主)两种类型的民主制度,以杜绝人们实践直接民主的冲动。前者基于直接行使政治权力,后者基于对权力的监督与限制,这两种是不可以互换的制度。古代民主和现代民主的区别并不单纯因为在地理和人口方面情形不同而导致采取完全不同的途径。在目标与价值上,现代人的民主理想与古希腊人全然不同,他们向往的是另外一种民主。古代民主是一种希腊式直接民主,不曾以任何

① [美]乔·萨托利:《民主新论》,冯克利、阎克文译,东方出版社1998年版,第7页。
② [美]乔·萨托利:《民主新论》,冯克利、阎克文译,东方出版社1998年版,第13页。

系统的方式把理想制度和现实加以区分。而现代民主是间接民主,即代议制民主。那种以个人参与为基础的古代民主实行的条件现在已不具备,在现代的国家范围内代议制民主就是唯一可能的现代民主形式。"古人的民主不是今人的民主。前者是一种限于城邦的、直接的、不考虑个人的(不自由的)民主,后者则是一种国家范围的、代议制的和尊重个人的(自由的)民主。两者的不同已达到需要两种不同理论的程度。"①古希腊的公民完全致力于公务,是一种真正的自治,是一种真正的自我统治。古希腊民主政体最基本的特征就是人民不间断地直接参与行使权力,是一种直接民主。而现代民主是一种间接民主,在很大程度上是一种对权力的限制和监督体系。与古希腊民主政体相比,现代民主是对个人自由的追求的一种实现方式。

3. 恢复主流的自由主义民主理论

萨托利站在古典自由主义的立场上,以西方传统政治理论为基础,对民主观念以及一些基本的民主问题作了详细的分析与论证,批判了各种"假民主",试图恢复其所谓的"主流民主学说",即自由主义民主理论。

萨托利认为,有限的多数统治是民主的基本特征。"民主前景取决于多数可以变成少数和少数能够变成多数。由此可见,有限多数原则便成了民主制度中的民主可行性原则。"②任何社会都需要解决冲突和进行决策的程序化规则。作为选择手段的多数原则是最适合民主的程序原则,成为政治统治合法性的程序依据。此处所考虑的多数决定规则是一种工具,多数标准只是最适合民主要求的一个数量标准,并不具有绝对性。对"多数专制"的恐惧可以说是自由主义者的一个传统的特征。萨托利也不例外,明确地提出在尊重多数规则的同时,对少数的权利的保护与尊重是民主过程本身的必要条件。在宪政背景下,多数决定规则关键问题是少数而不是多数,是少数或各少数派必须享有反对权。如果少数派的反对权受到阻碍或践踏,便可以称其为"多数专制"。

代议制为中介原则。萨托利认为,人民主权从描述的角度看充其量是个合法性原则。但是,这个原则只是肯定了一种有名无实的权利,它对行使权力毫无帮助。"权力属于人民建立了一条有关权力来源和权力合法性的原则。它意味着只有真正自上而下授予的权力,只有表达人民意志的权力,只有以某种得以表达的基本共识为基础的权力,才是合法的权力。"③"人民

① [美]乔·萨托利:《民主新论》,冯克利、阎克文译,东方出版社1998年版,第177页。
② [美]乔·萨托利:《民主新论》,冯克利、阎克文译,东方出版社1998年版,第27页。
③ [美]乔·萨托利:《民主新论》,冯克利、阎克文译,东方出版社1998年版,第37—38页。

的权力"只是民主过程的一个起点,萨托利认为必须在权力的归属与权力
的行使之间建立联系。这样,选举与代表就成为大规模民主的必要手段。
代议制就是在宪政国家的保障制度中"发明了"的一个中介性原则,把权力
缩小成了不充分的权力。在代议制政治制度中,人民不直接治理,而是选出
在品格和能力上更为优秀的精英代替人民治理国家。人民能够通过监督和
更换人民代表行使政治权力。在领土广大、人口众多的现代民族国家之内,
以公民亲自参与政治活动和影响公共政策为基础的直接民主只能导致效率
低下、成本高昂和权威贬值的政治后果。因此,萨托利认为,代议制解决了
国家规模和统治可行性的问题,成为现代社会实现民主唯一合适的统治形
式,其优越性主要体现在以下几个方面:代议制民主通过它的间接性能够对
大众权力进行防范与制约,使得政治决策更稳健;直接民主是一种总和为零
的政治博弈,间接民主是一种总和为正数的政治博弈;代议制民主能够使政
治权力和平过渡,避免了战争式政治的发生。

　　按照萨托利的观点,现代民主只能是自由主义民主,也就是说,现代民
主不仅仅是自由主义的结果,而且是建立在自由主义之基础上的,否则不可
能具有任何意义上的民主性质。"只要自由主义的民主死了,民主也就死
了。"①在《民主新论》中,萨托利对马克思主义和社会主义制度的理论与实
践进行了批判性的评价,从根本上否定了不同文化和社会经济环境的国家
对本国政体自主选择的合理性,认为所谓的"另一种民主",即人民民主理
论是不能成立的。社会主义国家用人民民主"这个标签是打算用来指一种
更伟大的民主。这一主张能成立吗? ……所有自称共产主义,或自称正向
共产主义前进的政体,都是专政体制——这是共同的结构性特征"②。萨托
利对于无产阶级民主专政批判的核心观点是,无产阶级国家是具有专政结
构特点的国家,资产阶级的(一个阶级的)专政,同苏联的(一个国家的)专
政相比专政的程度小之又小。无产阶级专政是一种国家独裁的学说。萨托
利认为,马克思主义者在指称"资本主义民主"时,是为把真正的或真实的
民主留为己用。社会主义者发明"人民民主"的新标签"是清楚的,这个标
签是打算用来指一种更伟大的民主"③。这样,自由主义者的"结论只能
是……人民民主的理想不能作为一种新民主理论的贡献,或是补充了旧的
民主理论"④。

① [美]乔·萨托利:《民主新论》,冯克利、阎克文译,东方出版社 1998 年版,第 445 页。
② [美]乔·萨托利:《民主新论》,冯克利、阎克文译,东方出版社 1998 年版,第 531 页。
③ [美]乔·萨托利:《民主新论》,冯克利、阎克文译,东方出版社 1998 年版,第 531 页。
④ J.Barents, *Democracy,an Unagonized Reappraisal*,The Hague:Veulen,1958,pp.28-29.

简言之,萨托利通过对各种"错误"民主理论的清理,对自由主义民主进行了最为系统的阐述,旗帜鲜明地为自由主义民主制度辩护。萨托利民主理论中最有启发性的部分是对民主研究方法的区分。他从描述与规范、横向与纵向四个不同的维度对民主进行了细腻的分析与界定,倡导在民主理论的研究中要把价值规范同技术规范相配合。在民主理论领域内,萨托利的学术贡献是有目共睹的。民主的理想,即"人民进行统治"不能界定民主的现实。反之,现实中的民主"实际上是什么"也不可能同理想的民主一样。但是,民主正是在理想中应然的推动力和现实中实然的抗拒力两者之间相互作用中产生和延续的。"民主应是什么"的理想问题出于规范的目的是须臾不可离的,因为民主是一个实践理想的永无止境的过程。"民主实际上是什么"所反馈的实践经验可检验民主理想的实践能力,可不断积累践行理想的技巧,也正是这种民主价值的压力推动民主实践在历史进程中不断完善与发展。自由主义者力求从资本主义民主制度运转的现实来寻求对民主作新的解释。也就是,对理想和现实之间的距离需要保持清醒的认识。萨托利以一种自由主义立场展开了对民主的思考,从应然研究和实然研究对民主作了规范性的理论界定和描述性的经验界定,重申了自由高于民主的主张。对于萨托利而言,讨论如何维护和捍卫民主,而不是实现民主,即现代民主理论的使命就是"证明现存统治形式的合理性"的问题。

第二章　自由主义民主的理论架构及特征①

> 我们需要民主理论具备基础的原因,就在于这些基础有助于提高我们的政治判断和政治选择。
>
> ——达尔《民主理论与民主经验》
>
> 自由主义为民主制度提供了一种理由,但不是一种好的理由。
>
> ——于根·哈贝马斯《在事实与规范之间》

通过对自由主义民主思想的追溯可以使得自由主义民主的特征得到彰显。自由主义民主暗含着贯穿于历史的连续性和共同性的一些基本要素。经过长期的演化过程,这些因素成为自由主义民主模式的基本原则与特征。在西方政治体系中政治制度或行为正是这些原则在政治实践中的体现。"对于自由主义,民主是一种政治制度,这种政治制度是由政党竞争,平等选举和多数决定等规则构成的。问题不在于民主制度的构成,而在于对这种民主制度给予证明。"②自由主义构建和论证了一种钟情于"自由的优先性"的民主形式。

一、自由主义民主的理论架构

个人权利、市场经济以及国家与社会的分离是自由主义民主理论的三大基石。具体而言,自由主义民主理论是以抽象的个人权利为出发点和归宿点。以私有制为基础的自由竞争的市场经济为自由主义民主提供了经济根基。社会和国家之间的分离并相互独立使得国家成为民主政治活动的主要领域。在这些基本的理论前提之下,自由主义民主理论的基本原则可以概括为:自由原则、政治平等原则、法治原则、分权与制衡原则。自由主义民主的这些原则是在长期的发展过程中逐渐形成与完善的。自由主义民主在现实政治中的运行方式以代议制民主为主导模式。

---

① 本部分主要内容经过修订以后发表于《自由主义民主理论评析》,《政治学研究》2009 年第 4 期;《民主理论视野中的自由主义与民主》,《理论导刊》2009 年第 6 期。

② 姚大志:《何谓正义:当代西方政治哲学研究》,人民出版社 2007 年版,第 437 页。

（一）自由主义民主理论的基石

民主理论需要基础吗？"为民主理论提供令人满意的基础的更好的理由，是不需要任何前提的。这里我认为基础的含义就是一整套合理的假设，这些假设能够使人们相信民主是可欲的，并且能够让人们判断某一制度是否民主以及在何种程度上是民主的，还能够让人们判断满足这些假设的政治实践或制度是什么。"①自由主义式民主以个体权利的正当性为首要特性，是民主在自由主义哲学上的附着物。"民主理论家很少受抽象的哲学立场驱动而得出他们本不愿意得出的政治观点（即便曾经有过这种情况）。相反，当理论家们预先假定，或积极投身于某些重要的政治问题时，他们会想尽一切办法使得自己的政治哲学立场与实际政治问题相适应。"②自由主义者思考民主的方式受其政治哲学的强烈影响。

1. 个人权利

个人权利是自由主义民主理论的出发点和归宿点。③自由主义权利本位的特点体现在个人是独立存在并先于任何社会组织、政治秩序，不论什么情况下任何个人都可以享有权利，它拒绝历史的、条件的约束，而把所有人都认为是完全平等的、抽象的个人。自由主义民主就是关于民主的权利原则。"民主不仅仅是一个统治过程。权利是民主政治制度不可缺少的组成部分，因此，民主体制内在地就是一种权利体制。权利是民主统治过程最为

---

① ［美］罗伯特·达尔：《民主理论与民主经验》，载［美］塞拉·本哈比编：《民主与差异：挑战政治的边界》，中央编译出版社 2009 年版，第 345 页。

② ［加］弗兰克·坎宁安：《民主理论导论》，吉林出版集团有限责任公司 2010 年版，第 42 页。

③ 在自由主义发展的不同时期，个人权利的基本内容及论证方式是有所差异的。一般来说，在近代自由主义理论中，自然权利理论占主导地位。洛克的自然权利理论最具有代表性，提出自然法规定了每个人生命、自由和财产的自然权利。洛克自然权利理论的政治后果主要体现在：在自然法之下人人享有平等权利，任何人都不会屈居于他人的政治权威之下，除非他自己愿意这样做。政府的主要功能是维护和保护自然权利。自然权利为政府权威确立了界限。政府如果破坏了其公民的权利，就丧失了要求人民服从的权利。人民可以合法地将之推翻。在以后的诸世纪中，这三项政治含义一直与自然权利的学说紧密相联。因此，美国《独立宣言》（1776 年）宣布："人人生而平等，他们都从他们的'造物主'那里被赋予了某些不可转让的权利，其中包括生命权、自由权和追求幸福的权利"，并断定这是不证自明的真理。然后它进而断言政府的创立是来保护这些权利的，政府从被统治者的同意中获得正当性的权力，企图破坏这些权利的政府可以被人民所推翻。法国的《人权宣言》（1789 年）在关于"自然的、无限制的和不可剥夺的"权利方面作出了相似的宣称。20 世纪西方的人权理论乃是对自由主义权利思想的继承与发展。这种人权依旧被设想为人们作为人凭借其自然能力而拥有的道德权利，而不是凭借他们所能进入任何特殊秩序或他们要遵循其确定的特定的法律制度而拥有的权利。这种权利的主要背景还是政治性的；它们规定了政府必须保护和保证以及必须尊重的最低限度的权利。参见［英］戴维·米勒、韦农·波格丹诺编：《布莱克维尔政治学百科全书》，邓正来译，中国政法大学出版社 2002 年版，第 357 页。

关键的一种建筑材料。"①自由主义关于民主的观点是建立在一套抽象、普遍的个人权利基础之上的。这些最基本的权利体现了人们对于采取任何政治实践的必要条件,这已经成为自由主义者最低程度的共识。"权利如何成为前提条件,成为主权国家的原因和有效的理由,以至于主权国家成为它所保护的权利的创造物的故事"事实上是"自由主义的故事……因为自由主义将个人定义为权利的承担者和所有者,而不是将个人定义为拥有充分参与自治个性的个体"②。在自由主义理论中,权利是由个人而不是共同体来承担,个人是权利的唯一载体。而民主则是一种最有效地维护个人权利的政治形式。民主若不能最终保障个人权利,在自由主义者看来,这种民主就是不可取的。自由主义式民主是一种以个人权利为基础的民主政治理论。

在自由主义理论传统中,个人权利作为政府的起源、目的、理论的基点是通过自然法与社会契约得到论证的。许多自由主义的理论家都有这样的假定,即存在着一个自然状态,在这个自然状态中人们拥有许多"不证自明"的权利,这些权利可用正当的理由予以确认。如霍布斯、洛克、诺齐克等都对这种自然状态进行过描述。虽然自然状态的内容和特点不尽相同,但他们都得出了大致相同的结论:为了避免"人总是与它的邻人处于战争状态"或者为每个成员"谋福利和保护他们的财产",而彼此同意让渡某些自然权利,结成社会,建立统治机构,确定政府的组织形式。简言之,契约是为了自我权利维护的目的而形成的。这样,社会契约论就为自由主义的权利理论提供了一种社会论证和程序性的解释,也因此成为自由主义的一个明显特征。根据自然法的理念,处于自然状态之中的人并不能真正实现个人的幸福,因此,让渡他们的部分权利就成为合乎自然的事了。在自然法、社会契约论的基础上,生命、自由与财产权构成个人权利的基本内容。这种个体拥有的基本权利政府是无法剥夺的,并进一步在"不证自明的"自然权利的基础上形成了个人作为组建政府的基点的政治传统,从而也就成为国家与私人领域的界限。这种"个人主义"观念与思维逻辑成为自由主义的根本特征。个人是自然权利或人权的载体,国家的基本职能就是保护个体处于自然状态时所拥有的权利。"公民拥有独立于任何社会政治权力之外的个人权利,任何侵犯这些权利的权力都会成为非法权力。公民的权利就

---

① 　[美]罗伯特·达尔:《论民主》,李柏光、林猛译,商务印书馆1999年版,第56页。

② 　Cited by J.G.A.Pocock,"Virtues,Rights and Manners:A Model for Political Theory",*Political Theory* 9,No.3,1981,p.361.

是个人自由、宗教自由和言论自由,包括公开表达自己的自由、享有财产及免受一切专横权力侵害的保障。没有任何权力能够对这些权利提出异议而又不会败坏自己的声誉。"①简言之,自由主义作为西方民主宪政体制的理论基础主张每个人都有天赋的基本权利,包括生命、自由、财产等,落实在政治秩序上便形成了现代的民主政治制度。实际上,用自由主义的政治话语就是政府权力是受它所必须尊重的人权限制的。个人权利是自由主义民主政治理论的终极归宿。

自由主义民主理论的权利话语产生于资本主义社会的个人主义的异化。个人作为权利的拥有者是不可能脱离一个特定的社会情景的。个人的权利产生于特定的社会共同体之中。自由主义者这种抽象而绝对的个人权利观难以提供坚实的理论基础。认为个体的权利能够保持完整独立性、不受它的社会环境的影响的观念只能是一个个人主义的神话。"即我们不能只看到权利的绝对性还必须考虑到其他应当予以考虑的各种因素,因为我们已经学会了通过社会交往将自己的意愿和目标与别人的意愿、目标联系起来。那些不顾赋予了权利以价值的社会环境而要求自己绝对权利的论调是非常荒谬的,然而这正是那些鼓吹权利第一的人想要我们接受的。"②作为在社会中的具体的个人权利,只有通过在一定特定社会中生活的经历才可能获得。"当把自然权利当作现实社会中人们在共同体内构建有价值的自由生活的真实充分的社会心理学基础的时候,它至多是一种虚构(即虚构了不存在的'人'),同时也丧失了可信性及其所有的效用。这不仅损害了民主的地位,而且使得任何具体的能够令人信服的自由的希望都处于危险中。"③这是自由主义所未能认识到的理论缺陷。

2. 自由竞争的市场经济

现代西方的自由民主制度是以私有制为基础的自由竞争的市场经济为经济前提。对自由主义而言,市场合理性的标志首先是能够有效地配置资源。在这里,市场被理解为一个自由的、可选择的、纯粹"经济"的领域,是具有权利的个体之间进行自由交易的场所。"认为经济与政治是相互独立或者只是通过个人心理间接相关的说法,成为早期自由主义观点最为明显

---

① [法]邦雅曼·贡斯当:《古代人的自由与现代人的自由》,阎克文、刘满贵译,上海人民出版社 2005 年版,第 63 页。

② [英]理查德·贝拉米:《重新思考自由主义》,王萍等译,江苏人民出版社 2005 年版,第221 页。

③ [美]本杰明·巴伯:《强势民主》,彭斌、吴润洲译,吉林人民出版社 2006 年版,第 121 页。

的要素之一。"①自由主义者信奉市场经济最主要的理由是认为市场经济在资源配置方面更具有效率。市场通过相对价格的波动,提供了一个高度灵活和分散的市场机制,帮助市场主体分享他们以最有效的方式达到个人目的所需的信息。健全的市场经济可以自我约束与修正,自动规制经济生活。在自由的市场经济中,一只"看不见的手"——实际上是追求自身利益的无数个体理性的计算——约束、引导着经济生活的健康而快速的发展。对市场机制效率的基本共识是自由主义的一个鲜明的特征。在他们看来,市场经济不仅是最有效的经济制度,而且也是最公平的制度。市场给予了个体以选择任何生活方式和文化的机会,只要他们愿意承担相应的代价。这样一来,市场就提供了最公平也是最有效的方法,以此来决定谁应当继续存在,而最不受欢迎的和最不可行的东西则会立刻遭遇失败。这样的机制最有利于个性的发展,刺激人们的进取心,最大化地促进人类物质文明的进程。

　　自由主义者认为,市场不仅是最有效的资源配置方式,而且是实现人类自由的最合适土壤。自由主义认为政府对经济生活的干预将会威胁到自由。古典自由主义把政府从市场中驱除出去。政府干预被认为是不可取的,因为它将导致资源配置的低效,最可怕的是导致极权主义。按照哈耶克的说法,以市场为基础的社会将培育个人的自由,不受限制的各种观念间的交锋使得真理得以显现。一个自由公正的社会只能建立在普遍的市场秩序的基础上,任何对自由市场的干预都是自由丧失的一种信号。"市场秩序对我们实现自己的目的极为有益:它不仅像所有其他的自生自发秩序那样,会在我们的行动中给我们以指导和在不同人的预期之间促成某种应合关系,而且还会拓展每个人在更大程度上支配各种物品的前景或机会,而通过任何其他方式,我们都不可能做到这一点。"②哈耶克认为,人类进步是自生自发的过程,试图通过计划安排人类生活的做法不仅会压抑个人自由和阻碍社会进步,还会导向暴政,所以国家正当行为只应是防止他者对自由的强制。"对于诸如哈耶克这样的自由主义理论家而言,攻击的靶子自始至终被看作'无节制的'或'膨胀的'政府部门,是它侵入和妄图统辖'自由'市场的行为,最终,是对于个人所享有的自由的侵犯。政府对经济的干预将导致某种放纵不羁的'集体主义'(根据新自由主义的政治信条,乃是来自于

---

　　①　[美]乔治·霍兰·萨拜因:《政治学说史》下册,刘山等译,商务印书馆1986年版,第758页。

　　②　[英]弗里德利希·冯·哈耶克:《法律、立法与自由》第二、三卷,邓正来等译,中国大百科全书出版社2000年版,第188页。

共产主义的空洞目标),同时导致正如哈耶克最负盛名的著作标题所谓的
'通往奴役之路'。"①

作为一种政治方案的自由主义,它不仅给个人权利以优先权,让市场经
济力量凌驾于政府的公共权力之上,而且这种自由竞争的市场规则也被应
用到了政治中。选民们就像消费者一样用选票作为"货币"来"购买"合意
的"商品",即合意的政客或者政治纲领和许诺。在这个"政治市场"中,选
民们会选择可能给自己带来最大满足的政策。政客就像企业主一样,他们
根据选民的偏好带到"政治市场"的"企业的产品"就是政治纲领和许诺,通
过政党、竞选班子、大众传媒等工具争取人们的选票,得到或保护已得到的
作出政治决定的权力。在全程的交易中,资本成为政治影响力的关键因素,
政治就像市场经济中可以"打包待售"的商品一样"商品化"了。通过把现
代民主制度化约为一种含有自利行为的交换过程,民主被剥夺了任何的道
德内涵。

以生产资料的私人占有为基础的自由竞争市场理论成为自由主义最重
要的理论基础之一。自由主义相信可以通过市场机制在每一个人的利己主
义和所有人的利益之间进行协调。这种市场自我管制的理论只考虑到人的
经济动机。但显然,人的动机较之其经济方面的动机要复杂得多。"市场
被说成是最优的可以自我调适的社会结构。它声称如果允许市场在不受阻
碍的市场下运行,它就会最大限度地满足所有的经济需要,以及有效地使用
所有经济资源,并自动为所有真正希望工作的人产生充分的就业。就范围
而言,市场的全球化将会是把这些好处带到整个世界的最佳方式。"②作为
市场经济的自由主义避免政府对认定为能自我管制的市场的干涉,利用包
括人类劳动在内的一切资源为其自己的目的服务。这就成为自由主义民主
扩展的理论依据,并向全球范围内"批发出售"民主制度。

3. 国家与社会的分离

现代西方民主立基于一种主张国家的作用应当受到宪法限制的自由主
义哲学,导致了公共生活与私人生活之间的明确区分。这种区分被认为是
至关重要的,自由主义学说依赖国家与社会之间的分野。自由主义阵营对
民主的解读包含着对社会的特定看法,假设社会处于国家的中心位置。
"根据'自由主义的'或者洛克式的看法,民主过程所承担的任务在于按照

---

① [英]萨德-费洛等编著:《新自由主义:批判读本》,陈刚等译,江苏人民出版社2006年版,
第79页。

② [英]萨德-费洛等编著:《新自由主义:批判读本》,陈刚等译,江苏人民出版社2006年版,
第52页。

社会的利益规划政府,政府代表着公共行政机关,而社会则是市场结构性的私人互动之网络。政治(就公民的政治意志形成意义而言)的功能,在于聚合私人利益,并驱使政府专注于运用政治权力实现集体目标。"①一般而言,市民社会是指社会秩序中非政治领域,也就是国家控制之外的社会和经济安排、秩序、制度。自由主义信任市场而不信任政府,认为作为最佳体系自由竞争的市场经济是一个不受政府干预的独立领域,以市场经济为基础而建立的市民社会也因此不能受国家干预。这样,古典自由主义把政府从市场中驱除出去,主张市民社会和国家之间是两个彼此分离并相互独立的实体。"民主和自由(或民主与宪政)可以被看作是处理国家与社会之间(矛盾)关系的两种不同的政治技术,在不同的国家和同一国家的不同历史情形下,这两种技术之间的关系并不相同。"②国家作为市场社会的守卫者,其目的仅仅在于调节与促进社会的互动,而不是通过国家对社会机构的管理代替个体的主动权。国家是政治活动的主要领域,对国家的权力进行限制以保障个人的权利是自由主义政治理论的核心观点之一。"自由主义预设了大范围的社会生活和经济生活的不受政治影响。法律的统治提供了一个框架,使社会行为和经济行为可以自由进行而不至于转化为政治冲突。如我们所见,这一情形假定了国家与市民社会的分离。自由宪法论者或有意或幼稚地忘记了一件事,即:这种分离实际上有赖于国家维持资产阶级霸权规则的政治能力……"③

国家与社会明确区分的目的就是要为对国家权力的限制提供一种理论基础,就如同在个人与国家、私人领域与公共领域之间建立界限一样。自由民主论者将国家设想为公共管理的机器,社会则是个人的市场经济之结构化的交往体系。国家并没有自身的目的,相反,实际上对社会具有某种确定的义务,就是对个人权利提供保护。古典自由主义者把国家的恰当职能限定于保护以私人财产权为基本内容的个人权利。在这种理念中,国家基本上只是一个监护人,或履行"守夜人"的职能。在这种国家中,政治的范围被人为地限制。自由主义把政治视为社会中一个特定、独立的领域,一个与经济、文化和社会生活相分离的领域。这样国家就成为政治活动的主要领

---

① [德]于根·哈贝马斯:《三种规范性民主模型》,载[美]塞拉·本哈比编:《民主与差异:挑战政治的边界》,中央编译出版社2009年版,第21页。

② 张辰龙:《在自由与民主之间保持张力》,载刘军宁等编:《直接民主与间接民主》,三联书店1998年版,第120页。

③ [英]理查德·贝拉米:《重新思考自由主义》,王萍等译,江苏人民出版社2005年版,第121—122页。

域。"国家政治概念是自由主义政治理论之中一个起决定作用的特征,但它在马克思主义理论那里全然看不见。事实上,两种传统在这个方面的区别不是在于马克思主义传统排斥国家政治概念,而是在于它拒绝给予国家在那种自由主义传统那里所得到的注意和中心角色。"①在自由主义理论视域中,人身强制和外在约束是自由的主要敌人,因而,作为人身强制的首要场所,国家也就成为自由最大的死敌。在个人自主的私人领域,国家的权力和职能应该受到严格的限制,这个领域绝不能因为人民大众的意志而受到侵犯。自由主义者对政治所具有的这种强制性感到厌倦与不信任,特别是对于人民大众的掌权存在很深的戒备心理。自由个人主义"对国家和政治的极端不信任,借助于这一体制的某些原则可以轻易地得到解释,在此体制下,个人必须始终是起点和终点"②。此外,政治可能意味着处理与国家有关的事务,但是,在工会、商界、大学、教会等团体中的政治活动也应该被包括在"政治"之内。"政治并不像通常所认为的那样仅仅是国家内的一种活动。也许国家内的政治活动确实要比其他政治活动更为重要,国家也可能有权控制发生在其他组织中的政治活动,例如,国家可以规定只容许某些类型的团体存在或这些团体只能从事某种活动,这就会使国家内的政治活动居于支配地位,但它不可能终止其他团体的政治活动。"③政治不能被局限为一种制度,也不能被设想为仅仅构成特定的社会领域或社会阶层,必须被构想为内在于所有人类社会、并决定我们真正的存在论条件的一个维度。

自由主义的市民社会理论为限制国家权力提供了重要的理论根据。"一个自由社会的根本前提是:每一个社会成员都有严格划定的私人领域,他在其中的活动是不受任何人,特别是不受任何国家强制力干预的。"甚至,"区别一个自由的社会与一个不自由的社会的判准乃是,在自由的社会中,每个人都拥有一个明确区别于公共领域的确获承认的私域"④。自由主义主张存在一个免遭他人干预的私人领域是个人自由的保障。自由主义认为市民社会和市场一样同属于私人自治领域,市场原则同时也应是市民社会原则。市民社会的基本特征可以概括为以下三点:第一,它是社会的一部

① [美]塞缪尔·鲍尔斯、赫伯特·金蒂斯:《民主和资本主义》,韩水法译,商务印书馆 2003 年版,第 31—32 页。

② 转引自[英]尚塔尔·墨菲:《政治的回归》,王恒、臧佩洪译,江苏人民出版社 2005 年版,第 140 页。

③ [英]戴维·米勒、韦农·波格丹诺主编:《布莱克维尔政治学百科全书》,邓正来译,中国政法大学出版社 2002 年版,第 630 页。

④ [美]弗里德利希·冯·哈耶克:《自由宪章》,杨玉生等译,中国社会科学出版社 1999 年版,译者的话第 12 页。

分,不同于国家且独立于国家;第二,它构成个人权利特别是财产权利的基础;第三,市民社会是许多自主的经济单位或商业公司的集合体,这些单位与公司的行动独立于国家,并相互竞争。此外,市民社会还有一个特征,即政治共同体的观念。这一特征包含公民的观念。① 爱德华·希尔斯认为私有财产和独立于国家是市民社会的两个中心特征。市民社会的标准是私人商业公司的自主以及私人结社与机构的自主。政治应以服务于市民社会的发展为要义,借助于市民社会来实现对不断扩张的国家主义行为的限制。"自由主义对社会空间的分割任意地使经济和家庭这类基础的社会领域免受依照民主规则的审视。"②这就成为自由主义把对民主问题的研究局限于政治领域的理论前提。

（二）自由主义民主的基本原则

在自由主义者看来,一个理想的政府应当采取的措施是防止对个人自由的侵犯。"原则,就是所有那些在对真相或行动做出决断时被用来作为指导的一般规则或标准。这些规则可以是对真实或感性的世界的一般论述,可以以事实作为依据;它们可能是超验的东西(处在观念中的而不是感性现实中的世界里);或者说,它们可能是以规范形式出现的。"③从根本上来说,自由主义关注的是如何通过民主的方式限制国家权力,促进"自由主义"事业的发展。

1. 自由原则

自由主义式民主奠基在个人自由的原则之上。自由主义主张个人自由是第一位的价值选择,是一种任何人或政府不可侵犯的个人权利。国家的恰当职能就是保护公民基本的个人自由。自由主义认为民主必须受到自由原则的约束。④ 属于个人权利范畴的自由,不能通过任何方式剥夺。自由主义是按照自由原则来建构自身的社会、政治与经济领域。自由主义研究民主政治理论的一个视角,就是将民主与限制潜在的权力滥用基本相连。在这种视角下,民主的基本价值就被界定为保护个人自由不受政府压制的

---

① 〔美〕爱德华·希尔斯:《市民社会的美德》,载刘军宁等主编:《直接民主与间接民主》,三联书店1998年版,第290页。

② 〔美〕塞缪尔·鲍尔斯、赫伯特·金蒂斯:《民主和资本主义》,韩水法译,商务印书馆2003年版,第23页。

③ 〔美〕劳伦斯·迈耶、约翰·伯内特、苏珊·奥格登:《比较政治学:变化世界中的国家和理论》,罗飞等译,华夏出版社2001年版,第69—70页。

④ 自由是自由主义的核心价值取向。自由主义者一般都把自由作为一种个人的权利,只有建立了人的权利,自由的基础才能得以确立。

一种体制与方法。

古典自由主义追求的是摆脱政府压制的个人自由。在哈耶克看来,自由意味着"一个人不受制于另一人或另一些人因专断意志而产生的强制的状态,亦常被称为'个人'自由或'人身'自由的状态"①。自由主义民主以保护个人的自由、权利和尊严为最高目标。在处理自由与民主的关系时,自由主义"'所偏爱的政治形式是相对的民主:民主,但不要太多'。这种新民主是脆弱而又贫乏的,它最好的是有所限制和代议制的。迄今为止淹没于政府重压之下的个人自由获得了新自由主义意识形态的强调,不过作为一种政治表现制度的民主却遭到了贬低"②。自由主义者普遍持有的观念是绝对的民主意味着绝对的专制以及对健全的政治生活与自由的破坏。自由主义和民主纯属两种不同的问题。民主关心权力的来源与归属,强调人民主权的至高无上性,自由主义则关心权力的运行方式和对国家权力的限制。在自由主义者关于自由的理念中不可能包含民主和自治的理念。个人主义的政治思考模式中把自由局限于维护个人权利之中,这就排斥了"自由"这一术语包含的自治权的意思。"根据自由主义的观点,自由是以与民主相对立的方式来定义的,自由是对自治的一种限制。我之所以是自由的,是因为我是权利的承受者,这些权利能够使我免除某些多数人之决定。"③自由主义民主主张人民及其代表在立法和决策的方式和范围方面都应受到限制,强调立法必须经过正当的程序。法律也可以经过民主程序得到修正,以反映大多数人民的意愿,但是,法律尚未修订之前,多数的愿望也不应该改变法律的规定。多数人的同意并不能使所有的行为合法化。

自由与民主是对不同问题的回答,这是思考问题的一个维度。那么,为什么"民主会威胁自由"? 自由主义是如何认识两者的关系的? "如果民主是一种维护自由的手段,那么个人自由便无异于民主运行的一项基础性条件。尽管民主很可能是有限政府的最佳形式,但是,如果它变成了无限政府,那将变得荒谬至极。那些宣称民主无所不能而且不加辨识地在任何时候都支持多数的诉求的人,实则是在挖民主的墙脚,致使其衰败。"④这种关

---

① [英]弗里德利希·冯·哈耶克:《自由秩序原理》上,邓正来译,三联书店 1997 年版,第4页。

② [英]萨德-费洛等编著:《新自由主义:批判读本》,陈刚等译,江苏人民出版社 2006 年版,第4页。

③ Michael Sanddel, *Democracy's Discontent:America in Search of a Public Philosophy*, Cambridge, Mass:Belknap Press of Harvard University, 1996, pp.5-6.

④ [英]弗里德利希·冯·哈耶克:《自由秩序原理》上,邓正来译,三联书店 1997 年版,第143 页。

于民主的多数暴政的控诉已不是什么新奇的观点。事实上,自由主义最为
"恐惧"的是大众掌握权力之后对个人财产的安全构成威胁。"在自由竞争
情况下,自由的并不是个人,而是资本。只要以资本为基础的生产还是发展
社会生产力所必需的、因而是最适当的形式,在纯粹资本条件范围内的个人
的运动,就表现为个人的自由。"①人们开始试图找到某些方式来限制与防
范可能会给财产带来保障的制度体系。从这种特定利益出发的政治思维,
必定是对没有财产的、无教养的穷人的防范与憎恨。代议制很好地解决了
如何将民众的偏好与精英的判断结合起来的问题。自由的民主是一种妥
协。"民主要求平等地分享政治权力。但是,如果把决定性权力置于无知
者手中,那是危险的,因此,需要普及教育。而普及教育又要花费很多钱财,
因此,它使得富人要为教育穷人而支付代价。一无所有的人拥有支配有产
者的权力,这种情况是危险的,因为无产者可能会夺走有产者的财产。"②代
议制是用以限制大众对统治者影响的工具。民主的自由特征成为现代西方
民主的一个特征。

　　2. 政治平等原则

　　民主必然和平等相联系。平等的观念是良好社会制度的一个要素。托
克维尔就声称,民主是平等主义道德观念的产物。但是,关于平等的具体内
涵存在着分歧。古典自由主义的主要政治目标之一是,所有人有权享受法
律与行政上的平等对待,就是法律下的人人平等。"我们说,自由主义和民
主制度不是一回事。自由主义是一种与目的和权力限制有关的概念,而民
主制度是一种与如何选择行使权力的人的方式有关的概念。通过在法律面
前平等的原则,自由主义的逻辑导致民主制度。"③法律是一种以普遍的术
语表述公正的规则。自由主义者所主张的法律面前的平等,一方面是指法
律在其规定的范围内是一种公平的普遍规则;另一方面,在制定法律规则
时,所有的人具有平等的权利。"法律面前人人平等的原则,产生了这样一
个要求,即所有的人在造法的方面也都应当享有同样的权利。这乃是传统
自由主义与民主运动的交汇点。"④古典自由主义者主要是从作为一种公民

　　① ［德］马克思:《政治经济学批判》,载《马克思恩格斯全集》第46卷下册,人民出版社1980年版,第159页。
　　② ［英］阿克顿:《自由与权力:阿克顿勋爵论说文集》,侯建、范亚峰译,商务印书馆2001年版,第382—383页。
　　③ ［法］雷蒙·阿隆:《论自由》,姜志辉译,上海世纪出版集团2007年版,第75页。
　　④ ［英］弗里德利希·冯·哈耶克:《自由秩序原理》上,邓正来译,三联书店1997年版,第125页。

权利来理解法律面前人人平等,即公民享有平等的权利,每个人平等地作为个人都享有追求自身利益的同等自由,只要他们不侵犯其他人也享有同样的权利。对于实质的经济和社会平等的需求将会摧毁自由,导致国家的专制。自由主义者认为,只要建立公平的规则,如以平等的机会、选举、某些被保障的合法权利等所指导,在富人和穷人之间出现巨大的经济鸿沟并不算反民主。自由主义甚至为这种经济上的差异找寻哲学根据。"自由主义者的理论一方面要证明个体政治自由,而另一方面又要证立经济上的不平等。平等这个理念的范围被限制在政治权利方面,经济上的平等不但不再是自由主义者所追求的,相反,他们所做的工作,变成了去证明为什么经济上的不平等并非不合理和不公正。"①

　　在西方历史上,自由主义曾经是反抗君权、神权,反对封建贵族体制,反对种族歧视制度的主要倡导者。平等的信念成为一种革命的动力。推翻特权,所有的人享有平等的基本权利是所有人的一个基本的诉求。在这一时期,个人的自由与平等是资产阶级推翻旧制度的革命理论的主要旗帜。资产阶级历次重大的成功政治革命,比如,英国光荣革命、美国独立战争、法国大革命,在很大程度上正是由于追求平等的渴望成为其驱动力。1776年托马斯·杰斐逊宣称"人人生而平等",1793年的《人权与公民权利宣言》向全世界发出号召:"政府的成立就是用来保证人们享受与生俱来的、不可侵犯的权利,这些权利包括平等、自由、安全和财产权。在自然状态之中,在未有法律之前,所有的人都是平等的。"所有的人都具有同等价值的基本信条已成为人类的共同追求。可见,17世纪中期至18世纪末是人类平等权利的一个明显的发展时期。这个时期的平等理念具有革命性与抽象性的特点。作为资本主义代言人的自由主义者主要是通过自然法与自然权利来批判封建的专制统治,为推翻旧制度和建立新政府提供理论上的合法性。到了19世纪,随着工业革命的推进,以选举权的扩大为主要内容的政治平等在政治实践中得到真正的发展。自由主义者经常通过由普遍和平等选举权所支持的代议制民主形式来主张政治平等。选举权在公民中的不断扩大使得民主的力量不断得到加强。

　　自由主义争取的平等始终只是法律面前人人平等。这一平等的内涵是抽象的个性或者对于法律上和选举上的平等。当国家这种法律面前人人平等的原则扩大到包括道德的和社会的行为规则,就是人们通常所说的民主精神的主要表现。"一般性法律规则和一般性行为规则的平等,乃是有助

———————
　　①　石元康:《当代西方自由主义理论》,上海三联书店2000年版,第140—141页。

于自由的唯一一种平等,也是我们能够在不摧毁自由的同时所确保的唯一一种平等。"①自由民主制度在原则上赋予每个公民以平等的政治、法律和宪法权利。至少在理论上,每个人都可以平等地参与政府和自由竞选公共职位。而由自由竞争的市场经济产生的人们在经济地位与社会地位的差别则是作为一种客观进程中的自然事实或结果,基本上不是自由主义者所主张的平等。"有人指责自由主义关于法律面前人人平等的观点,他们认为法律面前人人平等并不是真正的平等。这种指责是毫无道理的。要想把人变得真正平等起来,这是依靠人的一切力量都办不到的事情。人与人之间本来就是不平等的,而且还将继续不平等下去……真正理智、清醒、并且合乎目的的处理方法就是争取在法律上平等待人。这以外的东西是不存在的,因而也是不可能得到的。"②这种自由主义的原则只能是使民主的结果不断向经济上占有优势地位的社会阶层倾斜。自由主义的平等观忽视了塑造其真实生活形式至关重要的经济与社会的决定性因素,最终只能导致一种形式上的平等。

　　3. *法治原则*

　　用法治来限制极端民主的专制倾向是自由主义民主理论的一个基本原则。从本质上说,法治只是原则而已,它规定:法律应该"统治"一切,应该为所有公民的行为提供一个范围,任何人,不论个体公民还是政府官员,都不可逾越它。法治原则是从长期确立起来的自由主义法学理论中发展而来的,是一个与国家的界限问题密切相关的古老原则。自由主义者普遍持有的观念是,民主对个人自由是一种威胁或者是潜在威胁,而且还有许多关于多数暴政的警告。民主被人们看作是可以想象到的最坏的政府形式。民主必须受到法治的约束才能防止暴政的产生。"可能更为恰当的说法是,如果民主不维护法治,民主就不会存续多久。"③这也就是从法治的角度,从法律对权力控制的角度来限制民主。法治,即法律的统治(The Rule of Law),是自由主义的一面旗帜。法治下的自由是自由主义的核心理念。法治的"本质在于将国家或政府置于宪法条款和基本法的限制性框架之内。国家及其制度必须在一些限度之内运作,这些限制或者是明确写明的成文宪法,

---

①　[英]弗里德利希·冯·哈耶克:《自由秩序原理》上,邓正来译,三联书店1997年版,第102—103页。

②　[奥]路德维希·冯·米瑟斯:《自由与繁荣的国度》,韩光明、潘琪昌、李百吉等译,中国社会科学出版社1995年版,第69—70页。

③　[英]弗里德利希·冯·哈耶克:《自由秩序原理》上,邓正来译,三联书店1997年版,第313页。

或者是采取了更加模糊和假想的形式,即'基本法'和习俗的体系。"①法治以宪法规范政府的行为,要求政府对其行为作出解释并负起责任。法治原则关注具体法律所应当拥有的一般属性,当它与民主结合在一起就会对"人民的统治"原则产生一种重要的约束力。

按照自由主义传统,法治被视为民主得以有效运行的必要条件。民主因其自身不可限制而变成了一种证明新的专断权力为正当的理由。"在人民自身的意志旁边需要存在一条法律。"②避免民主制度因脱离自由立宪主义传统过远而演变成一种多数人的专制形式一直是自由主义者探讨民主时的核心观点之一。"不论在什么地方,只要民主制度不再受法治传统的约束,那么它们就不仅会导向'全权性民主'而且有朝一日还会导向一种'平民表决的独裁'。"③保护个人权利所运用的权力天然地由某个人所有,并通过宪法授予政府,并对被授予政府的权力进行列举,宪法对政府权力的限制显然已经成为自由主义的基本价值。哈耶克力图阐明自由主义与民主之间不可消除的分歧,以及后者可能向极权主义演变的危险。民主权力无限论是他批评的核心主题之一。民主由于立法者的权力缺乏限度而具有致命的政治危险。他在《通向奴役之路》一书中认为,实际上人们现在无法在极权国家与现代民主国家之间划出一条确定的界线,因为法律已变成统治者为达到自己目的而使用的一种统治或治理的工具。这样,国家以提供法律保护为目的的保护性的功能便演化成一种道德制度。毫无限制的、旨在达到特殊效果的立法强加于个人,这就意味着法律本身并没有超越政治权力,使得国家演化成为强加道德准则和实际行为规范的某种政治工具。法治乃是指法律的统治而非用法律统治,说到底是规制和约束权力的问题。在这种法治的国家形式中,个人应当服从于普遍适用的自发发展出来的法律规则,法律具有至高无上的地位,不是用来建立和维护一种体制的工具。应通过法律限制政府,政府的权力仅限于执行普遍的、众所周知的规则,不得给等级特权留有任何余地。这一系列普通适用的行为规则应当保护个人通过自己选择的方式来追求幸福的自由,而不是特意设计的,不论个人还是国家都应受其规制。哈耶克旨在赋予作为限制政府机构一切权力的法律规则的古

---

① [英]安东尼·阿巴拉斯特:《西方自由主义的兴衰》,曹海军等译,吉林人民出版社 2004年版,第 91 页。

② [英]阿克顿:《自由与权力:阿克顿勋爵论说文集》,侯建、范亚峰译,商务印书馆 2001 年版,第 375 页。

③ [英]弗里德利希·冯·哈耶克:《法律、立法与自由》第二、三卷,邓正来等译,中国大百科全书出版社 2000 年版,第 272 页。

老传统以特殊的重要性,回归"法律之下的自由"的核心理念。

4.分权与制衡原则

自由主义式民主是对政府体制内的权力分配方式的描述。三权分立与制衡是制约民主政治权力的一个有效手段。限制民主政治的权力是自由主义探讨民主问题的一个重要原则。自由主义者对民主的思考中的典型观点是"人民的意志"或"人民的权力"必须被限制在宪政的架构之内。约束民主政治的权力是宪政民主的根本。自由主义者对宪政秩序的理解是"像力学中的三种不同的力,它们共同推动政府机器向一个不同于任何一种力单独作用时的方向前进;但同时,它们也都在向每个力都参与、因所有的力而形成的方向前进;一个组成了共同体真正自由和幸福的方向"①。自由和民主之间有关联,但是并非同一种东西,宪政民主的核心在于使民主定位于自由主义。民主关心权力的来源与归属,是一个产生权力的过程和制度问题,自由主义则更关心权力的运行方式和对国家过度权力的防范。为了防止民主的危险倾向,必须通过自由主义的意识形态对大众的权力进行规范。"民主社会的本质就是尊重对权力所进行的各种限制;如果没有这种限制,那么整个民主结构都会遭到侵蚀,这种方式也就是防止从魏玛共和国蜕变成为希特勒政权。"②多数人的至高无上的权力是最危险的权力。这意味着在民主制度下人民选出自己的"代表"组成政府进行统治时,政府的权力在时间和范围上都受到限制。现代民主制度的目的在于保障每个公民的个人自由,因此它必须对代表人民行使权力的机构也加以限制。"主权的分立——这是目前为止政治科学所知道的为民主制建立制约的唯一方法。"③防止滥用权力的主要手段便是权力分立。代议政体的理论家力图通过分权的理论避免把某种无限的权力赋予人民或人民的代表。

权力分立与制衡学说是西方政治思想史中一个连贯的思想内容。古希腊和古罗马以来的诸多思想家都在不同程度上提出过关于分权的思想,洛克在前人的基础上提出了立法权、执行权与对外权三权分立的主张。在英国特定的历史环境下,洛克确立了议会的最高地位,巩固了资产阶级革命的成果。在对分权历史的追溯和英国现实考察的基础上,孟德斯鸠完善和发展了洛克的思想,把司法权独立出来,提出了现代意义上的行政、立法、司法三权分权的原则。历史发展到这里,司法独立的原则得到了有力的理论论

① Gareth Jnoes ed.,*The Sovereignty of Law*,London:Macmillan,1973,pp.65-66.
② Raoul Berger,*Government by Judiciary*,Cambridge,Mass:Harvard University Press,1977,p.410.
③ [英]阿克顿:《自由与权力:阿克顿勋爵论说文集》,侯建、范亚峰译,商务印书馆2001年版,第374页。

证。这些分权思想,特别是孟德斯鸠的三权分立与制衡的理论对西方、对人类的政治理论和政治实践产生了巨大而深远的影响。1787 年生效的《联邦宪法》使分权理论第一次在政治实践中得到完全的运用。通过这些原则和机制使得国家的权力受到限制,同时个人的权利也得到了合理的保障。

在这些分权与制衡的思想发展历程中,人们一般是从这一理论对政府行使权力的方式进行限定的角度加以肯定与认可的。实际上,自由主义所关注的对一切政府所拥有的强制性权力进行限制的根本目的是为了限制民主,维系自由。美国对民主的制衡有总统对国会通过的法律拥有否决权,联邦法院即最高法院对国会通过的法律与决定有进行合宪性审查的司法审查权,各州对国会所制定的法律有拒绝执行权。司法审查权或者说违宪审查权是美国法治传统的惯例。在美国的政治框架中,联邦法院与总统、国会之间的政治关系反映出行政权、立法权与司法权的实质性关系是司法部门拥有巨大的权力。司法权的强大力量甚至超越了民主的多数规则。自由民主政体通过政府结构内部的权力分立和制衡来寻求对国家更多的限制。自由主义者认为只有权力被分割、受到遏制和保持中立的时候才能维系自由。"权力分割的学说主要依赖于如下理念:通过使政府的每一部门保持在其适宜的范围内,自由将得到保护。混合政府和相互制衡的学说依赖于设立统治的一个机构或社会的一个部门,监督、平衡另一个机构或部门。"①这种对民主的警惕与控制的传统通过分权制衡的理论弥漫于自由主义的政治理论之中。

(三) 代议制民主:自由主义民主的运行方式

代议制民主②是自由主义式民主的典型方式,是自由主义民主理论在

---

① 〔英〕彼得·斯特克、大卫·韦戈尔:《政治思想导读》,舒小昀等译,江苏人民出版社 2005 年版,第 83 页。

② 从一般民主形式的理论区分而言,民主一般分为直接民主与间接民主即代议制民主两种形式。这一区分的标准是公民参与政治决策的形式。直接民主是指由全体公民按多数裁决程序直接参与政治活动和直接行使政治决策权的政府形式。在直接的、参与性的民主制中,统治行为所影响的所有公民亲自参与颁布政令的决策过程,其直接控制了公共政策的表达、采纳和执行。直接民主是真正发挥作用的自我统治形式。而代议制民主是指公民通过由他们选举并向他们负责的代表行使政治决定权的政府形式。自由主义民主理论对代议制民主的形成与发展进行了不断的探索,并结合自由主义的意识形态进行理论化。因此,在本文中把自由主义式民主模式称为代议制民主,即"在以保障全体公民享有某些个人或集体权利(如言论自由和宗教信仰自由等)为目的的宪法约束范围内,行使多数人的权力的政府形式(通常也是代议制民主),称为自由民主或立宪民主"。见《简明不列颠百科全书》第 6 卷,中国大百科全书出版社 1986 年版,第 5 页。从这一定义,我们可以看出自由主义关于所谓的"代议制民主"内含着一套共同的象征和价值。可见,代议制民主从一般民主形式上来理解是一种关于政府形式的普遍性的程序,但是,在不同的国家与特定的意识和文化背景下,这一民主形式所内含的象征和价值是不同的。

现实政治中主要的运行方式。自由主义与民主在理论渊源上是相互独立的。从世界范围看,作为一种政治体制的民主发源于古希腊,比自由主义更古老。古典民主观提供的民主形式并不适合现代国家,缺乏实际的可操作性,严格地限定了民主的作用范围和程序性。从 17 世纪开始,在民族国家范围内实行民主政治的要求需要一种与城邦国家非常不同的新的政治制度。代议制民主成为适应国家体制层次上的有效的政治组织形式。"根据这种崭新的民主思想,人民作为可以真正进行选择的选民,至少会有两个备选对象,他们可以自由地从中挑选一个最能保护他们的利益的人,代表他们参与政治决策。为了维护代议制的真义——谁有权代表;谁能够被代表;当代表违背了被代表者的意愿时,能够做些什么,人们付出了无数笔墨和鲜血的代价。从 10 世纪到 20 世纪中期大约 1000 年的时间内,人们似乎都相信一个良好的政府应该是一个代议制政府。"①实际上,代议制是中世纪出现的制度,它与封建等级制有密切联系。② 17 世纪英国革命之后,在旧的制度中融入某些民主成分,开启了代议制与现代民主的结合。"代议制民主"这个词 19 世纪才开始使用。以选举为特征的代议制消除了古代民主国家的规模限制,并将民主从仅仅适用于小型城邦的学说转化为适用于现代大型民族国家的学说。代议制的出现使得民主的规模在理论上具有无限扩大的可能性。作为民主的现代代表物的民族国家的出现使得自由主义与民主之间的关系开始变得紧密,或者说对民主的态度开始逐渐发生变化。自由主义者把民主作为一种操控国家机器的有效形式。"实际上,民主合法性真正衡量的,不是民主在这些国家的活力,而是为了达到其他目标使民主受到的削弱的程度。这些目标中,最为基本的就是建立和发展现代化国家。所谓的现代民主问题,并不是像人们声称的那样,是古代民主观念与现代政治规模与程度不协调的问题。不如说,任何基于公民行动者和片段式政治的民主观念,都不能与这种情况相协调:现代国家成为政治生活固定的中心。

---

①　[澳]约翰·基恩:《生死民主》,安雯译,中央编译出版社 2016 年版,第 142—143 页。

②　关于代议制民主思想的形成和演变的历史,见丛日云、郑红:《论代议制民主思想的起源》,《世界历史》2005 年第 2 期。作者在文中指出,代议制民主思想的一些基本要素是在中世纪漫长的历史过程中逐渐孕育形成的,并从政治权力的来源、归属和行使等方面详细地分析了代议制民主思想的原初内涵及其在中世纪的起源与成长发育过程。中世纪代议制民主思想的基本内容包括:社会共同体是政治权力的最终来源;主权源于人民权力的转让,但人民仍保留着对它的所有权和终极控制权;公共权力的使用应以社会共同体的同意为基础,"关涉大家的事需得到大家的同意"应成为立法、建立政府及其他政治决策的基本原则;由各等级或社会团体选派的代表组成的机构能够行使共同体的政治权力,特别是立法权和征税权。制度是累积性演进的产物,这篇文章可以使我们对西方代议民主的起源和演变有深入的认识。

政治作为连续性的活动围绕单一统治目的展开,从而使国家机器受到影响或控制。"①

　　1.选举制:说明了如何统治,确定谁将统治

　　选民通过投票来选择自己代表的政治活动是公民政治参与的基本方式。政治选举是表达选民对政治候选人的偏好,是代议制民主的关键起点。选举要成为真正有效的民主制度需要特定的制度安排:其一,参加竞选的候选人或政治家应当提供符合选民政治偏好的政策以换取选民的投票支持;其二,作为选民熟悉和关心公共政策问题,有政治参与的兴趣;其三,选举结果应当反映大多数选民对这些政策问题的政治偏好;其四,当选政治家或者官员应当兑现选举中的承诺,否则下一次投票就可能落选。选举制度是代议制民主的一个中介性工具。在当今世界,作为主导模式的代议制民主理论倡导由经选举产生的"官员"在严格界定的地域内行使权力以"代表"公民进行统治。自由主义主张,在现代民族国家中,代议制是在时间、空间上可以采纳的唯一的"统治"方式,人民通过选举选出他们的责任代表来决定和管理国家事务。另外,选民也可以通过定期选举自己的代表这一举措来制约代表。"让多数满意的参议员、众议员、地方治安法官、首相和总统通常都将再度当选;如果他们没有达到多数选民的要求,他们就不可能再当选。因此,再度选举是人民表达支持和控制政府政策一般方向的方式。"②许多人将民主等同于通过选择或者投票的方式制定决策。在现代西方社会,自由的、周期性的和竞争的选举已被看作是"民主的底线"。对于任何政权或者政治体制而言,政府应该由大众选举产生,这已成为一个最小限度的民主原则。

　　对于民主体制而言,选举是核心要件,在政府中担任公职的人均由选举产生。在现代西方社会,大众选举越来越被视为任何政府检验其政治合法性的最重要的标准、甚至是唯一的正当性基础。"人民的支持对现代政府来说是至关重要的检验,因为在民主制度下政策制定者的合法性常常依赖于他们所得到的支持,这种支持就是选举中的多数票。这种对领导的支持由其继任者继续保持下去,这是支撑民主制的关键因素,因为在民主国家里没有人天生就有权占据一个权力的位置,他们必须由与这相同的公民依法选举产生。"③自由主义民主派通常认为民主意味着民主的选择。代议制对

　　①　谢尔顿·S.沃林:《变幻无常的民主》,载[美]塞拉·本哈比编:《民主与差异:挑战政治的边界》,中央编译出版社2009年版,第46页。
　　②　[美]迈克尔·罗斯金等:《政治科学》,林震等译,华夏出版社2001年版,第69页。
　　③　[美]迈克尔·罗斯金等:《政治科学》,林震等译,华夏出版社2001年版,第69页。

于选择而言起着决定性的作用,因为通过采用代议制的方式,人们可以计算选票,可以对各种态度进行量化处埋,同时也可以将权力委托给代表行使。因此,许多社会科学家将西方民主制度中处于中心地位的投票解释为选择的缩影。在所有与西方民主政府相联系的制度安排中,投票是处于中心地位的。投票方法有多种形式,比如,普选制或纳税选民投票制、一致同意规则、多数规则、比例选举制、相对多数规则、绝对多数规则等。公民的投票权经过了缓慢的发展。代表通过自由竞选产生,多数男性公民享有投票权。在十九世纪三四十年代这种制度传入美国,1920 年女性被赋予投票权。英国的投票权在 1832 年、1867 年和 1884 年的改革中不断扩大,英国妇女直到 1928 年才获得投票权,法国则等到 1946 年。"普选权一直到 20 世纪都还没有得到民主共和政府的承认,无论在理论或实践上都是如此。与其他特征相比,它最能体现现代代议制民主与早期民主形式的差别。"①普遍选举已成为西方资本主义国家用来作为他们的统治至少具有普遍民意基础的虚假外表的一种装饰。

普选权的不断扩大是人类政治文明发展的成果,对于公民政治权利是一种有效的行使方式。代议制民主克服了在现代民族国家中地域与人口等因素的限制,但是财产权的限制更是一种无法逾越的"隔离墙"。自由主义对于普选权的扩大一直持批评的态度,主张拥有一定的财产、接受过良好教育、具有熟练技能的人才能享有投票权。"激进改革法和普选权法的目标只值得……嗤之以鼻。英国宪法的基本原则演变成了根据一定的财富来挑选立法机构的成员。理由是大多数人没有能力行使选举权,他们缺少教育,具有暴力倾向,他们还见风使舵,将选举置于那些每天给他们提供工资解决生计的人的控制之下"②,选举资格若无限制地给予所有人,必将会使社会陷于混乱。可以说,在绝大多数的自由主义著作中都不同程度地表达了对大众民主政治的忧虑。在他们看来,财产与政治权力之间存在着显而易见的联系,而扩大选举权将会使那些获得了选举权的普通民众侵犯有产阶级的财产。

2.代表制:大众权力的过滤器

代议制民主理论是一种适合现代国家规模的民主理论。作为一种实现民主手段的代议制起源上并不是一种民主的制度。"代议制政府最早并不是一种民主的做法,反而是非民主政府(主要是君主制)所采用的手段,目

---

① ［美］罗伯特·达尔:《论民主》,李柏光、林猛译,商务印书馆 1999 年版,第 95 页。

② P.Garside ed., *The Visionary*, Cardiff:Cardiff University Press, 1984, p.11.

的是为了得到它迫切需要的收入和其他资源,以便应付战争。"①在自由主义者看来,现代民族国家由于地域与人口等因素的限制,使得公民大众直接参与政府不具有可行性。"代表"的基本含义就是代替那些不能亲自提出意见的人提出意见。代表制是一种使民主原则适应于现代大规模民族国家的手段。以将人民的事务交托给代理人的"代议"方式对民主进行新定义的思想颠覆了传统的民主思想。民主制与代议制的结合使得民主获得一种能够容纳和联合一切不同利益、不同大小的领土与不同数量的人口的政府形式。

代议制民主理论是一种委托—代理理论,主张人民不直接行使权力,而是由人民选出来的代表来代替人民行使权力。"代表的最大好处,在于他们有能力讨论事情。人民是完全不适宜于讨论事情的。这是民主政治重大困难之一。"②代表制在现代大规模社会中成为一种不可缺少的手段。自由主义者认为,普通的公民对一些政治问题并不总有自己的观点,需要由他们选举出的代表充当受托人,以实现他们的最佳利益。"代表们"的代表性和责任性有多高?在自由主义者看来,代议制作为民主政府的一种有效形式最大程度地维护了国家的利益。在这种政府形式中,权力属于议会和议院这些代表制的团体。"生活在不同地区的人,在当地选出为他们考虑、解决他们问题的人——被看作是他们当中最智慧、最有影响力的人,为他们挑选行政公仆。他们在允许的范围内自由地帮助这些代表,在相当长的时间内把权力交给他们,允许他们不受约束地采取行动,除非是习俗或某个基本法律限制他们的决断。"③在代议制民主中,选民选出代表作为立法者掌握最重要的政治权力,并由此表达和保护选民的共同利益。每个立法者通常代表着一定的选区或集团的人民。代表制的这种间接性与引导作用有利于民主的运转,但是不能把作为实现民主手段的代表制等同于民主的实质。

代表制成为民主的组成部分,这种有代表性的民主不是政治权力的行使而是政治权力的让渡,是政治权力的转让和异化。人民不能管理政府,其职能仅仅限于选举和撤换政府。作为一种间接民主形式,代议制民主理论降低了人民在政治生活当中的地位,其实质是社会各阶层人民通过由他们定期选出的代表们行使最高的控制权,让人民的代表承担起支持或反对政府的重任。"议会在法律上相对独立于人民意味着,民主原则在某种程度

---

①　[美]罗伯特·达尔:《论民主》,李柏光、林猛译,商务印书馆1999年版,第112页。

②　[法]孟德斯鸠:《论法的精神》上册,张雁深译,商务印书馆2004年版,第188页。

③　James Bryse, *The American Commonwealth*, London: Macmillan, 1898, pp.225-226.

上被分工原则所取代。为了隐匿这个从一种原则到另一种原则的转换,于是就利用了议会'代表'人民这一虚构。"①议会制度赋予人民以选举他们的代表和从事多种形式政治活动的权利,这样权力由"人民"向"人民代表"转移,政治生活的主要中心也从人民移到人民的代表。通过代表制把人民的权利"合理"地由"人民直接参与管理"限制为由选举产生的政府进行管理,使得人民远离了政治。资产阶级议会的民主形式在政府和人民之间起着缓冲作用。因而在这个意义上,代表制是用来充当过滤器的,用精英治理来平衡大众民意。只有实行这种有限制的民主才不会对财产所有权和自由权利造成威胁,才能确保自由主义民主的正常运行。

3. 多数规则:民主政治的决策方式

多数规则是指作为支配集体决策之规则的多数原则。在现代政治程序中,得到最大多数的公民支持的政策一般将成为政府的政策。这已经是人们默认的一个政治行为的一般原则。多数规则成为人民权力的替代品。不可否认多数决定原则是解决现实政治生活中利益冲突的重要手段。自由主义仅仅将多数规则看作一种决策方式,而且多数的权力应该受到一般性规则的限制。"自由主义者认为,无视对多数权力施以限制,从长期来看,不仅会摧毁社会的繁荣及和平,而且还将摧毁民主本身;我们可以说,自由主义的这一论点极为重要。自由主义者还认为,他们所期望民主施加于自身的限制,同时就是民主得以在其间有效运行的限度。"②对于哈耶克这样的自由主义者来说,民主的多数可能排斥任何限制,多数人开始相信他们能够拥有按他们所喜欢的方式解决争议的权利,并相信这是民主的本质,但是这种渴望只会导致不受管制的多数主义民主,权力的滥用。从多数派的意见应该占主导地位这一点根本得不出多数派的意见应该受到限制这样的结论。这就需要把民主与自由主义结合起来,限制选出的代表获得过多的独立权力,防止"多数专制"的产生。"自由主义乃是一种关于法律应当为何的原则,而民主则是一种关于确定法律内容的方式的原则。只有为多数所接受才应当在事实上成为法律。这一点在自由主义看来是可欲的,但是它并不认为这种法律因此就必然是善法。诚然,自由主义的目标乃在于说服多数遵循某些原则。自由主义接受多数统治方式,但只是将其视为一种决策的方式,而不是一种确定决策

---

① 转引自[意]德拉-沃尔佩:《卢梭和马克思》,赵培杰译,重庆出版社1993年版,第45页。

② [英]弗里德利希·冯·哈耶克:《自由秩序原理》上,邓正来译,三联书店1997年版,第141—142页。

应当为何的权威根据。"①民主作为一个决策的原则与方法,是达到制定法律目的的一种手段,除此以外,多数规则是不值得给予太多的"理想化"。这种通过以数量取得优先地位的决策手段所制定的"普通法律"并不是真正的法律。因为在自由主义的视野里,占大多数的"人民"无知、贪婪、没有远见,并时刻地窥视有产者的财产。

　　自由主义相信最重要的政治价值是自由而不是民主,民主的多数决定的规则可以在不保护和尊重少数权利的情况下作公共决策,直接威胁个人自由。因此,必须明确限制多数原则。自由主义者力求限制和缓和其适用范围,提出了保护少数的问题。"多数意志的强行实施完全不同于习惯与制度得以生成的自由发展进程,因为多数意志的强行实施所具有的强制品格、垄断品格以及排他品格,完全摧毁了其内在的种种自我纠错的力量,然而正是这些自我纠错的力量在自由社会中能使错误的方案被放弃,使成功的努力得以处于支配地位。"②自由主义是敌视多数统治,而维护有限多数原则——即属于多数的人应该尊重少数的权利。多数原则(Majority Principle)与多数统治(Majority Rule)是不同的。多数统治有着多数专制等特点。在这种统治下,法律由多数人的好恶来决定,缺乏稳定性,多数人的权力没有限制,平民的非理性很容易导致多数人的暴政。自由主义民主则对"多数暴政"的惧怕根深蒂固,认为更为现代、更为合理的民主概念是"多数人统治同时保护少数人的权利"。"现代自由民主的传统倾向于对多数人原则做出限制。例如,它不应被用来压制少数派,少数人的权利只应该在某个公认的标准内受到拒绝。如果少数人受到它的压制,那么多数人的意志就变成'多数暴政',它是行政暴政的先兆。在代议制民主制下,多数派的重任就是说服少数派而不是强迫他们,所有公民持异议的权利都应得到保护。如果当权的多数派不按民主惯例行事,公民就可能拒绝承认执政党的决定为合法,因为在他们看来,那不是合法统治。"③多数人的同意并不总是足以让它的行动合法。自由主义民主对"多数统治"的异常怀疑,对人民和"人民立法机构"的暴政的戒备是自由主义民主的一个鲜明的特点。

　　4. 多党竞争:民主政治的运转工具
　　政党是现代政治生活中的重要现象,它是从议会中的"派别"逐步发展

　　①　[英]弗里德利希·冯·哈耶克:《自由秩序原理》上,邓正来译,三联书店1997年版,第126页。
　　②　[英]弗里德利希·冯·哈耶克:《自由秩序原理》上,邓正来译,三联书店1997年版,第135页。
　　③　[美]迈克尔·罗斯金等:《政治科学》,林震等译,华夏出版社2001年版,第71页。

而形成的政治组织。现代西方的政体基本上是以政党为基础的,人们把政党看成是一个有政治愿景的、以执掌政权为目标的政治组织,旨在通过挑选政治精英参加竞选以担任公职和控制政府的人事与政策。政党在现代社会政治生活中占据着重要地位,成为民主政治最重要的工具。"毫无疑问,政党的产生是现代政府的显著标志之一,政党创造出民主政治,现代民主政体不容置疑地与政党制度互栖共生。"①现代民主没有政党是难以想象的,可以认为,现代意义上的政党在现代民主政治中扮演了重要的角色,对政府的形成以及决策方式有极大的影响。事实上,政党起了民主政府的缔造者的主要作用。在西方国家,一般认为民主是建立在执政的和在野的两个政治组织之间的政治更迭之上的。选民与政党成为推动政治体系的主要动力。

　　民主制度在实际运转中主要是一种政党制度。凯尔森有力地指出:"现代民主完全是建立在政党上的,民主原则应用得越彻底,政党就越重要。"②政党已成为民主运转的基本环节,权力的实际重心已从政府和议会转移到了党的领袖们手里。政党通过有组织的活动将社会中各种多元化的、诉求方向不一甚至冲突的意志与利益表达整合起来而形成"公意",成为民众在立法机构的代言人,并以此为基础整合成政治系统能够处理的问题。"政党特别善于进行利益聚合活动,因为它们把主张一系列政策的人提名为候选人,然后竭力为这些候选人争取支持。"③现代政党扮演着将公民的要求归纳、提炼、传达给政府,使政治体系更有效地做出回应的利益聚合者的角色。在此基础上,作为代表了部分选民意志和利益的一种政治组织是为达到某种具体的政治目标,特别是为取得政权和巩固政权而把制定的政治目标推销给选民。正是政党为没有组织起来的成千上万的选民提供了机会,使他们能够表达自己的愿望和利益诉求,并且联合起来就一些重大问题进行讨论,从而影响国家的政策。现代政党通过宣传、组织、运动等多种方式为政府与公众之间的互动搭建了一座桥梁。

　　在西方的现代国家,民主的实现需要政党为整个系统的有效运转作出贡献。"没有什么政治制度,在塑造一个民主国家的政治风景上,作用比得上选举制度和政治党派;也没有什么政治制度,能够像它们那样,五花八门,各不相同。"④在西方的政治体系中,政党通过动员并参与选举,组织与监控政府,提供各种决策、社会服务等途径来促进政治体系的运行。但是,由于

---

①　E.E.Schattschneider, *Party Government*, New York: Holt, Rinehart & Winston, 1942, p.1.

②　H.Kelsen, *Vom Wesen und Wert der Demokratic*, Tubingen: 1929, chap.1.

③　[美]阿尔蒙德·小鲍威尔编:《当代的比较政治学》,商务印书馆1993年版,第106页。

④　[美]罗伯特·达尔:《论民主》,李柏光、林猛译,商务印书馆1999年版,第139页。

各国的文化特征和历史经验的特殊性,政党制度的表现形式也是多样化的。比如,英国是实行议会制的典型国家,政党在议会选举中赢得多数席位后成为执政党,负责组建政府,党魁一般出任首相。而美国是典型的总统制国家,在总统竞选中获胜的政党才能执政。执政党往往是新政府的中坚力量,而在议会选举中成为多数党并不一定能够成为执政党。实行两党制的国家,并不是说只有两个政党,而是说两大主要政党能够赢得绝大多数选票和席位,执政党通常由赢得较多选票的政党构成。实行多党制的国家,执政党可以由多个政党联合组成的政党联盟构成。政党存在的主要目标就是掌握制定政策的权力,使自己成为执政党,并在宪法规定的国家体制之内开展活动,贯彻本党的纲领、政策和方针。

在现代西方国家,理论上认为政党具有一套明确的政治目标和政策偏好,因此,竞争性政党代表了对国家政策的选择。公民对国家政策的选择是通过对政党的投票来体现的。在西方民主国家,竞争性政党制度越来越鲜明的一个形态是未能提供在公共政策上明确而有意义的选择,有向走中间路线的多数党趋同的趋势。"西方民主国家的政党,并没有在公共政策的突出问题上提供给选民以真实而有意义的选择。这个结论为下面这个问题做了论据,即使政党没有提供有意义的政策选据,政党之间竞争的简单事实也仍然能增进民主概念中固有的价值,特别是关于体制化的负责的理想。"①竞选意义在于,相互竞争的政党对公共政策的突出问题提出了不同的选择办法。公民可以在这些对策中进行判断与选择。通过公民积极地参与投票来协调与平衡社会利益之间的冲突。在政党竞选中获胜的政党代表社会中最大多数人的利益与选择。但是,选民时常面临互相竞争的党派在纲领和意识形态上的主张日益接近时,要在两个非常相似的,以及在纲领和意识形态上的主张非常含糊的选项之间作出选择的时候,选举不过是设计用来让人民感到自己是在参与的"象征性演习"。选民更多是基于候选人的人格和个人魅力来进行投票,而不再是根据他们提出的政策主张投票。

二、自由主义民主理论的特征

在自由主义的话语体系中,民主本身并非目标,只是一种保障自由的有效工具与手段。个人权利是自由民主理论的道德根基。基于"个人基本权

---

① 〔美〕劳伦斯·迈耶、约翰·伯内特、苏珊·奥格登:《比较政治学:变化世界中的国家和理论》,罗飞等译,华夏出版社 2001 年版,第 42 页。

利"传统,不同的理论家可能在各种权利之中对优先性有着不同的偏好。但是当这些权利与民主的需要发生冲突时,这类理论家倾向于认为个人权利应当取得压倒性"胜利"。丘吉尔式的民主辩护体现自由主义者捍卫民主的理由。满足于一种"最不坏的"政体绝不是真正的民主主义者应该采取的态度。

(一) 对人民主权原则的远离

大众权力的削弱是自由主义民主理论的一个基本特征。现在,民众的统治或大众的力量等民主的古典要素已经远离了人们对民主的界定,而是习惯于根据自由竞选、两党竞争、公民选举等西方的一些原则来界定民主。自由主义构建了远离古代的民主模式的民主概念。

自由主义的基本原则是个人主义。从这一立场与原则出发,自由主义者认为法律及社会政策应该将人民作为单个的人而不是社会团体的成员来看待。一般来说,自由主义的政治理论谈论的是"公民"、"投票人"、"消费者"。"民主理论的明智开端是区分人们能做的事和他们不能做的事。对民主运动可能造成的最大伤害是把人民当作神秘的、万能的上帝,而没有注意到那些多数人无法靠纯粹的数量来做的事。就这点来说,民主的一般定义会让我们自欺欺人。"①自由主义不断修改对民主本身的定义以使其与现代西方国家中的现实可能性相匹配是其发展的一个特点。在现代世界上,民主制已不再是人民直接制定所有的政府政策。政府治理是专门化的职业,需要专业知识和非同一般的品格与头脑。因此,自由主义者认为,那些无知、迷信和散漫的"人民"是没有资格担任治理的工作、政策的选择和权威的运用。投票就成为人民发挥作用的主要形式。人民有能力选举他们的代表,却不能适宜于讨论事情,参与决策是人民不能"胜任"的事情,只能留给"他们的代表"。"人民"和政治行动领域之间的距离越大,公民权与政治参与之间的直接联系就会越少。

自由主义对作为民主主体的"人民"的不信任构成了自由主义对民主态度的一个主要内容。大多数自由主义者认为人民主权原则更多的是具有一种消极而非积极的意义,批判而非建构的意义。自由主义拒绝相信人民,在对"一切权力属于人民"原则进行严厉的批判之后,提出"一切权力不属于任何人"。"民主"一词最初意味着最高权力应该掌握在人民的大多数或

---

① E. E. Schattschneider, *The Semisovereign People: A Realist's View of Democracy America*, New York: Holt, Rinehart & Winston, 1960, p.139.

多数人手中,但是民主的这一内涵并没有指明权力应扩展到什么程度,要求
"一切权力属于人民"的原则并没有指出限制权力:一切权力乃是无限的权
力。这种大众民主的理念会导致煽动行为,也会为实现实质性正义而扩张
政府权力。因此,这种民主只有与自由主义结合才能受到制约,避免专制的
可能性。经过自由主义修正后的民主原则,便从"一切权力属于人民"变成
了"一切权力不属于任何人"。这种经过修正后的民主的主体"人民"不再
被看作一个有机的整体,而被具有操作性的有限多数原则所代替,即多数人
的权力和受宪法保护的少数人的权力共同构成人民的权力。自由主义民主
者认为,权力的实际行使者和名义上的持有者之间是有区别的。"为了人
民的利益而对人民的统治"是一切要为自己寻找理由的政权的标准辩辞。
不管如何,人民不亲自统治,将权力运用于现实世界的"统治"的方式只能
是代议制,其通过选举选出他们的代表来委托行使权力。选举和代表是在
规模空前扩大的现代国家实行民主的必要手段。

　　自由主义者以现实政治中民主实践和制度为模型对民主进行经验性的
界定,目的是为当代的政治体系提供一种合理性诠释,更有力图维护少数西
方世界话语霸权的现实考虑。用这种"现实主义"方式把民主重构为一套
特定的程序和制度,而对社会主义民主的理论和现行的实践则存在偏见,认
为是不可取的模式,是假人民之名而行使绝对的权力。社会主义民主作为
"'另一种民主'不过是个子虚乌有的选择。单凭一个名称,不足以让仅有
民主之名——姑不论其现实如何——的东西赢得信任"①。这种判断与论
证背后的傲慢与偏见跃然纸上。"马克思主义向我们指出,个人的选择和
自我在缺乏集团行动的情况下仅仅是假自由:人民不是分散地而是在与他
人联合起来的情况下创造了他们的历史和成就他们的自由的。"②社会主义
民主理论家把人民置于历史、权力和合法性的主体性地位,在政治社会中凸
显出人民的重要性。人民代表、人民政府、人民法院等名称都表达了人民与
政治权力的渊源。民主关心权力的来源与归属,强调人民主权的至高无上
性。近代以来,自由主义在取得并巩固了国家政权的绝对控制之后倾向于
从程序主义的角度而非实质权利的角度论证民主,主张追求程序权利,开始
显露出对民主价值诉求的担心,以至于迫切地确认自由民主为人类理所当
然的政治体制,武断地否定了对于民主理论和实践中其他模式的探索。

---

　　① 〔美〕乔·萨托利:《民主新论》,冯克利、阎克文译,东方出版社 1998 年版,第 534 页。
　　② 〔美〕塞缪尔·鲍尔斯、赫伯特·金蒂斯:《民主和资本主义》,韩水法译,商务印书馆 2003
年版,第 17 页。

作为人民权力的民主应该被看作是政府与社会之间一种持续互动的过程,与这个互动过程相伴的是人民在各种层次上最大程度地参与公共政策制定,寻求人民发挥更大的积极作用。人民通过投票放弃自己的权力和权利不可能是一个民主行为。而在自由主义民主范式的框架内,民主仅仅意味着把政府的权力交给那些通过竞争的合法途径获得最多选票的政治精英。在这里,选民的作用则被低估了。"在民主之中潜藏着危险,但是,在那些能够惩罚下层民众的哲学化的传统本身中也同样潜藏着危险。我们可以看到,下层民众总是被那些事实上只是欺骗与背叛他们的哲学家教导着要安于现状。在这里,我们的主题不是讨论哲学本身所固有的危险。但是,当我们审视自由主义对民主的批评的时候,我们应当牢记这种危险。"①对于这种利用思想控制和麻痹等政治统治技术实施对人民大众的控制的"隐蔽性"手法也应该有清醒的认识。

（二）以私有制为基础的经济特权的优先性

在政治思想的理论传统中,财产权和政治权力的关系是一个关键问题。按照自由主义的政治逻辑,财产权是最基本的"自然权利"之一,与人的尊严和自由同等重要。这种财产权是对物品的使用、享受与支配的独享权利,直接排除了其他人使用属于"自己"的东西。"如果我们制度的本质是在财富基础上建立政府,那些拥有财产的人希望获得它的保护,那么财产应该在政治安排中拥有重要性,这完全公平合理。毫无疑问,生命和个人自由应该受到法律保护,财产也应该受到法律保护,财产常常用来保护生命和自由。"②私有财产是自由和自利的物质基础,私有财产被看成是国家控制下决定生活条件、个人自由和追求幸福的一种基本要素。建立在私有财产的基础之上的政府依据法律来保护和建立财富分配制度是一种政治智慧的体现,有力地推进了人类政治文明的发展。

财产在自由主义中已经获得了一种从法律特权或政治权力中分离开来的纯"经济的"含义。"资本主义使对民主的重新界定、对自由主义的简化成为可能。一方面,目前存在一个独立的政治领域,其中'超经济'的(政治的、司法的或者军事的)地位与经济权、占有权、剥削和分配之间并不存在着直接的关联。另一方面,目前存在一个经济领域,该领域有其自身的、不

---

①　[美]本杰明·巴伯:《强势民主》,彭斌、吴润洲译,吉林人民出版社2006年版,第117页。

②　A.T.Mason and G.E.Baker,eds.,*Free Government in the Making*,New York:Oxford University Press,1985,pp.366-367.

依赖于司法和政治特权的权力关系。"①这样,经济生活就从政权的控制体系中摆脱出来,成为由市场规则引导为主要形式的独立领域。这一形式促进了生产力的迅猛发展,并通过自由主义民主制度使得这种资本主义的财产关系和占有权合法化。保护个人的私有财产不受侵犯甚至成了民主的一项基本准则。作为法律术语的"财产"指的不仅仅是物质本身,而且是一种排他性的权利。财产权是使得个人将自己的意志强加给其他人的一种权利。"财产权并不是指物质占有这一事实。不管我们所谓财产权的技术定义是什么,我们得承认财产权并不是所有者和物质之间的关系,而是所有者和与此物相关的其他人的关系。"②财产权在某种意义上包含了政治含义,财产权体现了多种社会关系和政治关系。个人自由,尤其是资本经营的自由使得企业经济有了大大的发展,经营者的经济力量增强。"作为一种统治权力,财产权的特性使得我们在商业经济中可以获得服务和服从,通过所谓的自由谈判来拟制劳动契约,这种服务经常间接通过金钱支付完成。急需工作的钢铁工人或矿工事实上没有谈判的自由。"③在资本主义社会,没有资本的工人已经丧失了以自己的独立意志安排和实现自己生活方式的凭借,所剩的"自由"就是被资本经营者所支配与强制。这种形式的财产权本身包含着一种巨大和根本的控制权力。因而,财产权一方面是自由,另一方面就是权力。

民主肯定了人民的权力,但民主不能同时赋予人民行使权力的能力。自由主义民主提供了通过竞争性选举更换政府管理人员和政党的机会,并容忍少数派和持不同政见者的观点。但是在民主制下究竟谁在进行统治?财富在自由主义民主政体中的"神圣"地位必定会限制和控制大众权力的行使。"把无产者(无产阶级)接纳为有选举权的阶层,超出了洛克或穆勒的想象。对于古典的自由主义来说,自由意味着占有并享受财产果实的自由。这当然包括你自己的劳动力财产。然而,一旦你把财产的经济自由延伸到选举权的政治自由,自由民主所隐含的矛盾便一目了然了。"④政治权利形式上的平等对于其他领域的不平等以及占有和剥削关系只能产生极小的影响。马克思主义者尖锐地指出了资本主义民主为富人服务的绝对原

---

① [加]艾伦·梅克森斯·伍德主编:《民主反对资本主义——重建历史唯物主义》,吕薇洲等译,重庆出版社2007年版,第230页。

② Morris Cohen, Property and Sovereignty, *Kornell Law Quarterly*, December 1927, p.11.

③ Morris Cohen, Property and Sovereignty, *Kornell Law Quarterly*, December 1927, pp.11-13.

④ [英]梅格纳德·德塞:《马克思的复仇》,汪澄清译,中国人民大学出版社2006年版,第332页。

则："资产阶级的力量全部取决于金钱，所以他们要取得政权就只有使金钱成为人在立法上的行为能力的唯一标准。他们一定得把历代的一切封建特权和政治垄断权合成一个金钱的大特权和大垄断权。资产阶级的政治统治之所以具有自由主义外貌，原因就在于此。资产阶级消灭了国内各个现存等级之间一切旧的差别，取消了一切依靠专横而取得的特权和豁免权。他们不得不把选举原则当作统治的基础，也就是说在原则上承认平等；他们不得不解除君主制度下书报检查对报刊的约束；衙门为了摆脱在国内形成独立王国的特殊的法官阶层的束缚，不得不实行陪审制。就这一切而言，资产者就真像民主主义者。但资产阶级实行这一切改良，只是为了用金钱特权代替以往的一切个人特权和世袭特权。"①在这种意义上，自由主义是有关财产权合法性的理论。自由主义的民主理论是为占有巨大财产阶层的经济特权提供辩护的一种政治理论。

自由民主政体只不过是将新型工业资本家精英即资产阶级所占有的统治地位掩盖起来。自由主义本身是一种精英式统治方式，"在议会制度中，恰恰是'选票数目所体现的民意赞同的历史合理性'由于财富的分配不同而被人们'系统地加以伪造'，结果严重损害了政治代表制度的真正意义和作用。政治代表制度不应仅仅从'抽象民主'的角度而且应该从政府形式的实践的角度加以看待。"②尽管实行了普选制，但实际的权力在一定程度上依然掌握在最为富有的阶级手里。这些经济精英掌握着实际的权力，操纵政党和竞选委员会。代议制政府理论家不过是资产阶级的辩护者。自由主义民主理论不再集中关注普通公民的参与，而是把重心放在如何使得少数精英参与的政治现实理论化。缺乏政治效能感的冷漠、普通大众的不参与被看作是社会稳定的主要屏障。"自由主义的解释看来使民主对于精英变得安全起来——民主被束缚在相对地不能干预舞弄经济权力的畛域（国家），被限制在不足于凝聚民众权力的种种形式（代议制政府）之内。但是，如我们将要看到的那样，由自由主义筑起的城墙已经突破，它限制民主基本潜能的能力已经软弱不堪。"③自由主义在近三个世纪的发展中对民主的基本问题的论证中反复出现的一个困境就是，如何在利用诉诸"人民"的权力

---

① [德]恩格斯：《德国状况》，载《马克思恩格斯全集》第2卷，人民出版社1957年版，第647—648页。

② [意]萨尔沃·马斯泰罗纳编：《一个未完成的政治思索：葛兰西的〈狱中札记〉》，黄华光、徐力源译，社会科学文献出版社2001年版，第256页。

③ [美]塞缪尔·鲍尔斯、赫伯特·金蒂斯：《民主和资本主义》，韩水法译，商务印书馆2003年版，第23页。

的同时,将"人民"界定得狭窄到足以排除大多数现实中普通大众,以为少数富有者的精英统治寻求合法性。

(三) 在政治领域的范围之内实行民主

自由主义民主理论的一个明确特征是承认在政治领域合理地运行民主程序。自由主义民主是以自由主义为核心的一种民主模式,多数自由主义者认为民主是专属于政治领域的原则与实践。"密尔和其他许多人都充满热情地将这样一个信念引入民主,以作为最好的规则形式——或者最不坏的规则形式,这个信念就是,依然有很多事情是哪怕一个民主政府也不能够涉足的。"①国家与公民社会的分离是自由主义政治模式在政治层面的一个基本成分。自由主义传统一般认为不受国家权力控制的私人领域是一个具有相对自主性的非政治世界,即一个与政治社会相对独立的市民社会,在这里人们获得了独立于国家的组织化的参与方式。在自由主义的政治方案中,民主一直是个政治概念,其适用的范围严格地限制在国家的领域之内。"不加区别地将'民主的'一词当作一个一般性的褒义词加以使用的状况,可以说不无危险。这意味着,由于民主是一种善,所以它的适用范围的扩展,亦将永远有益于人类。这种观点看似不证自明,但事实却绝非如此。"②

在现代自由资本主义社会中,经济领域的分离和独立成为界定民主的一项条件。自由主义者主张,民主作为一种程序应被限制在政治范围之内,把它扩展到其他领域是一大错误。"将自由主义的国家观界定为自由主义限制国家的职能范围,自由主义彻头彻尾地憎恨国家在经济领域的活动,这种界定是错误的。自由主义关于国家职能的主张是它赞成生产资料的私有制这一根本性主张的延伸。如果我们赞同生产资料的私有制,那么,我们当然不同意将它改变成公有制的形式。也就是说,政府不应当成为生产资料的所有者。"③基于生产资料私有制的要求的这一立场将经济领域与社会生活领域剥离开来,自由主义者明确地界定了政府的职能范围,并为公民勾勒出政治的范围。自由主义是经济民主或者工业民主的反对者,认为民主就其基本方面来说只能指政治民主,不适用于经济领域。民主作为公共领域的一种治理模式只能被严格限制在政治领域,实行自由竞争的资本主义经

① [英]H.L.A.哈特:《法律、自由与道德》,支振峰译,法律出版社2006年版,第77页。

② [英]弗里德利希·冯·哈耶克:《自由秩序原理》上,邓正来译,三联书店1997年版,第126页。

③ [奥]路德维希·冯·米瑟斯:《自由与繁荣的国度》,韩光明、潘琪昌、李百吉等译,中国社会科学出版社1995年版,第78页。

济是一个私人领域,在市场经济体制之内的运行并不涉及权力的行使。"在那些事情切实进行的地方——在诸如家庭、军队、工厂和办公室这类核心机构里——什么都有,就是没有民主。代议制政府、公民自由权和正当的程序顶多遏制了这些无责任的权力王国过分显眼的扩张,然而却遮掩和加强了特权和统治的各种基本形式。"①正是在这个意义上,自由主义的话语确实充当了资本权力的防护罩。

自由主义式的政治民主主要涉及的是政体层面上的民主问题,即国家范围和国家管理的民主问题。在这一理论范式内,民主的发展与经济生活中的组织变化是相互独立的。自由主义者认为在社会经济领域的差异与政治没有相关性。"资本主义为统治者和生产者之间这一古老的问题提供了一个新的解决办法。占有的统治者和劳动的服从者之间的政治划分所体现的特权和劳动的划分已经不再是必要的了,现在,民主可以被限定在形式上独立的'政治'领域内,而'经济'则遵循它自己的规则。"②自由主义的民主模式是一种建立在政治与经济相分立的基础上的有限性民主。在政治领域,代议制民主是一种有效的政治体制运作模式,而在经济领域,建立在生产资料私有制基础上的自由竞争的市场经济是一种理想的经济管理模式。对于经济领域中存在的等级权威结构则被自由主义视为合理化的现象。

(四)　把民主作为一种政治方法与手段

在自由主义理论范畴内,民主是一种方法与手段。自由主义民主理论主张建立与发展一种形式民主,民主是促进自由的一种手段。自由主义对民主的理论思考更多地集中在"民主如何运行?"的问题上,明显地倾向于关注民主的正当原则与程序。自由主义者认为自由是目的,民主是实现自由的最佳方法与手段,但其本身却不是目的,更多的时候要防止民主威胁到自由。"仅仅是民主的制度迟早会摧毁自由,或许还会连文明也一道摧毁。"③当民主强调的政治参与和多数决定规则超越应有的边界时就可能破坏自由,其只有与自由主义"结合"才能避免无节制的民主政体带来的极权主义。总体来看,英国—美国式民主理论主张民主本身并不是一种终极的

---

① [美]塞缪尔·鲍尔斯、赫伯特·金蒂斯:《民主和资本主义》,韩水法译,商务印书馆2003年版,第5页。

② [加]艾伦·梅克森斯·伍德主编:《民主反对资本主义——重建历史唯物主义》,吕薇洲等译,重庆出版社2007年版,第199页。

③ Joseph Hamburger, *Macaulay and the Whig Tradition*, Chicago: University of Chicago Press, 1976, p.134.

价值或绝对的价值,只是一种论述民主政治的方式与方法的理论,突出强调民主的工具性。多数决定规则是人们参与政治决策过程时的原则,已成为公认的一种适合民主的程序原则。哈耶克仅仅是将民主视为一种按照少数服从多数的基本原则进行决策的方式而加以接受,而且对它的评断需根据其所达致的成就来进行。"虽说民主本身不是自由(除了意指那种不确定的集体自由亦即'人民'之多数的自由以外),但是它却是保障自由的重要手段之一。"①他对自由主义民主理论的表述很具有代表性。如果民主是一种产生领袖和职业政治家并使之合法化的制度安排,那么,它与"人民的统治"的民主古典含义至多只有极为模糊的联系。

　　这种自由主义式民主是现代西方人权观念的制度化形式,"在这种政治体制中,和自由与平等的矛盾——即公民/政治权利同社会/经济权利的矛盾——相对应的是过程民主与实质民主的矛盾及公共领域与私人领域的矛盾。简言之,在自由主义民主中,公民/政治权利永远是必要的前提,而社会/经济权利则常常是协商的产物。因此,在自由主义民主中,自由主义的成分要多于民主的成分,确切地说自由主义是比民主更为根本的成分。"②的确,在自由主义民主的框架下,人们更注重个人自由、安全与幸福,民主只是实践这些价值的某种手段。对于那些凡是不接受或是信仰这种思想的国家,自由主义都武断地加以否定其民主的合理性。"共产主义和法西斯主义都承认,甚至公然宣称是自由主义的敌人,它们摒弃自由主义的政治实践,并且声称拥有新的哲学原则。二者都说自己是'真正'民主的代表者,并把自由主义斥之为假民主,可是二者都践踏了民主制度旨在保护的公民法律上的权利,并且摧毁了作为民主政治支柱的政治自由。二者都否认对权利和自由的保护是政府的主要目的,也都否认个人是他的最终利益的合格裁判人。二者都提出,集体的实体——法西斯主义以种族,共产主义以社会或大家庭——拥有比个人更高的价值,并且将人看成是集体的手段或工具。"③我们先暂且搁置这种把社会主义与法西斯主义混在一起的错误比较。自由主义对社会主义的批判逻辑就是:社会主义民主否认个人的权利的基础性—社会主义没有自由—社会主义没有实现人的价值—社会主义不是真正的民主。反过来我们可以看到自由主义的逻辑:个人权利是最高利益—民主政府的目的就是保护个人的权利—个人自由才能真正实现。不可

---

① [英]哈耶克:《法律、立法与自由》第二、三卷,邓正来等译,中国大百科全书出版社 2000 年版,第 273 页。
② 复光:《东亚现代性与西方现代性》,三联书店 2005 年版,第 281 页。
③ [美]乔治·霍兰·萨拜因:《政治学说史》下册,刘山等译,商务印书馆 1986 年版,第 813 页。

否认,资本主义为自由的发展提供了有利的社会条件,生产资料的现代化为
自由创造了物质前提,但是,同时资本主义又阻碍了自由的实现。"自由主
义的政治学说肯定资本主义生产关系的'自由'市场的核心地位,从而有效
地把自由限制在少数人手里。"①在自由主义传统中,民主不是作为一种独
特的价值出现的,它也不是一种绝对的价值,而是由它所要达到的目的来判
定。民主在自由主义理论中只是一个工具性的角色。

三、自由主义民主的信条:民主只能是自由主义式的

通过对自由主义式民主的发展历程、理论架构及其特征的描述使得这
一理论特有的方法与价值得以显现。民主原则只有经过自由主义式的修正
和限定才能够防止大众暴政,成为维护自由的一种有效的手段。因此,民主
需要转化为自由主义式民主。当前大多数西方政体都体现了自由主义的这
种民主化形式。

民主可能侵害自由是对自由主义与民主之间关系简单而明了的表达。
自由主义是自由主义式民主理论的哲学基础。个人对于任何社会集体之要
求的道德优先性是自由主义作为一种思想流派的典型特征。自由主义关心
的是个人权利,民主关心的是对于个人和集体行为的控制,是公共责任。民
主政治意味着在政治生活中对集体或社会因素的认可与重视。这就与自由
主义的个人主义思维发生矛盾与冲突。"民主被视为个人自由的潜在威
胁。不论人们根据多数规则,还是人民主权,威胁都是一样的。从本质上来
说,这是一个逻辑上的问题。自由是不存在阻止个人做他想做之事的束缚
和限制的状态。民主解决的问题是如何选择政府以及政府对谁负责的问
题。"②民主政治的权力,在自由主义者看来,始终是自由的一个潜在威胁。

将民主置于自由主义的框架内是自由主义民主理论发展的主线。自由
主义中自由的内容和民主的内容之间存在着紧张甚至是互斥的关系。"民
主对个人财富的嫉妒,削减着个人独立、自治与反抗中央权力压迫的实际机
会;它将所有财产与价值集中于不断增加的抽象的无名氏和不具人格的统
一体……将民主的专制转变为独夫的专政,需要的不过是举手之劳。"③因

---

① 　[英]戴维·赫尔德:《民主的模式》,燕继荣等译,中央编译出版社 1998 年版,第 175 页,。
② 　[英]安东尼·阿巴拉斯特:《西方自由主义的兴衰》,曹海军等译,吉林人民出版社 2004
年版,第 96 页。
③ 　[意]圭多·德·拉吉罗:《欧洲自由主义史》,杨军译,吉林人民出版社 2001 年版,第
354—355 页。

此,随着大众民主时代的到来,如何使得民主成为更好地维护自由的一个有效的手段成为自由主义政治理论的核心论题。"民主"一词最初意味着最高权力应该掌握在人民的大多数或多数人手中,但是民主的这一内涵并没有指明权力应扩展到什么程度。"自由主义对各种各样的民主怪物的描绘中存在着一个主要的困惑——多数暴政、大众参与、以及公共舆论。所有这些都假定大众、多数、或公共的压力将成为沿着单一方向前进的唯一动力。"①自由主义者认为"人民的权力"这一内涵包含了某种向极权主义演变的危险。这种民主理念只有与自由主义结合才能受到制约,避免专制的可能性。"绝大多数都主张要重新定义民主,在重新定义时去除传统上民主所包含的那种大众参与的抱负。这样一来,他们就可以成功实现民主和精英统治的最佳结合了。他们也能够在声称捍卫民主的同时拒斥某些趋势和抱负,这些趋势和抱负曾经招致他们那些不够深奥复杂的理论前辈们对民主有如上的声讨和抨击。"②自由主义更关心权力的运行方式和对国家权力的限制。民主政治极易引起民众对民主政治权力的过度期望,远远地超出民主所提供的范围。因此,使民主定位于自由主义的政治框架之内是自由主义式民主的核心,以使其与现代西方国家中的现实可能性相匹配。

民主只能是自由主义式地成为自由主义民主的信条。这一信条是自由主义民主一再推行的一种明显带有普遍主义诉求的理论结论。西方自由主义民主思想通常认为"不受自由主义节制的民主变成了机能紊乱的民主,平民政府本身包含了极权专制的萌芽,并且这种极权专制只能通过审慎地运用由同等剂量的个人自由、自然权利、私人财产权和市场资本主义构成的宪政除草剂才能奏效"③。经过几个世纪的发展,以英、美、法为代表的自由民主在一定程度上是西方政治文明发展的重要推动力,普选、代议制议会、多党制、法治、对选民负责的行政机构和保护公民权利等所有这些民主的理念和制度特征为所谓"普世价值"的泛大西洋政治生活和政治思想提供了辩护。正是在这些成就的有力支持下,自由主义的西方模式被认为是唯一的正确道路,所有其他的模式无不遭到了轻视和贬低,特别是对于社会主义国家的民主实践贴上"极权主义"的标签,进而加以谴责。自由主义作为西方主流的政治意识形态具有强烈的普遍主义色彩。正是在这种意识形态支配的自负逻辑下,自由主义者武断地宣称:民主只能是自由主义式,自由主

① [英]安东尼·阿巴拉斯特:《西方自由主义的兴衰》,曹海军等译,吉林人民出版社 2004年版,第 98 页。
② [英]安东尼·阿伯拉斯特:《民主》,孙荣飞、段保良译,吉林人民出版社 2005 年版,第 76 页。
③ [美]本杰明·巴伯:《强势民主》,彭斌、吴润洲译,吉林人民出版社 2006 年版,第 116 页。

义民主政体是具普遍意义的政治体制,"所有反自由主义的流派,也包括社会主义在内,都必然是反民主的"①。作为当代西方主流政治思潮的自由主义,极力宣扬西方的民主价值观念和民主政治模式在世界上具有普遍性的意义,似乎已经成为政治话语的唯一合法形式。在一个世界日新月异的时代,自由主义者的这种自负的态度否定了包括社会主义民主在内的其他民主形式的可行性。

---

① 　[奥]路德维希·冯·米瑟斯:《自由与繁荣的国度》,韩光明、潘琪昌、李百吉等译,中国社会科学出版社 1995 年版,第 216 页。

第三章 自由主义民主理论批判

　　民主政治思想涉及三大核心问题。首先,谁是人民? 既然没有人可以把政治参与扩展到全体民众,那么问题是:它应该在什么样的基础上受到限制——关乎年龄、教育、性别、社会背景还是其他什么因素? 其次,人民应该怎样统治? 这不仅仅涉及直接民主和间接民主两种民主形式之间的选择,还关系到对各种代议的形式以及不同的选举制度的争论。最后,人民统治原则应扩展到何种地步? 民主应当只限于政治生活,还是也应该适用于诸如家庭、工作场所或贯穿整个经济活动?

——安德鲁·海伍德:《政治的常识》

　　民主不过是众多政治性事物中的一种。它的独特之处在于,它是其他政治性事物恭维献媚的对象。

——谢尔顿·S.沃林:《变幻无常的民主》

　　自由主义所支撑的"代议民主"或"自由主义式民主"提供了一个广泛而又持久的共识性观点,虽在当代具有独占性,但也同样作为持续遭到攻击的对象而存在。"从托克维尔时代开始,人们一直认为无节制的民主会破坏自由主义的根基。然而,我在这里想说明的是:无节制的自由主义已经破坏了民主制度,因为在西方国家我们所拥有的为数不多的民主因素已经在自由主义制度的重重包围下,一再妥协退让,并且民主的理论和实践都来源于自由主义哲学。"①西方的许多学者犀利地剖析与批评了占统治地位的自由主义民主理论的种种缺陷与异化,指出自由主义往往将民主等同于自由主义式民主,而事实上后者在很多领域是反民主的,并以详尽的材料和透彻的理解阐述了自由主义式民主远没有表达人类的共同经验。② 尽管这些批判学派彼此之间的立场、方法、视角以及社会背景各不相同,理论风格也各有千秋,但是有一个共同的基本判断,就是抛弃自由

---

　　① [美]本杰明·巴伯:《强势民主》,彭斌、吴润洲译,吉林人民出版社 2006 年版,1984 年版序言第 1 页。

　　② 威尔·金里卡把对自由主义民主的批判学派归纳为:马克思主义、社群主义、女权主义、公民共和主义、文化多元主义。这些理论构成了对主流的自由主义民主理论的批判和替换。参见[加]威尔·金里卡:《当代政治哲学》,刘莘译,上海三联书店 2004 年版。

主义以个人权利为基础的、狭隘的、工具性的民主观。批评自由主义民主理念的话语霸权及其理论的缺陷与不足成为现代民主理论方面的一个重要主题。

一、自由主义民主经济社会条件的局限

从 19 世纪早期以来,作为一种意识形态的社会主义①成为对资本主义及其居统治地位的自由主义的激进批判者。对自由主义构成严重挑战的"就是社会主义思潮特别是马克思主义。马克思主义揭示资本主义所包含的自由平等只是形式上的,实质仍是资本对劳动的压迫与奴役,并指出它包含内在的不可克服的矛盾与危机"②。马克思主义者一向重视民主的经济社会条件,主张一切政治体制都决定于经济基础或下层建筑。对民主的经济社会条件与社会结构的不同解答成为社会主义与自由主义关于民主问题争论中一个基本的分歧。③ 社会主义者笃定认为,自由主义是为了适应资本积累对私有制的需要而形成的一套思想体系,因此,自由主义与民主之间的张力归根到底源于资本积累与民主之间的矛盾关系。

（一）市场包含了限制和制约民主发展的经济权力

建立在生产资料私有制基础之上的市场经济在生产、分配、交换等环节中产生了财富和等级关系的不平等,而这些不平等将造成严重的权力不均,从而限制了公民选择的范围和对民主的监控。在一种生产资料的私人占有居主导地位的经济体制下,稀缺资源为私人所有,财产权从制度

---

① 社会主义是一个广泛的概念,其内涵复杂而丰富。社会主义是一种学说、一种运动、一种制度,更是一种价值目标。16 世纪初托马斯·莫尔的《乌托邦》标志着社会主义学说的诞生。社会主义经过 500 年的发展,经历了从空想到科学、从理论构想到制度建构、从一国扩展到多国的发展历程。特别是在第二次世界大战以后,世界上各种自称社会主义思潮或派别、社会主义运动和社会主义国家的"社会主义"不断登场。赵明义先生主编的《当代国外社会主义问题纲要》一书把当代社会主义划分为三大类:第一类是以马克思主义为指导的科学社会主义,这是当代社会主义的主体力量;第二类是以民族主义为指导思想,由民主主义政党领导的第三世界的社会主义;第三类是以唯心主义为指导的社会主义,主要是民主社会主义和西方马克思主义,托派社会主义。本文是借鉴此观点,主要论述的是以马克思主义为指导的科学社会主义的民主理论。

② ［英］萨德-费洛等编著:《新自由主义:批判读本》,陈刚等译,江苏人民出版社 2006 年版,第 2 页。

③ 经济社会是独立于市民社会和政治社会的一个领域,是容纳生产关系和生产力的领域。在该领域中市场并不是唯一的作用机制,而是需要国家或者是政府在生产关系中发挥作用。经济社会是市场与政府均在场的一个领域。林兹和斯蒂潘指出一个制度化的经济社会是巩固民主制的重要领域。参见陈尧:《新权威主义政权的民主转型》,上海人民出版社 2006 年版,第 223—224 页。

上区别于权力,这导致资源分配存在市场和国家两种机制。事实上,在国家机制中,按公民们集体偏好而产生的资源配置方式与由市场形成的消费品分配的资源配置方式通常是不一致的。民主就为穷人、社会底层的民众以及其他由于生产资源的初始分配而陷于不幸的人们提供了一个通过国家来寻求补救的机会。公民在政治上享有的平等权利与经济资源占有的制度不平等加剧了市场和国家两种机制资源分配的分歧。"资本主义具有维护私有财产和榨取剩余的独特权力,而不需要所有者掌握传统意义上的直接政治权力。国家——尽管它干预经济,但它是与经济分离的——在表面上(最显著的是通过普选制)属于所有人,不论他是生产者还是占有者,而无需剥夺占有者手中的剥削权力。对直接生产的剥夺,使某些政治权力不再是榨取剩余的直接必要条件。这就是我们所说的资本家具有经济的而不是超经济的剥削权力的确切含义。"①马克思主义者认为经济权力是资本主义社会中的主要权力,政治权力既是经济权力的衍生物,又是经济权力的仆人。现代西方社会中资本权力的压迫性特征是自由主义民主的一个基本特征。

在自由竞争的市场体制中,以生产资料私有制为基础的经济权力的集中限制和制约了民主的进一步发展。在自由民主制中,市场是自由个人的经济制度,被认为是一个"外在于"社会关系和政治秩序,而不产生社会分化和政治失序的一种自动调节的经济体制。自由主义相信自由市场是人类社会自发演进的制度,政府不应该干预自由市场的经济活动,否则它就会慢慢停下来。马克思主义者认为政治与经济不是彼此独立的领域,而是相互依存的,其对民主的思考已从政治问题转向生产、分配、财产所有和阶级这些社会问题上。民主是多数人的权利,财产权是少数人的特权,以生产资料的私人占有为导向的市场经济存在着许多非民主的因素。"社会主义指令式经济是反民主的,因此自由市场是民主的。这种观点很健忘,它忘了正是它造成了问题——社会主义原本是被希望能解决这些问题。"②自由主义者一般都主张市场经济是民主生活不可缺少的条件,但是,他们把市场视为"非权力的"的协调机制,忽视了自由市场内部存在的大量拥有经济权力的私人资本在与民主发生关系时具有歪曲性质,从而使得民主的实践受到严重削弱。自由主义民主的批评者强调,任何市场交换行为不可能是一个摆

---

① [加]艾伦·梅克森斯·伍德主编:《民主反对资本主义——重建历史唯物主义》,吕薇洲等译,重庆出版社 2007 年版,第 40 页。

② [美]道格拉斯·拉米斯:《激进民主》,刘元琪译,中国人民大学出版社 2002 年版,第10 页。

脱了"社会工程"机制的自然过程,而需要现代政府提供一定的社会基础设施、制度性管理和法治力量。马克思主义"坚持认为当代权力的根本来源是生产资料的私有制,自由主义对此所持的非政治化的看法是不能接受的"①。在一个为资本的集中、组织的权力和财富的巨大差异所扭曲的社会中,普通民众影响规则的能力是有限的。可以说,在某种程度上由于私人资本集中基础上形成的剥削和压迫使得市场关系本身就包含着一种制约民主过程的权力关系。

马克思主义对自由主义民主的批判是以私有财产权的批判为根本的出发点。"如果说卢梭是西方第一个伟大的民主思想家,马克思就是第二个,因为正是后者的进一步分析表明,为什么前者理想状态在一种私人占据财产的体制下不能实现。"②马克思主义者认为,社会的生产和分配方式与统治方式之间存在着密切的联系,因此,社会—经济环境是建立与促进民主发展的最为重要的基础条件。在资本主义社会,法律上的、形式上的平等与政治民主与经济上的不平等和经济上的不民主之间存在不协调的关系,占有社会资源的阶层将自己的意志强加给其他阶层。社会经济不平等一定会转化成政治权利的不平等,乃至影响公民的政治参与,没有经济民主就不可能有真正的政治民主。"资本不是一种个人力量,而是一种社会力量。"③马克思主义者认为,财产权体现了多种社会关系,是少数人压迫多数人的一种最重要的工具,本身就具有某种政治的内含。在资本主义的经济体制下,生产资料的私有制是自由主义的纲领。自由主义的一切其他主张都是根据"私有制"这一根本性的主张而提出的。自由主义者是私有财产权的坚定捍卫者,认为私有财产权是保障自由和公正的基本制度保证,"'无财产的地方亦无公正'这一命题,就像欧几里德几何学中的任何证明一样确定"④。私人财产权利是个人免受来自国家和社会强制力干预而自由生活的一个基本要素。建立在自由市场和生产资料私有制基础之上的公民政治权利的形式上平等与民主政体产生了不可避免的冲突。资本主义的私有财产权容许少数精英阶层掌握对其他大多数平民阶层的巨大控制权,这就从根本上限制了公民权利的全面实现。资本主义民主的主体"人民"已经从大多数人演

① [英]戴维·赫尔德:《民主的模式》,燕继荣等译,中央编译出版社1998年版,第362页。

② [美]艾伦·沃尔夫:《合法性的限度——当代资本主义的政治矛盾》,沈汉等译,商务印书馆2005年版,第21页。

③ [德]马克思、恩格斯:《共产党宣言》,载《马克思恩格斯选集》第1卷,人民出版社1995年版,第287页。

④ [英]哈耶克:《致命的自负》,冯克利等译,中国社会科学出版社2000年版,第34页。

变为以财产权为基础的少数精英阶层,完成了一个以"不平等为目的的平等"形式上的制度化过程,导致社会的少数人肆意行使其经济权力。但是,民主的本意导致对私有财产的挑战,它会向一切形式的特权挑战。"社会主义者并不是为了解决财产权合法化的复杂问题,而是为了解决财富分配严重不均的问题。"①从本质上来说,财产权是社会概念和政治概念,实质上赋予财产所有者排他的决策权。"财产权不能再被定义为个人和他人所创造的物质客体之间的关系。财产权必须被定义为决定生产制度中所有者和非所有者等各种集团之间的关系、分配每个集团在社会生产所获得份额的社会权利。"②为了整个社会利益,国家应该对财产进行适当的限制,用各种方式分散资本和其他资源的所有权,并将公民的基本权利扩展到社会和经济的平等上,才能真正保障公民平等的政治权利与平等的政治影响力,促进民主的深入发展。

(二) 自由主义民主忽视经济领域中存在的强制与压迫

自由主义民主理论只强调制约政治权力,但却反对制约经济权力,排除了现代社会中,特别是工业领域组织中存在的寡头制和等级制。资本主义在工作场所的管理制度本质上是在强制和异化工人,在越来越扩展的经济领域中存在专制和暴力。政治上平等的"一人一票"并不能解决时时压在大多数人头顶上的经济权力问题。资本主义国家的经济生活中存在经济权力的专制现象,"一个现象就是偶尔出现了工业企业形成了某种政体的特性,而不仅仅是一个经济组织,这一点甚至也给美国人留下了深刻的印象。这些企业的规则可能温和仁慈,像是家长制企业,非常慷慨地设立休息室、创办学校和体育馆,并保证符合宪法规定的行为,使员工得到无忧无虑的保护;或者他们的规则可能像严厉和令人怀疑的专制暴政。但是,不管像梭伦那样和蔼可亲,还是像吕库古那样残暴严厉,他们都是作为英雄形象来塑造的。他们表现出来的姿态就像是一个小型共和国的统治者,而不是平凡的雇主"③。在大公司中,这些企业中的资本所有者承担着所有当代政治体系中的控制权。这些资本拥有者试图捍卫他们的经济自由而免受工会组织和国家的侵害,但他们要求的自由实际上是一种经济特权。这种经济权力对

---

① [英]彼得·斯科特、大卫·韦戈尔:《政治思想导读》,舒小昀等译,江苏人民出版社 2005 年版,第 243 页。

② R.Schlatter, *Private Property*, London: George Allen&Unwin, 1951, p.273.

③ T.E.Utley and J.S.Maclure eds., *Documents of Modern Political Thought*, Cambridge: Cambridge University Press, 1957, pp.62-65.

普通人的权利事实上构成了一个非常严重的威胁,应以民主的方式受到控制。然而,现实是"除了一些关于利益集团的分析外,民主理论没有给商业企业留下任何余地。在美国的法律中,公司是一个'人';在所有民主的市场取向的制度下,公司和其他商业企业已进入政治生活。它们的需求和偏好传递到立法者那儿,其迫力和强度不亚于公民们的需求和偏好"①。这些企业家的政治作用明显有别于在经济收入、社会地位、信息等资源占有方面处于劣势地位的大众,且具有后者不具有的权利并使后者相形见绌。显然,需要扩展民主理论,对实际上存在的实业界的特权地位进行理论上的分析,而不是对于社会与经济领域中隐藏着"实际的"权力的分配视而不见。

资本主义的经济发展实质上是一种特殊方式的经济权力、秩序、规则的扩展和加强。著名的左翼学者道格拉斯·拉米斯指出,在资本主义经济发展中"'经济的'一词本身意味着一个历史性的特定现象,它意味着一个社会中组织权力的一种特殊办法,同时也是掩盖这种权力安排的一种特殊方法,更准确地说,是掩盖这是一种权力安排"②。在经济发展的意识形态的主宰下,经济的这种政治特征被隐藏了。在这种经济过程中环境被破坏或彻底毁掉,工作被秩序化,财富被转移,商品被分配,阶级被形成,并且人民被支配。"经济因而是政治的,但却假装说成不是。经济在最基础的意义上是政治的:经济组织权力,分配财产,并且统治人民。"③实际上,这种称为"经济"的某种东西是一个统治体系。在美国的经济生活中,工业企业不仅仅是一个经济组织,而是形成了某种"工业专制主义",具有了类似政府的权威。因此,争取在社区、工作场所等广泛的社会领域实行政治参与和自治能够为民主的发展提供新的空间和方式,有利于增强广大人民群众政治参与的力度、深度和广度,即通过促进社会微观政治的民主来逐渐实现民主和解放的目标。"大多数美国人相信——他们在学校里被这样教育——平等的民主理念只能适用于政治领域,不适用于经济领域。在经济领域,自由就是自由市场,以至于任何通过把资本置于政治控制之下的方式来矫正自由市场所产生的不公正和不平等的做法都被看作是非民主的甚至是独裁的。在这种世界观的笼罩下,人们很难理解到经济体系本身也能成为一个权力体系,在这种体系之下,人们比如工人被一种非民主的方式所统治。"④在广

① [美]查尔斯·林德布洛姆:《政治与市场》,王逸舟译,上海三联书店1994年版,第4页。
② [美]道格拉斯·拉米斯:《激进民主》,刘元琪译,中国人民大学出版社2002年版,第41页。
③ [美]道格拉斯·拉米斯:《激进民主》,刘元琪译,中国人民大学出版社2002年版,第41页。
④ [美]道格拉斯·拉米斯:《激进民主》,刘元琪译,中国人民大学出版社2002年版,中文版序言第2页。

泛的经济与社会领域中,人们根本没有权利选择他们想要追求的目标及其达到目标的手段,这种经济的不平等导致政治不平等,必然造成参与国家事务的机会与能力严重不等。真正的民主寻求的是让民众从各种政治上的强制力和经济上的强制力中解放出来。民主的问题不能局限于狭窄的政治领域,而必须扩至广阔的经济与社会领域,成为一种生活方式和运转整个社会的方式。

(三) 自由主义民主实质上是一种资产阶级的民主理论

揭示民主的阶级性是马克思主义民主理论的一个巨大的贡献。在阶级社会中,民主不过是实现阶级利益的政治统治形式。马克思深刻地批判了资产阶级民主的阶级性,指出资本主义民主是实现其阶级利益的政治组织形式,但不是简单地否定资产阶级民主。资产阶级在长期发展过程中都伴随着相应的政治上的发展,不可否认其在历史上所起的革命作用。马克思认为,从人的依赖关系最初的社会形态过渡到以物的依赖性为基础的人的独立性的社会形态,是一种资产阶级民主取代封建主义的历史性进步。资产阶级"在现代的代议制国家里夺得了独占的政治统治。现代的国家政权不过是管理整个资产阶级的共同事务的委员会罢了"①。马克思本人对资产阶级权能分立和代议制的批判是深刻的。马克思和恩格斯认为资产阶级民主有它的阶级局限性,但同其他形式的阶级统治相比要优越得多。资产阶级民主制给工人提供了更多的斗争机会和斗争手段。"马克思对于自由主义民主的看法是多层次的,他强调了自由主义在不同国家、不同历史时期的不同作用;他也没有用资产阶级民主来定义民主,对于民主的一般意义,他不但没有予以拒斥,而且强调了它们之于无产阶级民主建设的重要性。"②马克思主义者一直认为工人政党和工人运动必须抓住他们各自的政府向他们提供的每一个选举和当选代表的机会,尽其所能地推进这些政权的民主化。

资产阶级民主的内在矛盾及其历史局限性。民主作为一种国家制度,属于政治上层建筑,是在一定的经济基础上产生并受一定的经济关系制约的。马克思主义一向认为,民主的发生首先不是一个政治问题,而是一个经济问题。由于实现生产资料的私人占有制,资产阶级民主本质上是资本的

---

① [德]马克思、恩格斯:《共产党宣言》,载《马克思恩格斯选集》第 1 卷,人民出版社 1995 年版,第 274 页。

② 郁建兴:《马克思与自由主义民主》,《哲学研究》2002 年第 3 期。

特权,是实现资产阶级统治的一种政治形式。当社会中相当多数的人还没有彻底摆脱经济上的奴役和压迫时,民主对他们来说只能是一种美妙的神话。马克思揭示了资产阶级民主的深刻矛盾,即理论上标榜代表社会普遍利益,而实际上变成了以财产权为基础的少数人的民主,保护和实现的只是资本的特殊利益;法律在形式上是平等的,而经济地位事实上的不平等必然导致政治上的不平等。资本主义的私人经济权力确实对民主政府构成了巨大的限制,"依左翼人士看来,正是资本(不论是否组织起来)的经济利益支配着民主政府所代表的公众意志。这是马克思主义者对议会主义进行批判的一个基本观点"①。资本主义体系中既定的私人经济利益破坏了民主秩序,资产阶级或有产阶级不再是民主的推动者,不可能在真正意义上实现国家制度与人民权利的统一。简言之,资本主义民主是同资本主义制度联结在一起的,就其实质而言,仍然是资产阶级内部少数人的民主。在资本主义和民主之间并不存在普遍的、绝对的关系。

二、自由主义民主政治解放的限度

马克思主义经典作家揭露了自由主义民主在形式与实质、政治与经济、国家与社会关系上存在的内在矛盾,认为其是服务于工具性的、排他性的个人利益与私人目的的一种理论。正是由于自由主义民主根源于这种不稳固的基础,所以不可能形成有关公民资格、参与或公共利益的坚实理论。马克思在《论犹太人问题》中深刻地批判了自由主义的理论缺陷:"正如我们看到的,公民身份、政治共同体甚至都被那些谋求政治解放的人贬低为维护这些所谓人权的一种手段;因此,公民被宣布为私己的人的奴仆;人作为社会存在物所处的领域被降列入作为单个存在物所处的领域之下;最后,不是身为公民的人,而是身为市民社会的成员的人,被视为本来意义上的人,真正的人。"②民主是人类对共同体的认同与归属的欲求而形成的一种活动方式。自由主义的语言已经使民主变得苍白无力。

(一) 自由主义民主以个人权利为基础

自由主义突破了封建专制的桎梏,完成了人类历史上的一次政治革命,

① [英]克里斯托夫·皮尔森:《新市场社会主义》,姜辉译,东方出版社1999年版,第220页。
② [德]马克思:《论犹太人问题》,载《马克思恩格斯全集》第3卷,人民出版社2002年版,第185页。

显示了人的政治解放。马克思在《论犹太人问题》一文中提出,政治解放的完成就是国家成为一个独立的共同体,形成了一个与国家分裂的私人领域,即市民社会。正是在这一过程中市民社会从封建社会的束缚中获得了政治上的解放。在这一领域中,个人对私人利益的追求得到认可,私有财产成为一项不可侵犯的个人权利。国家与社会的分离成为自由主义政治理论的一个基本前提,极大地促进了民主政治的发展。①"政治革命把市民生活分解成几个组成部分,但没有变革这些组成部分本身,没有加以批判。它把市民社会,也就是把需要、劳动、私人利益和私人权利等领域看作自己持续存在的基础,看作无须进一步论证的前提,从而看作自己的自然基础。"②国家的目的就是为了维护与保障个人在市民社会中的各项权利。于是,民主就成为资产阶级保护市民社会成员的资格与权利的一种有效手段。

马克思认为,建立在人与人相分隔的基础之上的自由主义人权观是狭隘的、局限于自身的个人权利。自由主义者传统上强调权利,其核心是个人追求其自身善的观念的权利。社会主义者,特别是马克思主义的社会主义者,倾向于把权利话语当作一种产生于资产阶级社会的紧张关系的个人主义之异化。自由主义在"摆脱政治桎梏同时也就是摆脱束缚住市民社会利己精神的枷锁。政治解放同时也是市民社会从政治中得到解放,甚至是从一种普通内容的假象中得到解放。封建社会已经瓦解,只剩下了自己的基础——人,但这是作为它的真正基础的人,即利己的人"③。现代人的市民社会生活和政治生活领域之间出现分化是政治解放的标识。公民在政治领域享有平等的权利,在经济领域中,个人却是相互竞争的、个人主义的和以自我为中心的利己主义者。"对民主的以权利为基础的理解存在一个根本问题,这就是,这种理解几乎没有什么机制来防止个人从共同体中异化出来。造成这种异化的原因是这样一个事实:虽然权利被认为是一个公正社会的最重要的标志和奖赏物,但它们总是私下享用的。"④这种个人权利表明了人类的政治角色与经济角色的分离与异化。政治解放表现出不是彻头彻尾人的解放的局限性。随着政治解放的完成,市民社会中的人成为脱离

---

① 政治解放的历史进步性,具体体现在:国家的普遍性生产了人们政治权利的普遍性;政治解放确立了人权的原则;平等与自由获得了新的发展。参阅田改伟:《试论民主及其价值》,《政治学研究》2006 年第 3 期。

② [德]马克思:《论犹太人问题》,载《马克思恩格斯全集》第 3 卷,人民出版社 2002 年版,第 188 页。

③ [德]马克思:《论犹太人问题》,载《马克思恩格斯全集》第 3 卷,人民出版社 2002 年版,第 187 页。

④ [美]郝大维、安乐哲:《先贤的民主》,何刚强译,江苏人民出版社 2004 年版,143 页。

共同体的个体,被视为原子化、孤立化、异化的生存状态。为了克服市民社会中个人的这一异化,走向人类的解放是　个必然的趋势。

　　资产阶级民主在很大程度上促进了政治的解放,从政治生活中消灭了宗教,但还不是人类解放。"政治解放当然是一大进步……但在迄今为止的世界制度内,它是人类解放的最后形式。"①马克思在充分认可自由主义政治革命进步性的前提下,指出这场革命具有局限性,社会主义将实现从政治革命到社会革命的彻底革命。社会革命"将通过生产社会化把人与公民融为一体,并一劳永逸地消除剥削和社会不平等的根源。正如资产阶级是产生政治革命的积极力量一样,作为资产阶级统治的产物和在其下不再有被剥削阶级的这个最后阶级乃是这样一种力量,它通过解放自己以解放整个社会,并通过消灭社会上的不平等创立无产阶级社会"②。社会主义的最高价值追求是实现全人类的解放。解放思想、解放人类以及建立理性社会的革命理想成为社会主义的价值追求。马克思、恩格斯在《共产党宣言》中描绘了社会主义的最高理想目标:"代替那些存在着阶级和阶级对立的资产阶级旧社会的,将是这样一个联合体,在那里,每个人的自由发展是一切个人的自由发展的条件。"③社会主义的核心是平等与公正,反对等级社会和不平等的社会主义运动揭开了大众权利政治的序幕。社会主义者的共同目标就是不断地探索保证"每个人的自由发展"与"所有人的自由发展"协调一致的社会道路。民主是人类社会实现自身解放的途径,其在社会主义思想体系中是一种肯定性的价值。民主不仅是保障自由的重要手段,而且是一种重要的价值与精神。无产阶级的首要任务之一就是争取普选权、争取民主,利用民主作为手段来保障无产阶级生存的各种措施,并且通过这些措施的实行来发现"可以使劳动在经济上获得解放的政治形式"④,最终实现每一个人的个人自由与自由发展。无产阶级民主将最终扬弃自身的过渡性质,超越资产阶级民主。这就为民主的发展指明了方向。

---

　　①　[德]马克思:《论犹太人问题》,载《马克思恩格斯全集》第3卷,人民出版社1995年版,第174页。
　　②　[美]乔治·霍兰·萨拜因:《政治学说史》下册,刘山等译,商务印书馆1986年版,第835页。
　　③　[德]马克思、恩格斯:《共产党宣言》,载《马克思恩格斯选集》第1卷,人民出版社1995年版,第294页。
　　④　[德]马克思:《法兰西内战》,载《马克思恩格斯选集》第3卷,人民出版社1995年版,第59页。

（二）自由主义民主范围的有限性①

　　一般来说,在某一社会中,什么问题应受人民支配是有关民主范围的问题。在什么限度和范围内统治? 这是一个涉及权力行使的范围与界限的问题。这也是一个不易把握的问题,因为国家应在多大程度上介入各个社会生活领域,或更具体地说,国家应在怎样的程度上介入经济社会生活。同时,在一定社会内确定人民的意见在什么范围与边界上确实起决定作用也是极为困难的。但是,民主的范围有多大是全面评价一个社会民主程度的一个有效标准。在评价某一社会在多大程度上实现了民主,这要依据许多因素来确定:决定政策时参与的广度、参与的深度以及在哪些问题上参与确定或可能有效。民主是一个程度问题而非一个非此即彼的问题。民主的范围愈广,民主的实现就愈充分。20 世纪以来,现代西方民主理论演化的趋势之一便是思考民主的思想疆域从政治领域扩展到经济与社会领域。经济民主理论②目前还是一种仍在发育成长而未成熟的学说,不同的学者在不同的视角下提出了关于经济民主的各种不同主张。但是,这些学者有一个共同的起点,就是认识到自由主义民主理论的局限,并在此基础上进

---

　　①　本部分的部分内容以《经济、社会领域的民主 VS 政治民主》为题发表于《理论月刊》2012年第 8 期。

　　②　认识到自由主义民主存在的缺陷,许多学者提出将民主扩充为整个的经济与社会领域。但经济民主(economic democracy)的概念一直是分歧比较大。自由主义者一般是对于这个概念持否定性意见,甚至怀疑其存在的必要性。达尔则是一个例外。达尔提出经济民主理论,主张把政治民主的原则运用到企业组织中实现经济企业内部的民主管理,即经济民主。达尔主要从经济民主与自由、经济民主与财产权利两个方面来论证其合理性。参见 Robert A. Dahl, *A Preface to Economic Democracy Cambridge*, UK.:Polity Press,1985.对于经济民主理论的研究基本上主要是一些左翼学者。美国左翼学者戴维·施韦卡特对资本对权力的垄断、劳动与资本的矛盾以及由此造成的人的异化等当代社会经济制度的弊端予以否定和批判,尝试在经济民主的框架下设计一种作为"超越资本主义"的新的社会主义经济运行模式。参阅[美]戴维·施韦卡特:《反对资本主义》,李智等译,中国人民大学出版社 2002 年版,第 71—72 页。这种经济民主的社会主义是国外一批以施韦卡特为代表的左翼学者在资本主义条件下对当代社会经济体制批判性反思的基础上寻求实现社会主义价值目标的一种理论探索。民主社会主义者的民主内容并不仅仅在于对国家的民主控制,而且还在于运用这种控制扩展人民权力,超出社会政治制度而达到社会和经济领域。民主理论扩展最有代表性的是当代民主社会主义。民主社会主义者不仅对经济民主作了理论化的研究,并在实践中取得了一定的成效。民主社会主义者认为:"经济民主一方面是一种民主制类型,即区别于政治民主制并对其加以补充的经济上的民主制,另一方面是一种经济结构的形式,即与经济专制不同并且与它相对立的民主的经济结构。""但是,除了这种通过加强国家对经济的权力而实现的民主化以外,还应要求在各个垄断性企业联合组织的管理机构中有全体雇员的直接代表。"转引自[德]托玛斯·迈尔:《社会民主主义导论》,殷叙彝译,中央编译出版社1996 年版,第 92 页。

一步扩展了民主理论的研究范围。"在资本主义制度下,经济权力已经扩展到了'民主'远不能对之进行控制的程度;无论是作为一套制度还是一种观念,自由主义民主都不是被用作将其影响延伸到那种不能控制的程度。如果我们正面临着'历史的终结',在这种意义上可能并不是自由主义民主的胜利,而更可能是指它在某种意义上已经基本上达到了自身的限度。"①

西方意义上的自由主义民主是一种局限于政治领域的狭隘的民主,经济上不民主、不平等,政治民主往往是没有实际意义的。国家作为人类联合体中最重要的组织形式一直是民主的倡导者们聚集的焦点。从古代的城邦民主发展到现代的大规模的民主形式,国家统治的有效范围一直是自由主义者论证的核心观点之一。很明显,自由主义的传统观点是主张国家是为了保护社会成员的生命权、自由权和财产权而建立的一种政治组织,因而抵制国家越界侵犯公民自由和财产权则成为自由主义政治理论的一个核心主题。在这一政治体系中,民主就其基本方面来说被转移到一个与"公民社会"相分离的公共领域。自由主义民主理论主张在政治领域合理地运行民主程序,但是,反对在经济与社会领域推行民主,因为经济领域是财产所有者自己的禁脔,不能放到民主决策的范围之内,否则就很可能会侵犯市场领域的经济自由与财产权利。"我们不能简单地认为对民主所做的任何可能的扩展都会对人类有益,也不能认定民主原则本身就要求其范围应得到无限的扩展。"②大多数自由主义者划出一个不受政治权威与社会干预的私人生活领域来限制民主的无限权威,并拒绝将民主原则延伸到政治领域之外的经济与社会领域。

（三）自由主义政治民主有效性的弱化

自由主义所坚持的在政治领域实行民主的理论不仅限制了民主的范围,而且使得政治民主的有效性受到削弱。这种政治民主理论是对经济的政治性质的忽视。实际上,资本主义经济不是一个完全独立的私人领域。"现在的关键是要说明资本主义如何并在怎样的意义上在政治和经济之间打进了楔子,也就是说,本质上政治的问题,像对生产和占有实行控制的权力配置,或是对社会劳动和资源的配置等,如何并在怎样的意义上被从政治

---

① ［加］艾伦·梅克森斯·伍德主编:《民主反对资本主义——重建历史唯物主义》,吕薇洲等译,重庆出版社 2007 年版,第 231—232 页。

② ［英］弗里德利希·冯·哈耶克:《自由秩序原理》上,邓正来译,三联书店 1997 年版,第127 页。

领域中分割出来并置换到另一个分离的领域中。"①自由主义民主观没有触及产生资本主义强制与压迫的私有财产权以及市场经济中存在的强制等众多权力的领域。这是因为在自由主义意识形态中,作为当代资本主义社会最有权力的集团组织形式的现代企业法人,在法律上被当作准个人来对待,而在政治话语里却被看作是存在于独立领域的私人性的组织。这就隐藏了它作为社会权力形式的实质,剥脱了它的公共地位。马克思主义者对自由主义关于私有制和公有制、市民社会和政治领域之间存在明显区别的主张提出质疑,生产资料私有制作为现代权力的主要根源显然被其非政治化了,被视为完全不是一个政治问题。

　　自由主义的这种政治民主观念还导致了巨大的政治范围被排除在政治观之外,特别是生产和再生产关系领域。在分析某一基本的政治理论时把政治与经济联系起来是有益的,因为在政治和经济之间存在着直接的联系。"我们仍必须回到马克思,以理解譬如关于民主制政府在财产权和它的严重不平等分配上的有害后果的问题……自由民主思想对于体现在财产权上的权威问题仍然感觉迟钝。"②马克思主义者拒绝把政治看作一种自成一类的活动,而是联系经济和阶级来理解政治,指出资产阶级权力的根本来源是生产资料私有制,自由主义对此所持的非政治化看法是不能接受的。

　　基于最基本的经济问题并非真正由社会成员控制,马克思主义者批评西方政府的所谓民主是虚伪的、徒具形式。这一严厉的批评提出了自由主义者必须回答的若干重要问题:是否可以认为生产关系和市场经济不具有政治性? 经济权力与国家之间的相互关系是否是政治的构成因素? 在自由主义民主理论的话语体系中,"经济被认为具有非政治性,据此,生产资料的拥有和控制者与必须靠工资谋生者之间的巨大分裂,也就被视为随意的个人比较的结果,而不是涉及到国家的问题,但是,由于捍卫生产资料私有制,因此,国家不可能摆脱市民社会的权力关系,而只作为超越所有特殊利益的机构,即作为'公共权力'为'公众'服务。相反,它深深地陷在社会经济关系之中,并与特定的利益相结合在一起。而且,这种结合的维持,无视人民'代表'的政治观点和公民权的程度"③。自由主义对于需要什么条件才能对私人控制生产资源加以必要的限制也没有作充分说明。出于对国家和政治的极端不信任使得自由民主的发展受到了严重的扭曲。自由主义认

　　① [加]艾伦·梅克森斯·伍德主编:《民主反对资本主义——重建历史唯物主义》,吕薇洲等译,重庆出版社2007年版,第20页。
　　② [美]查尔斯·林德布洛姆:《政治与市场》,王逸舟译,上海三联书店1994年版,第8页。
　　③ [英]戴维·赫尔德:《民主的模式》,燕继荣等译,中央编译出版社1998年版,第167页。

为:"民主只表示一种仅仅包括社会关系一部分领域——国家政体——的意识形态。"①

政治领域的民主只是民主的一个重要组成部分。民主不仅可以被用来描述一种政府制度,而且可以被用来描述其他的社会关系。民主需要扩展到人类共同体生活的经济与社会领域。"未来的任何一种民主都将继续从传统自由主义的理论和实践中汲取教训。但是自由主义——即使是作为一种理想,更不要说作为一种有严重缺陷的现实——并没有做好应对资本主义社会中的真实权力的准备,更不要说获得一种比现实民主范围更加广泛的民主了。"②除了作为一种在政治领域实行民主的形式之外,民主理念还可以是适用于所有社会组织和集体秩序的基本原则,可以用来解决譬如教育、经济、环保、家庭、两性、族群等社会生活中的其他领域的矛盾与冲突。综上可见,自由主义式民主是一种有限性民主。这不仅体现在其范围的有限性,而且在政治领域中这种民主由于没能充分地认识到经济的政治性使得民主的有效性受到了削弱。

三、自由主义民主参与观念的缺陷

参与是民主观念的核心思想,两者是不可分的。所有人最大限度地参与是民主的本质特征之一。赋予公民影响公共事务的权利、保障公民以投票等方式参与行使权力是证明政治社会中民主合理性的关键。19、20世纪民主理念的扩展使得大众参与政治的程度不断加深。在许多民主理论家看来,政治参与构成了一种具有实质性价值的人类的善。民主政治体系最主要的优点就是通过广大民众的政治参与活动所体现出来的政治品格的发展。公民的广泛有效参与是民主的一个最基本的核心思想,然而,在民主理论的发展历程中,参与作为一个民主的要素逐渐远离了自由主义理论家的视野。

(一) 参与在自由主义民主理论中的边缘化

在占主流地位的自由主义民主理论范式中,参与主要是保护公民自由的一种手段,本身并不具有价值。特别是传统上出于对大众民主暴政的防

---

① [奥]路德维希·冯·米瑟斯:《自由与繁荣的国度》,韩光明、潘琪昌、李百吉等译,中国社会科学出版社1995年版,第216页。

② [加]艾伦·梅克森斯·伍德主编:《民主反对资本主义——重建历史唯物主义》,吕薇洲等译,重庆出版社2007年版,第234页。

范和选举政治的煽动性的恐惧,自由主义对公民参与始终保持着排斥与审慎对待的态度。"参与水平的提高也许反映了社会凝聚力的衰退和民主程序的崩溃,而稳定的民主或许靠的是普遍相信选举结果不会造成社会的太大分歧。"①萨托利则认为,参与是古代民主的特征,在自由主义民主制度设计理念中,参与已不再是民主的现实或理论的中心特征。古希腊人的政治参与是一种限于城邦的、直接的、不考虑个人的民主,而现实中范围广阔的民族国家所能实行的政治制度则是一种国家范围的、代议制的和尊重个人自由的民主。这两者的不同就需要两种不同的理论,参与的理想可能根本无助于人类能力的丰富和全面发展。萨托利认为,参与的确切性和有效性是值得怀疑的,"参与论不希望面对规模问题。参与论者往往本质上是在讨论工业民主和其他各种微型民主,其主张从原则上讲却带有普遍性,因此也扩大到了巨型民主。然而,如果说参与一个 10 人团体同参与一个上千万人的集体是一回事的话,这种泛泛而指所要付出的代价便是,'参与'是个没有理论内涵的词——说出来声势不小,却没有丝毫意义"②。在自由主义者看来,参与式民主理论所主张的"参与"不过是指人民应该统治,这只能是一种幻想。因为在实践层面,普通民众没有自主决定的能力。

自由主义者对参与基本上是持批评的态度,认为公民过度的政治参与会破坏与滥用民主。因此,自由民主方案对于国家活动范围的扩大与公民的政治参与的扩展一直抱有疑虑。自由主义者认为积极的政治参与是与自由的理念不协调的。自由主义民主理论通过把民主政府化简为代议制政府,贬低了政治参与的价值,或更准确地说,把参与简化为选择统治者的行动——投票。在制度的设计上,代议制民主以议会、政党、公民社会和自由的媒体为支撑,政党可以替代公民的政治参与,也可以替代公民的个人与团体利益,而把公民的实际政治参与视为次要的。在自由主义国家的政治实践中,"民主已变成一种纯粹用来挑选和授权政府的机制,它已沦为精英分子之间的一种竞争。而公民,则被看成政治市场中的一些消费者。因而,今天在许多西方社会的民主进程中看到很低的参与率也就不会令人吃惊了"③。

通常,自由主义所主张的参与的数量和程度是维持民主制度正常运转的最低限度的政治参与。大多数自由主义民主理论家认为,民众直接参与

① [美]西摩·马丁·李普塞特:《政治人》,张绍宗译,上海人民出版社 1997 年版,第 11 页。
② [美]乔·萨托利:《民主新论》,冯克利、阎克文译,东方出版社 1998 年版,第 179 页。
③ [英]尚塔尔·墨菲:《政治的回归》,王恒、臧佩洪译,江苏人民出版社 2005 年版,第 137 页。

只是在一种小型政治组织中适用的活动形式。在现代民族国家这样大范围内采用民主,普通公民不可能是高度参与性的,而且公民也不可能对政府有太多的影响。那种从人民权力推论出的积极的政治参与是民主中具有破坏性和自我毁灭的因素。当论述到自由主义民主制度时,参与已不再是代议制民主的现实或理论的中心特征。自由主义民主的这种有限的公民参与观念遭到了拒斥与批评。参与式民主理论正是针对代议制存在的种种问题提出质疑和挑战的一种民主理论,其主要代表人物有本杰明·巴伯(Benjamin Barber)、卡罗尔·佩特曼(Carole Pateman)和 C.B.麦克弗森(C.B.Macpherson)。这些自由主义的批评者主张最大限度地扩大普通公民直接的、充分参与公共事务的决策,充分强调民主的本质是直接参与,并提出各种更具参与性的民主形式,预示着以后民主发展的新方向。民主理论不仅仅是对现实政治制度的运作逻辑的经验性陈述,它也应该有特定的规范要求和取向,彰显民主精神和公民文化。

(二) 参与方式与范围局限于投票与竞选

在自由主义民主理论范畴内,投票选举是政治参与的核心要素,是自由主义"赋予"广大公民参与政治活动的最适宜的参与方式。"对投票选举的犬儒主义信条、政治疏远、对私有财产的偏爱以及公用机构的日益瘫痪不只是现代性的后果。这些状况是人们在思考和研究政治的时候仍然拘泥于自由主义方式所产生的萎靡不振的征兆,也是自由主义力量的阴暗面真实反映出来的形象。"[①]这是一种很不完善的参与方式。投票是公民个人在相互竞争的政策或候选人之间表示其偏好的行为,是现代社会公民最主要的政治参与方式之一。许多西方学者甚至把投票率当作是衡量政治参与水平的主要指标。就大规模民主国家来说,除了现行的政治参与方式之外,特别需要强化小规模民主的参与方式尤其是为在基层工作中的参与提供可行的渠道。除了投票的参与行为外,一般公民经常性地参与邻里社区、工作场所及学校等事务,能够培养参与者对集体的忠诚感和归属感,有益于公民人格的发展,尤其是民主素养的孕育。

将代议制与民主结合起来形成的政治体制决定了现行民主制度中政治参与范围的缩小。代议制取代了古希腊的全体公民大会,公民对国家与社会事务的参与、讨论、决定和管理由直接变为间接,选举权以及竞选公职的

---

① 〔美〕本杰明·巴伯:《强势民主》,彭斌、吴润洲译,吉林人民出版社 2006 年版,1984 年版序言第 4 页。

权利成为公民参与权利的主要内容。"在间接(代议)民主制中的决定性的
政治权利就是投票权,即:公民参与议会,国家元首以及其他法律创造(与
法律适用)机关的选举的权利。"①在现代的大型国家中,自由主义认为人民
不可能亲自参与统治,必须对普通民众的政治参与采取正式的限制,以防止
大众民主的"多数暴政"和选举政治的煽动性。代议制嫁接在民主身上形
成了一种操作权力的全新方式,更是一种限制普遍参与和控制的方法。在
代议制民主中,一般公民只是投票选出行使决策权的代表或代理人,只有为
数极少的公民可与民选代表或代理人直接沟通。投票行为之外的政治参
与,则由于空间与时间的限制,变得更具限制性。民主本身存在一个在公民
参与和体制效率之间根本的两难困境。自由民主论者看重的是作为一种政
府运作形式的整体治理效能的提高,而贬低作为一种社会政治理想的民众
参与所包含的伦理价值和民主精神。也就是说,自由主义者认为,为了确保
治理权力掌控在受过教育的精英分子手中和提高政治体制的效率,就必须
付出民主参与不充分的必要代价。

在现代民主政治中,政治不可避免的是一种职业。政治生活的官僚化
也正在日益成为成熟的工业社会的标志。官僚组织形式出现的结果就是政
治专业人士逐渐取代业余者,专家政治在决策过程中起到日渐重要的作用。
因此,自由主义者主张,在现代高度分化的社会中,在当选的职业政治家与
普通公民之间也应该有一种政治分工,前者负责决策,后者的作用是在定期
选举中选出或罢免这些政治家及其政党。根据这种观点,现代民主制国家
就是由政治家们治理,而普通公民的参与则是有限的和间断性的。如今,官
僚组织的产生与扩展已经成为政治参与的一个障碍。在阿伦特看来,官僚
体制虽然是提高行政效率的一项有效设计,但是也是一个剥夺人们政治对
话与行动的有力手段。"从科层制中知道,无人统治不一定是不统治;在某
些情况下,它或许成为一种最残酷、最暴虐的统治。"②阿伦特认为,正是现
代政党制度与官僚体系造成人们无法成为"政治动物",同时也使得代议制
的"参与性"日益退化。这是因为一方面随着政党政治的兴起,代议制已远
离了人民直接参与的理想,是一种非政治化的形式,另一方面官僚体制和政
党体制的扩张使得人民的声音变得很微弱。③ 阿伦特认为代议制民主既不
能确保人民政治行动的权利,也不能提供充分的政治参与空间。

---

① [奥]汉斯·凯尔森:《法与国家的一般理论》,沈宗灵译,中国大百科全书出版社 1996 年
版,第 98—99 页。

② [美]汉娜·阿伦特:《人的条件》,竺乾威译,上海人民出版社 1999 年版,第 31 页。

③ Hannah Arendt, *Crises of the Republic*, New York:Harcourt Brace Jovanovich,1972.

（二）参与的功能是保护性作用

在自由主义民主框架下,民主成为一种在国家层次上的制度性程序,一种选择政治领导精英的政治方法。在此过程中,公民参与政治的目的不再是实行统治和作出政治决定,而是接受或拒绝要来统治他们的人。大多数人对政治生活的参与主要是处于一个维持民主方法运行的最低水平。自由主义者一般是从工具性角度来说明公民参与的功能,即参与的目的是促进或保护自身的利益和确保好政府的有效方式。在代议制民主理论中,人们是否愿意参加各种形式的政治活动取决于对预期收益及时间和财富压力等支付成本的估判,取决于对自己投票产生实际影响的考虑。一般公民投票选出行使决策权的官员来治理政府、制定法律和执行行政管理,只有极少数公民对政治生活有着高度的参与和浓厚的兴趣,这是自由主义式民主认可的合理参与模式。在大型的现代社会中,每一个政治决定都实行政治参与是不可能的。民主的单位越大,处理各种重大问题的能力就越强,公民参与的可能性就越小,而把政府决策的权力移交给代表的必要性就越大。代议制就成为一种可行的政府模式。通过公民的投票与选举产生的政府与机构为自身赢得了合法性,而且公民定期的周期性的选举也在一定程度上对政府机构人员构成了某种约束与制约。为了下次选举获胜,代表们不得不实行一些有利于大多数人的政策,以换取拥有最终决定权的公民的支持。

在自由主义传统理论中,参与确保每一个公民的私人利益得到保护,普遍利益不过是个人利益的总和。就大多数人而言,"参与"是指人民广泛参与对决策者的选择,保护个人免受当选官员独裁决策的影响,保障个人利益的充分实现。"在自己选择的法律下生活,并由此参与选择这些法律的过程,这些都会促进作为道德和社会存在的公民的个人发展,并使公民们能够保护和增进他们最基本的权利、利益和关切之物。"[①]在自由民主者看来,作为理性个人的存在,每个人是自己利益的"最好法官"。通过公民对与共同体有关的事务参与,即以民主的方式最大程度地实现和保证其自由与权益。自由主义的民主理论在 20 世纪中叶"通过把民主概括为一个'准市场',终于接受了'现实'。在这种民主中,大量的人主要起着消极被动的作用,而政客们则为争夺他们的选票而竞争,正像公司为拿到他们的钱而竞争一样。

---

①　[美]罗伯特·达尔:《民主及其批评者》,曹海军、佟德志译,吉林人民出版社 2006 年版,第 116 页。

为这两种制度提供的辩护是一样的——功利的最大化。"①自由主义者认为,公民的政治参与不可能改变个人对自身利益的偏好。在一个自由的政治环境中,每个公民在行使自己的政治参与权时是以是否有利于自身利益为标准,达到行为的合理化。自由主义确信每个人对其个人利益的追求能够导致公共利益的增进。这种参与观念存在严重的缺陷,最终导致了西方社会日益缺乏公民参与精神与公众责任感。巴伯称这种自由主义民主为"弱势民主"(thin democracy),并在批评其的基础上提出了强势民主(Strong Democracy)。②

　　自由主义民主理论的批评者,特别是一些参与民主的倡导者认为参与活动本身发展和培养了"民主性格",即民主政治体系的运行所必需的品质,所有的公民应当形成这种个性。从长期来看,政治参与能够培养公民健康与良好的个人和社会品质。政治民主为公民积极地参与政治生活提供了机会。政治参与能够培养公民的独立、自立和具有公共精神的品质,使得公民更关心他人的利益,更合理地追求自身的利益。参与的经历将有助于人们熟悉民主的程序和学会民主的技能,强化人们的政治责任感,有助于促进公共利益。同时,广泛的参与能够改变公民的观念,提高参与者普遍的道德、社会和政治诸方面的觉悟,使得公民具有公共精神的性格得到培养。在佩特曼看来,直接的民主参与能够起到公民教育的功能,能强化社会成员的政治效能感,培养其对集体问题的关注。"参与活动发展和培育了这一制度所需要的品质,个人的参与越是深入,他们就越具有参与能力。关于参与的相对次要的假设认为,参与具有整合性的功能,参与有助于人们接受集体决策。"③为了实现公众的普通参与,确立民主的权威,参与式民主论者不仅将民主信念用于建立政治体制,而且用于社会的基层自治、社团组织的自我管理等团体和组织的内部管理。这种民主信念范畴扩展的新尝试不仅把民主看作是迄今为止发现的用以实现普选、更替掌权者和对选民负责的最好的方法与权宜手段,而且把它作为对待分歧和相关问题相互协调集体行动的一种生活方式。总之,参与式民主理论旨在通过发挥参与民主的作用来

---

① C.B. Macpherson, *The Life and Times of Liberal Democracy*, Oxford: Oxford University Press, 1977, p.77.

② 强势民主(Strong Democracy)是巴伯在深入分析和全面反思作为"弱势民主"的自由主义代议制民主之后,提出的一种民主理论。强势民主是参与型民主的一种独特的现代模式,是对以参与、公民身份和政治行动等民主的核心价值的追求为主旨。巴伯试图通过强势民主矫正自由主义民主的缺陷,以增进自由主义民主的说明力。参见[美]本杰明·巴伯:《强势民主》,彭斌、吴润洲译,吉林人民出版社 2006 年版。

③ [美]卡罗尔·佩特曼:《参与和民主理论》,陈尧译,上海人民出版社 2006 年版,第 39 页。

改善代议制的品质,其是对自由主义参与观念的一个严重挑战。

(四) 少数政治精英的统治

自由主义者认为,传统意义的人民统治是不可能实现的,所有的统治都是精英在统治,或者最多是许多相互竞争的精英群体中的一群精英在统治。自由主义民主理论的真正实质是精英政治。雷蒙·阿隆简洁地概括为:"政府由民享而不由民治。"① 自由主义民主理论反对把民主看作是人民的统治或大多数人的统治,认为政治关系中的统治者总是少数人,被统治者总是多数人,强调民主也是少数人的统治和大多数人的被统治,多数统治在技术上是不可能的。"合乎理性的民主制的理念,不是说人民自己统治,而是由人民作为好政府的保证……最好的政府(这一点还需要讲吗?)必定是由最明智的人士组成的政府,最明智的人士永远是少数。"②

自由主义者认为,人民的统治或大多数人的统治这种民主理想需要最大程度地弱化,不仅是出于对所有人最大限度参与民主可能性的条件不存在的疑虑,更为主要的是个人积极参与政治生活对于民主政治体系而言是危险的。熊彼特对古典民主学说进行批评时就提出,大众不具备在政治生活中参与和决策方面的能力,缺乏协调和妥协的技能。公众在政治领域中太过广泛的政治参与会导致政治的不稳定和潜在的危机。强调大众广泛参与政治所具有的内在危险是自由主义民主理论的一个显著特征。许多自由主义者将广泛参与看成是对自由的威胁,另一些人则进而将其看成是迈向极权主义的一步。

在当代大规模的、复杂的工业社会中,自由主义认为代议制民主中实际的参与程度是维持一个稳定的民主体系所需要的参与。实际上,代议制民主通过一些正式的制约措施剔除了普通大众直接的意志表达,而有利于政治精英参与公共事务的管理。在自由主义民主体系中,政治过程的民主性质主要体现在选举上,即通过竞争式的选举来选择统治的精英,精英通过竞争获得政治权力。所谓的自由竞争规则还是对那些占有优势资源的精英阶层最为有利。代议制民主制及其政党政治,在实际运作上,依阿伦特的评价,"却走向寡头的治理形式",从事政治参与和治理工作成为少数人的事物,尽管这些少数人自称代表多数的利益和意见。③ 少数政治精英而不是

① Raymond Aron,Social Structure and the Ruling Class,*British Journal of Sociology*,Vol.1,1950,p.9.

② John Stuart Mill,*Autobio graphy*,Jack stillinger,London:Oxford University Press,1977,p.294.

③ Arendt Hannah,*Essays in Understanding:1930-1954*,ed.Ferome Kohn,New York:Harcourt Brde Jovanovich,1994,pp.267-268.

人民大众成为政治过程的核心和支配力量。"代表制"则成为一个对普通民众政治参与进行控制的"过滤器"。这就排除了社会上大多数公民参与制定对他们生活有影响的社会决策的机会。实际上,真正掌握政治权力的人是隐藏在议会民主背后的政治力量,它控制着整个国家的政治生活。

同时,由于财富与政府之间的密切联系使得更多社会底层的人确信不值得投票了。"对传统选举过程的冷漠在穷人和缺少正规教育的阶层中表现得特别明显:1996年大选中,最穷的1/5人口的投票率为75%。参加总统选举的蓝领投票率从1968年的59%下降到1980年的45%,1994年的34%,而拉丁美洲人和黑人投票率——问题非常低——下降到40%以下。这些数据表明,当我们用投票统计来衡量时,反政治情结在厌倦走过场的选举活动和空洞承诺的低阶层团体中更盛行了。"[1]在自由民主政体中,公民参与水平大幅度下降,政治逐渐成为政治精英的势力范围,而民众则被边缘化。政府中掌握并行使公共权力的总是少数人,决定政策的也是那些一小部分经济上比较富有的、有较多社会关系的、受过良好教育的少数精英,而多数人事实上从未能参与政府,只是服从罢了。资本主义社会的这种统治方式就是精英统治,其实质是经济上占有统治地位的特殊政治集团维护其利益的一种手段。自由主义者尽管名义上呼吁公民的责任感,但是他们清楚地知道普通大众的低投票参与赋予了统治者更大的灵活性和权力。

如今,公民逐渐丧失了政治功效感或政治信任之类的民主素养,基本上是置身于政治进程之外的"冷漠者",或是在较低的程度上卷入政治的"旁观者",丧失了对政治和政治活动的兴趣。选民的这种消极性,非但不被自由主义者认为是值得担忧甚至惋惜的理由,反而被认为在一定程度上这种对政治持消极和冷淡的态度反映了民主制的健康。有些自由主义学者甚至对建立在"冷漠政治"和"大体上是消极的选民"基础上的现存民主制予以肯定与歌颂。他们主张只需一少部分公民对政治生活抱有高度的参与兴趣和热情,过度参与本身是危险的,大多数公民的冷漠和不感兴趣更有助于维持整个政治体系的稳定。

在自由主义者看来,民众对政治感到冷漠基本上表达的是一种"消极的同意",而不是对政治体制幻想的破灭。这是自由主义在为精英统治的实质辩护的托词。民众对政治的冷漠,毋宁说是大众被人为地排斥于政治过程之外,没有条件或机会对政治过程产生实质性的影响。因此,民众才感

---

① Daniel Hellinger and Dennis Judd, *The Democratic Facade*, Pacific Grove CA: Brookstore, 1992. 转引自[美]卡尔·博格斯:《政治的终结》,陈家刚译,社会科学文献出版社2001年版,第39页。

到政治日益远离自己的生活,并逐渐失去了对政治的兴趣。真正的民主应当是从政策议程的设定到政策的执行的整个过程由所有公民直接、充分地参与。只有通过大众普遍而有效地参与公共事务的决策才有可能实践民主所欲实现的负责、妥协、个体的自由发展和人类的平等等基本价值。

四、自由主义民主共同体理念的缺失

作为西方国家占主导地位的政治组织形式的自由主义民主,是从个人主义的立场来理解社会和证明社会制度正当性的一种政治理论。在西方,特别是以美国为典型,对社会、政治以及经济的认识都深深地植根于自由主义。个人主义是自由主义的本质特征。"我们相信个人的尊严,乃至个人的神圣,我们为自己而思考,为自己而判断,为自己而作决定,按照自己认为适当的方式而生活。违背这些权利的任何事情在道德上都是错误的,都是亵渎神明的……而我们自己和我们社会的一些最深层次的问题,也是同个人主义密切相连的。放弃个人主义就是放弃我们最深刻的本质。"[①]这种极端的个人主义观念已经成为民主发展的障碍,现代民主中表现出的许多问题都可以归结为个人主义的影响。

(一)个人与社会之间纽带的断裂

作为一种西方的主流意识形态,自由主义的典型特征在于关于个人与社会的观念,即个人对于任何社会集体之要求的道德优先性。"自由主义民主更多地关注促进个人自由,而不是保障公共正义,增进利益而不是发现善,将人们安全地隔离开来,而不是使他们富有成效地聚合在一起。其结果是,自由主义民主可以强有力地抵制针对个人的任何侵犯——对个人的隐私、财产、利益和权力的侵犯——但是,它却无法有效地抵御针对共同体、正义、公民性以及社会的侵犯。"[②]自由主义主张个人在社会进程中居于首要地位,倾向于在每种社会关系中强调个人的优先性。

这种"以自我为中心"的原子化个体的虚构使得社会纽带虚无化。个人利益成为维系人与人之间关系的纽带。"由于现代的自由主义民主是民主在自由主义哲学基础上的附着物,所以美国的民主理论一开始就充斥着

---

① [美]罗伯特·贝拉等:《心灵的习性:美国人生活中的个人主义和公共责任》,翟宏彪等译,三联书店 1991 年版,第 3 页。

② [美]本杰明·巴伯:《强势民主》,彭斌、吴润洲译,吉林人民出版社 2006 年版,第 5 页。

极端的个人主义。这种联系导致了自由主义民主理论内部的紧张，因为这些理论内部的紧张是植根于人性冲突观念基础上的，也就使得这种张力难以通过政治的方式来解决。"①自由主义认定，只能从个人的"自利"动机出发来看问题。麦克弗森把这种从个人及其利益的角度思考问题的自由主义的特征概括为"占有性个人主义"（Possessive Individualism）。麦克弗森认为，占有性个人主义是一种有关人（或"人类本质"）以及人类社会的观点，"个人（被理解为）本质上是他本人的人身或各种禀赋——它们绝对没有得益于社会——的所有者。个人（被）视为既不是一个道德整体，也不是一个更大的社会整体的组成部分，而是他本人的所有者……个人是自由的，这仅仅因为他是他的人身及禀赋的所有者。"②自由主义民主始终是保障个人自由的一种民主形式。自由主义者很早就指出，民主制度无法建立在共同的、实质性的道德共识的假设之上。民主只是自由主义者更好地维护自由的一个有效的手段。"历史的讽刺就在于：那些捍卫个人以反对古老的等级、传统、身份、迷信与绝对政治权力的观念已经被一种由抽象的权利与自由所界定的完全孤立的个人的理论支撑着。但是，当把这种理论实施于现实社会关系的世界中的时候，它就像暴政的搭档那样腐蚀着社会的肌体；它不仅仅使得个人从权力的滥用中隔绝开来，而且使得个人从人与人的相互关系中隔绝开来。"③因此，这种想要保卫人们免受权力侵害的理论事实上却使得人们丧失了人与人之间彼此联系的纽带，割断了那些本来能够有效保护他们的社会安全网络。

（二）工具性成为主导性的观念

自由主义在制度设计中以纯粹个人主义的方式作为最基本的、同时也是终极的单元来建筑正式的政治社会制度安排，社会关系对于私人目标来说仅仅具有工具性价值。"他们认为政治共同体是一种工具，而不具有内在的善。自由主义者的目的不是分享权力或者成为共同体中的一部分，而是抑制权力的共同体，同时依据它们如何影响自由和个人利益来批判它们。"④因此，自由主义把政治共同体理解为一个由权利构成的社会。这里的权利是个人的权利，而不是某个人群、某个种族、某种性别的权利。个体

---

①　［美］本杰明·巴伯：《强势民主》，彭斌、吴润洲译，吉林人民出版社 2006 年版，第 255 页。

②　C.B.Macpherson, *The Political Theory of Possessive Individualism：Hobbes to Locke* , Oxford：Oxford University Press, 1962, p.3.

③　［美］本杰明·巴伯：《强势民主》，彭斌、吴润洲译，吉林人民出版社 2006 年版，第 122 页。

④　［美］本杰明·巴伯：《强势民主》，彭斌、吴润洲译，吉林人民出版社 2006 年版，第 8 页。

带着他们先前已经界定的利益和身份进入共同体以期增进个人利益。这种权利是一个"工具性的"个体身份观念,是所谓的洛克式个人自我利益传统。"该假设一直是民主信仰的基石(也一直是自由主义思想的基石)。这个假设就是,一般而言,没有人更有可能比自己成为自身善或利益,抑或采取行动实现自身善或利益的更好的裁决者(法官)了。因此,你应该有权判断一项政策是否符合你的利益。"①这种观念将人的行为理解为一种必要的自利。正是在此预设的前提下,自由主义把自我保存与利益的维护看作是人类最强烈的欲望,因此,作为人类最大的政治共同体的国家就是一种控制某类自顾自的和利他的工具性活动的混合体的决策机构,而非忠诚与认同的共同体。

自由主义把民主看作是一种比任何其他政权形式都可能最大限度地保护公民普遍利益的工具。"工具的政治概念使自由主义者对于那些忠诚和社会连接的形式无动于衷或持有敌意,而活生生的民主却必须依赖它们。在自由主义贬低各种分散的自治的共同体时,这一点最为清楚。"②自由主义主张的个人有权优先追求自己的生活,而不受共同利益的外在干扰的观念将任何集合性原则的考虑排除在外。这种理论是非常空洞贫乏的,其缺陷是显而易见的。麦克弗森在描述自由主义的"占有性个人主义"的产生和发展以及转变为自由主义民主的发展历程的基础之上,提出自由主义民主的历史和社会根源是它的占有性个人主义。占有性个人主义和民主是不相容的,自由主义民主有着深刻的缺陷。在以个人权利为核心的自由主义理论体系中,自由主义优先于民主,"占有性个人主义"优先于并形成了自由主义。因此,自由主义与民主的综合是不稳定的,它的民主成分因为那个强大但又与它不相容的同伴而严重失效。③ 自我保存的自由主义话语是难于表达作为政治实践目的的团结和合作,消磨了个人的公共理念,最终无法实现共同体中个人权利与公民参与的有机结合。

(三) 民主社会中公共善的缺失

自由主义简单地从作为自利的个体或特殊利益集团的成员来认识诸如

① [美]罗伯特·达尔:《民主及其批评者》,曹海军、佟德志译,吉林人民出版社 2006 年版,第 129 页。
② [美]塞缪尔·鲍尔斯、赫伯特·金蒂斯:《民主和资本主义》,韩水法译,商务印书馆 2003 年版,第 180 页。
③ [英]迈克尔·H.莱斯诺夫:《二十世纪的政治哲学家》,冯克利译,商务印书馆 2002 年版,第 122 页。

"共同体"、"公共利益"及与之相似的概念,并对其持有明显的怀疑态度,认为是一个虚构的机构。这种个人主义的信条纵然有利于个人积极性和创造精神的发挥,但它最大的弊端是对集体和公共利益的忽视。"自由主义民主理论把权利摆在共同善之上,这确保了个人自主性的位置绝对优于以共同体为基础的价值观。权力是基于个人的,而善更经常地趋向于被考虑为共同善。"①自由主义理论将个人设想成一个孤独的人或者旁观者的身份,不可能对人类相互依赖、合作、责任、友谊、互助、共同体等观念给予足够多的考虑。这种思维模式特别容易导致忽视社会整体的善和公共利益。

　　自由主义之所以形成了对共同体特有的怀疑特性,在很大程度上是由于个人主义思维造就的。国家应该保护个人基本的公民权利与政治自由是自由主义最基本的政治论题。当代的自由主义把除了自利和个人权利以外其他概念统统扫出了公共领域。个人是其行为的唯一根源,他仅仅服从于自己。这一不受约束的个人应该追求他们合理的私利,并通过自然出现的市场力量转向总体的社会和经济利益。正是个人对自身利益的追求将自动产生普遍的善,促进公共利益。因此自由主义民主不强调公共利益,每个人或集团都追求自身的利益,选民选择的依据也是自身的利益,政治家参与政治的目的也是为了自身的利益。民主程序则成为各种利益协调与妥协的机制。"由于渴求权力的人的自然本性,拒绝为共同体服务就等于邀请肆无忌惮的领导人或者利益团体颠覆自由政体。同样,颠覆的后果将不仅仅是摧毁共同体实现自己目标的自由。这也会使得个体公民的目标服从于大权在握的人的目标。这同样等于把公民贬黜到奴役状态之中。"②自由主义民主的实质是为了私人的利益而从事公共事务,将公民追求自己利益的权利从对他人的义务中分离出去了。但是这种把自利与个人利益而非整个共同体的利益作为政治决策的依据的做法不可能形成一个真正的民主政体,导致了公共利益的缺失,从而最终丧失了个人权利和自由。

　　在自由主义的传统中,公民参与意识和基本公共责任的历史性贬值是一个明显的不足。在自由主义者所谓的"原子论"的社会模式中,"社会是由只关心自己的个体组成的,由于他们试图使自己的需求得到最大程度的

① ［美］郝大维、安乐哲:《先贤的民主》,何刚强译,江苏人民出版社 2004 年版,第 143 页。
② ［英］昆廷·斯金纳:《论正义、共同善与自由的优先性》,达魏译,载达魏等编:《消极自由有什么错》,文化艺术出版社 2001 年版,第 138 页。

满足,因而采取理性的行为。于是,对个人自由的评价便是在社会和道德的真空中进行的。但我们的选择和偏好不能被看成是抽象地独立于其他人的选择和偏好"①。个人自由只有在某种特定的、以共同利益为目标的共同体中存在。"能够受公共利益概念的制约,视其为自己的理想利益,认为应当无条件地如此(在那个意义上,是他自己的一个目标),每一个这样的人,换句话说,每一个有道德的人都能够拥有权利;也就是说,他能够承担起自己在社会中的角色,通过认可其他每一个人都有与自己同样的自由,确保每一个社会成员自由地行使自己的权力。"②现在的世纪已不再是生活在一个原子竞争的私利的世界,人们之间的相互影响使我们的生活中充满友谊、合作与和谐。公共利益既不是各个特定集团的利益的联合与妥协,也不是可以以功利主义的方式与作为个人来行动的各个个体选择的叠加。这种共同的理解和信仰是赋予个人的权利、利益和尊严的真正实质性内容的母体。

五、自由主义公民身份观念的削弱

公民身份(citizenship),又称为公民资格、公民权利等,是一种描述共同体成员资格的观念。所谓公民身份是指"个人同国家之间的关系,这种关系是,个人应对国家保持忠诚,并因而享有受国家保护的权利。公民身份意味着伴随有责任的自由身份"③。公民身份与政治共同体有着内在的联系。公民身份是一种有关共同体成员资格和忠诚等共同价值的根源。建构公民身份是民主理论的重要任务之一,只有通过理解公民身份的价值才能持久地建立起新型的民主。现代民主健康与稳定的运转不仅依赖于一系列规则与程序,而且需要民主之下公民的素质和品德。然而,对于公民身份存在着许多不同的看法。自由主义把公民身份理解为一种关于法律规定的有关个人权利和资格的理念。

(一) 自由主义把公民身份理解为一种法律地位

自由主义一直专注于构建普遍性的公民身份概念,其工作以这样一种

---

① [英]理查德·贝拉米:《重新思考自由主义》,王萍等译,江苏人民出版社 2005 年版,第36 页。

② Thomas Hill Green, *Lectures on the Principle of Political Obligation*, London: Longmans, Green and Co., 1921, p.44.

③ 《大不列颠百科全书国际中文版》第 4 卷,中国大百科全书出版社 1999 年版,第 236 页。

判断为基础:所有的个人生来都是自由和平等的,但是,它又使公民身份仅仅沦为一种法律地位,这暗示着个人所拥有的那些权利同国家是相对立的。"代议制民主或者弱势民主将公民联合看作一种原初的契约,这种契约授予主权者代表人们并以人们的名义来统治他们的主权。公民身份具有一种成为原始的和抽象的政权中的身份的功能,并因而具有监管者的地位:它的作用与其说是积极的,不如说是消极的,与其说是现实存在的(具体的政治地位),不如说是潜在的(抽象的法律地位)。成为公民就意味着参加了社会契约的制定,并且因此成为法律人。"①在自由主义政治理论中,公民身份是一种平等的法律地位。这一传统的特点是关于公民身份法律的和契约性的定义。

在代议制民主中,公民的作用首先是与政府联系的纽带。代议制政府使一小部分公民成为中央政府和大量选民之间的协调者,这样做既可以把公民与共同体分开,又能把他们结合起来。代议制民主的"危害之一在于剥夺了能够使公民群体变成为共同体的个人的共同行动。即使一个代议制政权能够代表当事人进行有效、平等和尊重普遍自由的统治,然而它也会伤害而不是增强人们之间横向公共联系和共同体感情的能力"②。在代议制体系中,这种关于公民身份的法律概念隐含了契约性成分:有一个授权于主权者的共同契约,主权者要对订约者负责并保护他们的利益。这是自由主义的一个理论特点,特别是在自由主义形成的初期最为明显。虽然,社会契约的传统论证方式已不再是主流,但是这种"契约精神"是自由主义内涵性的气质。"自由民主理论假定个体为自治主体,通过诸如契约约束自己。公民身份成为公民与政府之间的一种关系,而平等公民之间的纽带是私人性的。公民与国家之间的关系成为交互控制与责任性的关系。这一协定通过代表本身以及诸如司法机关等外部媒介进行监督。"③在代议制民主中,公民与政府之间是一种排他性的关系,公民之间是一种私人性的关系,完全没有公共性可言。这种把公民身份理解为一个简单的契约问题就显得薄弱,而把现代国家的政治体制理解为仅仅是调节与平衡个人与社团利益的程序性制度是很贫乏的。这是因为政治共同体的维系需要有一定水准的公民道德和公共精神。公民身份理论实际上包含了关于政府联系的纽带、政治风格、公民美德和公民关系等的丰富内涵。

---

① [美]本杰明·巴伯:《强势民主》,彭斌、吴润洲译,吉林人民出版社 2006 年版,第 259 页。
② [美]本杰明·巴伯:《强势民主》,彭斌、吴润洲译,吉林人民出版社 2006 年版,第 285 页。
③ [美]保罗·P.克雷格:《英国与美国的公法与民主》,毕洪海译,中国人民大学出版社 2008 年版,第 297—298 页。

在自由主义民主理论体系中,作为一种法律地位的公民身份是同社会经济的状况相分离的,也就使得形式上的政治平等与阶级不平等能够同时存在。"在资本主义民主中,公民身份和阶级地位的分离同时在两个方向上起作用:社会经济地位并不决定公民的权利——那就是资本主义民主政治中所谓的民主——但是,既然资本主义占有工人剩余劳动的权力不依赖于司法特权或公民地位,公民平等就不会直接影响或有效改变阶级不平等——那就是在资本主义制度下限制民主的东西。劳资之间的阶级关系即使在具有司法平等和普选权的情况下也能够继续存在。"[①]可见,在政治民主政体中宪法规定的平等权利与政治决策程序等只是一种形式上的存在。

(二)　自由主义的公民身份是一种消极的公民资格

在自由主义民主中,公民身份只是一种权利,是众多平等的社会角色之一。在政治理论中,关于公民身份性质的传统主要有两种,即"对责任加以着重强调的公民共和主义传统,对权利加以着重强调的自由主义传统"[②]。自由主义的公民资格不要求参与公共生活的责任与义务。这种基于权利的公民理论主张个人权利的存在不依赖于人们是否履行相关的责任或义务。共和主义公民观则认为,自由主义颠倒了义务与权利之间的真正关系。"共和主义者认为,权利是政治过程中的产物,而不是它的先决条件。他们认为,政治的道德框架是由参与集体决策和认真听取其同伴意见的义务决定的,而不是参与一种一个人可能行使权利,也可能不行使权利的活动的权利。"[③]在共和主义看来,公民只有履行了义务才能拥有权利。公民有义务参与维持和完善所属政治共同体,这样才能使公民的权利得到有效的行使。

在代议制民主中,一些由公民选举出来的代表管理所有公共事务。这种方式在不牺牲个人责任的前提下获得了很高的效率,但是它这样做却是以牺牲参与权和公民身份为代价的。"在一种自由主义的政体中,没有义务去积极地参与政治,没有要求把公共事务置于私人事务之上并使个人利

---

① ［加］艾伦·梅克森斯·伍德主编:《民主反对资本主义——重建历史唯物主义》,吕薇洲等译,重庆出版社2007年版,第209页。

② ［英］德里克·希特:《何谓公民身份》,郭忠华译,吉林出版集团有限责任公司2007年版,第1页。

③ ［英］理查德·贝拉米:《重新思考自由主义》,王萍等译,江苏人民出版社2005年版,第266页。

益服从于公共善。"①但是,公民不是与生俱来的,而是在民主政治体制中实施公民教育和政治参与的结果。民主不仅是通过程序来作出决定和政策,而且这个程序是参与性的。参与政治共同体法律的制定、官员的选举等公共生活成为引导和扩展公民自我利益的途径,并且能够形成维护政治共同体的公共精神意识和社会责任。虽然在自由主义民主中私人生活能够获得某些保护,但是那种让所有人都能够参与的公共生活却是不可能的。要想享受个体自由,高于个人私人利益的共同善的理念是一个必要条件,同时,只有作为积极参与政府事务的共同体的公民时,这样的个体自由才能得到保证。

　　自由主义者提倡的是一种"消极的"或是"私人的"公民资格,不要求公民有参与公共生活的义务。自由主义者所积极倡导的所谓"现代人的自由"就在于对私人独立性的平静享受,而拒绝对群体性权力的积极参与,认为这会导致个人成为共同体的附庸。这是代议制民主存在的明显缺陷,导致低水平的共同体生活的参与率。"为了保护自由与民主,自由主义理论所作的各项设计——代议制、私有制、个人主义和各种权利,总而言之,代议制是既没有保卫民主也没有捍卫自由。尽管代议制能够服务于责任与个人权力,然而它却破坏了参与和公民身份。"②现代民主政权是基于领土范围来规定公民身份的。在规模巨大的、复杂性和多样性程度都很高的大众社会中,投票选举无疑是公民权的主要表达方式,提供了一种公平的决策程序。作为选民的公民成为自由主义公民观念和资格最典型的标志。但是,普选权的实现只是通向创建完全民主社会的一个重要成就。自由主义未能对家庭义务、维护我们的社群或国家的义务等类型的义务与承诺的重要性进行充分解释。公民身份不仅仅意味着纳税和选举。有效的民主要求有能力的和负责任的公民。在自由主义民主理念中所包含的监督者、选民、委托人等公民资格是对民主体制中公民的不充分定义,最终只是形成了一种享受法律保护的、特定权利的被动接受者。

　　正是出于对西方代议制民主的这些缺陷的思考,自由主义民主的批评者提出了要在政治领域复兴公民身份。区别于自由主义民主依赖一个消极被动的公民群体,激进民主理论者植根于参与行动和对政治的公共性格的热切渴望。公民的品德、公民的参与、公民的忠诚等美德对于民主政治而言

---

　　①　William Galston, *Liberal Purpose: Goods, Virtues, and Diversity in the Liberal State*, Cambridge, MA: Cambridge University Press, 1991, p.225.

　　②　[美]本杰明·巴伯:《强势民主》,彭斌、吴润洲译,吉林人民出版社 2006 年版,1984 年版序言第 4 页。

是重要而独立的要素。在"激进"或"强势"意义的民主中,政治是能够作出有意义的和自主选择的公民们的行动,而不是简单的投票行为。① 行动是其首要美德,而参与、委托、义务和服务,共同审议、共同决策和共同工作是其特征。共同体的创造则是作为参与模式的强势民主理论政治活动的首要任务。参与和共同体之间存在紧密的纽带关系:共同体源自参与,同时它又使得参与成为可能。在强势民主中,参与是一种界定自我的方式,而作为一种生活方式的公民身份则使公民行动起来并获得了公共性的必要常识,广泛的政治实践活动也训练了个人作为公民如何进行公共参与的思考。

　　激进民主理论对个人与公民作了区分,试图构造一种新的公民政治身份。"根据自由主义观点,公民与私人本质上是没有区别的,他们把自己的政治利益作为国家机构的对立面提出来要求得到满足。"②墨菲作为激进民主理论的代表人物之一,在批驳了自由主义民主理论的基础之上提出了一种防范自由主义公民身份观念局限性的替代方案。③ 在她看来,公民身份是指人们的一种共同的政治身份,一种鉴别身份的形式,是区别于自由主义者所指的一种契约形式或是法律地位。公民并不像自由主义所认为的某些享受法律保护的、特定权利的被动接受者。"以对自由民主原则的确认为基础而被联合在一起——这就是我所要提出的公民身份的含义。它暗含的意思是,不要把公民身份视作一个法律地位而是视为一种身份认同方式,即

―――――――――

　　① 激进民主(radical democracy)是左翼政治理论的一个重要组成部分。激进民主主义者坚持反资本主义立场,称自己为社会主义运动,或者后马克思主义。激进民主对自由主义持一贯的批评态度,力图通过重新建构民主观念,使左翼重新获得目标和号召力,使民主重新有利于人民。但他们并不否认自由主义对现代社会的民主有重大贡献,将自由民主作为自己政治主张的基础,反对用革命暴力的手段改变西方的自由民主政治制度。这样的民主就是激进民主。关于激进民主思想的代表作主要有拉克劳和墨菲的《领导权和社会主义战略:走向激进民主政治》、墨菲的《政治的回归》、拉米斯的《激进民主》。强势民主(strong democracy)是巴伯在深入分析和全面反思作为"弱势民主"的自由主义代议制民主之后,提出的一种民主理论。强势民主是对以参与、公民身份和政治行动等民主的核心价值的追求为主旨。参见[美]本杰明·巴伯:《强势民主》,彭斌、吴润洲译,吉林人民出版社2006年版。

　　② [德]尤尔根·哈贝马斯:《在事实与规范之间》,童世骏译,三联书店2003年版,第662页。

　　③ 尚塔尔·墨菲提出冲突与对抗乃是政治的不可根除的本性,批驳了自由主义的民主政治理论在解决当今的民族、宗教和国家冲突时所表现出来的无能表现,呼吁一种激进的和多元主义的民主政治的回归。墨菲对自由主义民主观的批判主要包括以下几个观点:首先,墨菲得出的第一个结论是自由主义无法理解政治的真正内涵,结果导致了政治的无能,并对民主政治产生灾难性的后果;其次,墨菲着重批判了以抽象的个人权利为基础的普遍主义;第三,墨菲认为自由主义的多元主义只是一种没有对抗的多元主义;第四,墨菲认为自由主义者关于自由的理念是与民主冲突的,在自由主义者关于自由的理念中不可能包含民主和自治的理念。参见乔贵平:《激进的多元民主观》,《重庆社会科学》2007年第9期。

一种政治身份：某种待建构而非过去经验给予了的东西。"①公民身份是关于社会行动者的不同主体地位的一种连接原则，而同时它又承认各种特殊义务的多元性并保留了对个体自由的尊重。这种公民观念强调政治参与性以及对某种政治共同体的归属意识，它优先于并独立于个人的愿望和兴趣。通过在民主政治体制中实施公民教育和政治参与来培养公民意识，恢复那些被自由主义已抛弃了的重要概念，并赋予其新的内涵，即积极有效的政治参与、公共精神、政治共同体等民主的历史内涵。

（三）自由主义削弱了公民身份的民主性

　　公民身份的民主性或者说普遍性特征无疑源自这样一个事实：政治行动者永远是公民而非抽象的人，把共性与平等而不是孤立界定为人类社会的特征。民主的公民资格包含着公民对于公共事务的积极参与、共同体的归属意识以及维护民主的公民美德等多重内涵。"许多古典自由主义者相信，即使缺少特别有道德品质的公民群体，自由主义的民主制也可以通过权力制衡来有效地运转。"②自由主义的权利话语不包括有关公民美德与社群之类的"道德语言"导致了其政治理论的贫乏，这是许多自由主义的批评者特别是共和主义的核心观点。共和主义为现代政治提供了一种有关公民身份的公共语言，一套表述个人美德的词汇。"共和主义是一套彻头彻尾的政治语言，并赋予公民身份以至高无上的价值，那么，它显然会与自由主义中典型的奥古斯丁成分——对权力的恐惧和对政治事物的预先限定——构成紧张关系。"③

　　自由主义消极的公民身份理念弱化了参与对于建立和维持民主政体的关键性作用。公民参与不仅仅是出于防止专制和维护个人的利益的工具性的理由，也是一个培养公民的独立、自立和具有公共精神的美德的过程。只有当公民的参与是出于对共同体利益的信仰，而不是仅仅受一种自我利益的驱动，这种参与才是真正有利于民主的。"与其他人的联合，以及参加以特定价值为导向的联合体，即构成达到某一目的的手段，又构成目的或善本身；参加其目的在于所有特殊体之善以及获得所有特殊之善的联合体，这种行为本身就是一种很高的善。"④民主的公民资格是对公民责任和公民品德

---

① [英]尚塔尔·墨菲：《政治的回归》，王恒、臧佩洪译，江苏人民出版社2001年版，第74页。
② [加]威尔·金里卡：《当代政治哲学》（下），刘莘译，上海三联书店2004年版，第513页。
③ [美]杰弗里·艾萨克：《再思考：共和主义 VS.自由主义?》，载应奇、刘训练编：《共和的黄昏》，吉林出版集团有限责任公司2007年版，第331页。
④ 转引自应奇、刘训练编：《共和的黄昏》，吉林出版集团有限责任公司2007年版，第332页。

的积极实施。正是公民通过参与能够学会怎么作出各种公共判断并且能够运用各种公共术语来评价政客和政治家的决策与行为。公民责任不仅仅是选择,而且还要判断各种选项和可能性。政治判断力对于民主政治过程而言具有重要意义。

　　自由主义消极的公民身份理念排除了民主政治与共同体之间的密切关系。"民主的功能在于将整个共同体(而不是那些有特权的阶层)的福利确定为'目标',选举能够找到和实施解决办法的人们来执政,保障那些被选举者能够尽到他们的职责。"①共同体一词内涵丰富,在狭义上一般理解为民族或国家共同体,是由共享的道德价值及某种共同善的理念而组织起来的一种政治联合体。在广泛意义上理解,共同体是"指社会中存在的、基于主观上或客观上的共同特征(这些共同特征包括种族、观念、地位、遭遇、任务身份等等)(或相似性)而组成的各个层次的团体、组织,即包括小规模的社区字符组织,也可指更高层次上的政治组织,而且还可以指国家和民族这一最高层次的总体,即民族共同体和国家共同体"②。作为一个整体的共同体和它所有的个体成员之间相互影响。共同体应当保障它的成员享有某种权利,置身于共同体中的个人则应承担一种维护共同体的利益的义务——义务本身就暗含着某些社会关系。任何可行的民主政治都需要某种共同体意识,否则将难以生存。"自由主义低估了政治生活的重要性——把政治联合仅仅理解为一种工具性的善,它没有看到对政治社群的充分参与对于人类美好生活的根本重要性。"③自由主义政治就是这种意识形态的结果,认为政治的目的就是集合私人偏好的工具。在非工具的意义上维持关于政治共同体的一种特定理念是民主所必需的。

　　综上可见,自由主义的公民身份理念不利于构建一个参与性与社群性的民主形式。"从洛克出发的自由主义的自然权利理论传统中,所包含的是一种对公民角色的个人主义——工具主义理解。"④区别于通过血缘或者契约结合起来的共同体,自由主义民主的批评者提出通过自由的、积极的、自治的公民参与来创造一个民主共同体。公民通过关注和普遍参与公共事务密切联系起来,为了寻求解决各种共同冲突而结合在一个民主共同体中。这种参与和共享的公民资格是区别于自由主义公民身份理念而有利于民主

　　①　[英]伦纳德·霍布豪斯:《社会正义要素》,孙兆政译,吉林人民出版社2006年版,第164页。
　　②　[英]奇克蒙特·鲍曼:《共同体》,欧阳景根译,江苏人民出版社2007年版,第1页。
　　③　[美]阿伦·布坎南:《评价社群主义对自由主义的批判》,载应奇、刘训练编:《共和的黄昏》,吉林出版集团有限责任公司2007年版,第157页。
　　④　[德]尤尔根·哈贝马斯:《在事实与规范之间》,童世骏译,三联书店2003年版,第661页。

的一种新的身份认同形式。

六、对自由主义民主批判理论的审视

自由主义作为西方政治意识形态的主流为人的自由与尊严提供了一种系统与有效的解说。自由主义民主是西方文化特征和历史经验的凝结。"民主就是关于什么是民主的争论;民主公民身份带来的关于谁应当被包括在公民身份之内的辩论,民主政治争议并最终确定民主政体的边界,从而也就裁决了私人和公共、社会与国家、个人与共同体的问题。"①西方各流派的民主理论家对处于支配地位的自由民主理论发出了责难。这些民主的批判理论从不同的角度对自由主义民主的真实性提出了质疑,认为自由主义制度更值得批判而不是庆贺。事实上,这些批评者的立场和论证与自由主义存在着千丝万缕的关系。

(一) 自由主义民主的批评者与自由主义之间的矛盾关系

现代社会是一个民主的时代。民主不仅仅是宪法规定的一些权利、投票与利益的竞争与协调等这些形式上的东西。这些批评者的思想是一种民主的批判理论,他们改变了在 20 世纪自由主义民主理论偏向经验取向的分析路径。自由主义民主理论是一种价值中立的、描述性的理论,主要是对现实政治体系的描述与解释,市场和民主只是为追求私人目标而确立的中立性程序机制。对于自由主义的学者而言,许多民主理想被认为是"危险的",他们建议应当将民主政治生活中所追求的标准确定为稍高于民主政治的现实就足够了。这样在政治思想中有着悠久历史的民主理想在当代民主理论中迷失了。

从民主的视角来看,这些学者基本上对自由主义民主观持一种批评的态度,认为它充斥着各种矛盾和裂缝。但是,现代西方的民主制度,无论从逻辑的角度而言,还是从历史的角度而言,都是以自由主义为其理论基础。这些自由主义民主的批评者都是成长于当代西方国家政治现实的背景之下,因而他们一方面认为自由主义对现代社会的民主有着重大贡献,将自由民主作为自己政治主张的基础,另一方面又认为自由主义民主存在着缺陷,于是在自由主义民主制度的框架下提出了一些修正与补充的民主理论。拉

---

① [美]本杰明·R.巴伯:《基础主义和民主》,载[美]塞拉·本哈比编:《民主与差异:挑战政治的边界》,中央编译出版社 2009 年版,第 364 页。

米斯对此做了一个很形象的比喻。他说，作为目的本身的"激进民主"的春天并不是自动地到来的，"在'现在实际存在的代议制民主国家'中我们所有的正是冬天，它有很多精致的设备，它们设计出来帮助我们度过冬天，这些设备就是'民主制度'。我们珍惜这些制度是对的。尽管它们有缺陷，我们永远不要让自己被迫在没有这些设备时去面对冬天"①。自由民主理论的批评者在对自由理论和实践进行激烈批评的基础上提出了一些不同的替代性方案，包括经济民主、强势民主、参与民主或激进民主等。这些替代性方案是对自由主义式民主的补漏纠偏的理论。对自由主义民主构成严重挑战的共和主义民主理论②也不得不对自由主义的正统地位表示默许。"共和主义的假设……从来没有试图否认自由主义理念在美国革命思想中的核心地位——至少，如果'自由主义的'意味着一种关于政府权力的来源和限制的民主的、个人主义的和契约论的观念的话……相反，共和主义的假设在我看来始终是这样一种观点，即洛克的或自由主义的理念仅仅是思想的一种遗产、一种语境或者一种体系的一部分；通过承认它远比先前的解释所认为的要复杂，这种思想可以得到更好的理解。"③这些理论，一方面是对占主流地位的自由主义民主理论的批判和补充。但另一方面，这些批评者又不时地暗示，自由主义民主的话语有其不可替代性。这就充分地显示了这些批评学派的民主主义者与自由主义民主思想的矛盾关系。

基本的公共责任和公民参与意识是民主政治的必要条件，是自由民主的批评者的共识。自由主义民主批评者在很大程度上是借鉴了马克思主义的方法对资本主义作出的批判。对于自由主义民主的批判理论中的许多核心思想其实马克思早就进行了精炼的表述："正如我们看到的，公民身份、政治共同体甚至都被那些谋求政治解放的人贬低为维护这些所谓人权的一种手段；因此，公民被宣布为私己的人的奴仆；人作为社会存在物所处的领

①　[美]道格拉斯·拉米斯：《激进民主》，刘元琪译，中国人民大学出版社2002年版，第161页。
②　近代以后民主理论就分化为两大基本的流派：其一是共和主义取向的，直接民主、参与民主理论均属此类，主张对于公共事务由公民直接介入进行决策，这是民主制的"原型"；其二是自由主义取向的，或称代议制民主理论，倡导由经选举产生的"官员"在严格界定的地域内行使权力以"代表"公民的利益或主张并坚持"法治"。而且，自由主义民主（即代议制民主）在当今世界逐步成为了民主的主流理论和主导模式，而主张"人民的统治"的共和模式几乎变成了一种单纯的理论思辨或假说。参见[美]卡罗尔·佩特曼：《参与和民主理论》，陈尧译，上海人民出版社2006年版，推荐序言第3页。
③　Lance Banning, "The Republican Interpretation: Retrospect and Prospect", in *The Republican Synthesis Revisited*, *Essays in Honor of George Athan Billias*, ed. by M. M. Klein, et al. Worsceter: American Antiquarian Society, 1992, pp.93-94.

域被降列入作为单个存在物所处的领域之下；最后，不是身为公民的人，而是身为市民社会的成员的人，被视为本来意义上的人，真正的人。"①许多学者正是借鉴了马克思主义批判性理论对现实中的资本主义社会出现的问题进行批判性的分析。但是，他们一般不承认自己为马克思主义者。拉米斯就坦白地表示："像很多人一样，成为一名马克思主义者这道槛，我未跨过，只是一直借用马克思主义对自由主义国家观和自由主义经济学的批判力量。"②拉米斯其实对马克思主义有比较深入的理解，很好地把握了马克思主义精神。

这些西方学者对自由民主的致命缺陷的批评及补救的措施与方案对于发展与完善西方现代的民主制度是一个有力的促进力量。但是，经济在社会生活中的关键地位是这些民主批评者所忽视的一个内容。自由主义的政治民主是建立在生产资料的私人占有制是不可动摇的这个隐含的假设上的，并且过于强调政治的形式以致未能适当考虑政治形式表现的经济基础。这一分析视角更能抓住现存民主的本质。"自由主义民主恰好代表了西方政体内核中的一个悖论，即资本积累和法制化这两种不同要求之间的矛盾。这一矛盾即使不是普遍存在，也一直被认为是资本主义固有的。积累对私有制的需要导致了自由主义意识形态的产生，这一意识形态又构成了公众对于国家的政治理念；同时，对于公众认同和服从的欲求造就了关于政治生活的民主观念，而这种观念则同早期的自由主义是相悖的。"③马克思主义对建立在私有制基础上的剥削和其他形式的统治的分析提供了理解民主的无限空间。

（二）马克思主义对自由主义民主实质的揭示

马克思主义科学地抓住自由主义民主理论的实质：自由主义民主是通过经济与政治的分离达到为经济特权辩护的目的。理解民主的关键在于找到一种方法。政治与经济的辩证统一是马克思主义政治理论的基点。"在社会研究中有一个因素一向受到人们的忽视或低估，任何一个社会的主要生产方式和商品交换方式都与该社会的经济、政治和道德风尚以及习俗密切相关。现在的历史学家恐怕很少有人会对这一点提出质疑或否认其重要

① ［德］马克思：《论犹太人问题》，载《马克思恩格斯全集》第 3 卷，人民出版社 2002 年版，第 185 页。
② ［美］道格拉斯·拉米斯：《激进民主》，刘元琪译，中国人民大学出版社 2002 年版，导言第 2 页。
③ ［美］艾伦·沃尔夫：《合法性的限度》，沈汉等译，商务印书馆 2005 年版，第 357 页。

性,也不会拒不承认马克思的创见。"①在社会科学研究中,充分考虑经济因素的决定作用是马克思的一大贡献,后来逐渐发展为马克思主义政治学的一个理论特点。马克思主义的经典作家正是从经济的角度来把握政治的。从经济因素考察政治,再到作为经济与政治之间的基本环节的阶级成为政治的基本范畴是马克思主义的基本的政治逻辑。马克思的关于资本主义剥削理论就是对经济的政治性质的重要论证。"这种理论关注于资本对于工人的权力,而不是非代议制国家的掠夺。于是,我们坚持经济的政治性质的观点,可以被看作是既重新肯定政治中心论的激进的民主信念,又重新肯定马克思关于资本主义经济是压迫和竞争而非和谐的竞技场的思想。"②从这种意义上说,经济不可避免具有政治意义。经济的政治性质的重要性是马克思主义深刻地认识与批判自由主义民主理论实质的重要理论根据。"自由民主制把民主同自由的哲学联系了起来,但是自由的职能是保障所有物的占用,这导致了政治与经济间的矛盾,必须把资本主义的自由民主改造成为人民民主。人民民主应该是争取平等、增加群众物质福利的运动。"③马克思主义从来不认为经济因素是引起历史变革的唯一因素,而是最强大的、根本的和最具有决定性的因素。辩证法的优点在于它考虑到在具体历史条件下同时存在所有不同因素之间的相互作用。

在政治思想中,政治与经济之间的关系一般是用权利、自由、公正等来描述,或者说明应该这样界定。在这一问题下,自由主义一般主张政治与经济分属于两个不同的领域,主张在进行学术研究时是两个独立的不同范畴。"功利主义者将政治与经济截然分开,有的还几乎持纯法学态度对待这个问题,相比之下,经济决定论还是可能使政治研究变得更加现实的一个因素,固然它不是唯一的因素。"④实际上,把经济分析与政治分析结合在一起,可以使我们对经济之政治价值有一个更深刻的理解。资本主义正是通过经济与政治的分离不仅达到为经济特权辩护的目的,而且成为形式上的平等理论根源。在政治制度中,不论由个人、企业还是政府进行的经济行为亦有可能是一种政治的行为,只是寻求以特殊的方式实行。在自由主义维护与保障个人自由的绝对目的的前提下,政府行为的范围被严格限定,并建

---

① 　[美]乔治·霍兰·萨拜因:《政治学说史》下册,刘山等译,商务印书馆 1986 年版,第 854 页。

② 　[美]塞缪尔·鲍尔斯、赫伯特·金蒂斯:《民主和资本主义》,韩水法译,商务印书馆 2003 年版,第 12 页。

③ 　[意]萨尔沃·马斯泰罗内:《欧洲民主史》,黄华光译,社会科学文献出版社 1998 年版,第 373 页。

④ 　[美]乔治·霍兰·萨拜因:《政治学说史》下册,刘山等译,商务印书馆 1986 年版,第 858 页。

立与此相联系的国家权力无权干预的私人领域,从而开辟出尽可能独立于
国家而发挥作用的经济领域。自由主义者相信在这一自由竞争的环境中,
自利的个人与组织通过自然出现的市场力量能够最大化地促进人类社会的
进步。这一学说忽视了由金融财富赋予的政治与社会力量。在现实的社会
中,以私有制为基础的市场经济自由竞争的结果是少数大的集团积聚大量
的财富与权力。这就是经济权力的扩张与转化。"自由放任的结果与它起
初的假设相悖。它的提倡者限制国家而给经济最大的独立性,自由和平等
的个人可以占据属于自己的商业领域。然而实践却与理论不符,商业自身
的扩展开始带来权力——所有意义上的权力:财富的汇集、对人民的控制、
社会影响力的分配,当然首要的还是对国家的管理……经济领域中形成的
权力转变为政治权力。"①自由主义的结果最终还是成为一个为经济特权辩
护的理论。资本主义形式上的平等是一个明显存在的事实,并没有从根本
上触动剥削。资本主义之所以能够与形式民主共存,就在于公民权不是由
社会经济地位决定的,政治地位形式上的平等不会影响阶级不平等。

　　在 20 世纪,社会主义与自由主义之间的争论,以及许多社会科学之间
的分歧,包括国家与社会、经济学与政治学的关系的观点,实际上都不同程
度地受到了马克思的影响。这些理论为我们思考民主思想提供了基本的经
济模式。"有关政治学与经济学的整合的妙想是民主的根本传统……压迫
有着许多形式,经济和家庭几乎与国家一样是统治和政治竞赛的竞技
场。"②经济的政治性质的重要性,是我们深刻地认识与批判自由主义民主
理论实质的重要理论根据。自由主义是资本主义社会中的经济特权和政治
权力集中的统治阶级的辩护词。英美民主特别是美国的民主,"它的运作
基础乃是植根于多党制的选举民主实践的政治生活的管理与资本积累法则
所支配的经济生活管理之间的完全分裂……这种分裂摧毁了马克思和恩格
斯寄予重大希望的政治民主的一切革命潜力,它阉割了形形色色的代议制
机构(议会及其他),使它们在'市场'面前变得软弱无力,只能俯首听
命。"③这种政治与经济的分裂在资本主义社会中表现为公民地位和阶级状
况的分离,使得民主体制的运作成为一种为资本服务的方式。

---

① ［美］莱斯利·里普森:《政治学的重大问题》,刘晓等译,华夏出版社 2001 年版,第 162 页。
② ［美］塞缪尔·鲍尔斯、赫伯特·金蒂斯:《民主和资本主义》,韩水法译,商务印书馆 2003
年版,第 9—10 页。
③ ［埃］萨米尔·阿明:《马克思与民主》,《国外社会科学》2003 年第 1 期。

第四章　自由主义民主理论
评价及其启示

你们不能把上帝与民主分割开来。
——William Ralph Inge：*The Fall of the Idols*

根据自由主义的观点，民主意志形成过程具有独一无二的赋予政治权力合法性的功能。选举结果意味着对政府权力的认可，但政府必须在权力运用之正当性上对公众负责。

——于根·哈贝马斯《三种规范性民主模型》

自由主义已经成为一种政治运动的思维方式，社会主义国家也无可避免地受到了自由主义的冲击。对作为一种资本主义社会的政治——经济联合体的自由主义民主的合理性及其内在张力进行有效评价是解析自由主义民主理论的一个必要内容。在现代西方社会中，自由主义民主已经发展成为一种较为成功与持久的政治体系，并向全世界渗透。因此，站在马克思主义的立场上对自由主义民主观的发展历程、核心理念、基本原则的阐述与分析，对其合理性与局限性的正确认识，将有利于我们在社会主义民主建设中避免其缺陷，借鉴其优点。

一、自由主义民主理论的合理性

对自由主义民主理论的评价应该建立在对其本身的理论体系的主要内容及其付诸实践产生的效果上，应该避免那种对其合理性加以贬低或无视其成就的任何倾向。毫无疑问，虽然自由主义民主理论有很多缺点，但是却在西方建立了一个自成体系的宪政模式并在几个世纪的政治实践中成绩斐然。

（一）充分重视市场对民主的促进作用

在自由主义民主理论范畴内，市场经济对于民主的作用得到最充分的体现。"从形式上看，市场体系的确为实现自由主义政治构想提供了最大的可能性，这种构想的基础是与使社会生活需求最小化相一致的使个人行

动领域的最大化。"①以生产资料的私人占有为基础的自由竞争市场理论成
为自由主义最重要的理论根基之一。自由主义者对市场倍加推崇,认为它
可以激发人们的发明创造性,从而带来社会的进步与繁荣。自由的市场不
仅促进了商品经济的发展,而且对于自由、民主、公正等理念的发展都起到
了积极的推动作用,市场经济还孕育了一个追求个人自由、自治权、财产权、
法治和参与政府事务的中产阶级。而中产阶级是民主理想和制度的天然盟
友。此外,市场经济通过把许多经济决策分散给相对独立的个人和企业,防
止了专制政府的产生。"市场资本主义扩散到一个又一个的国家。市场资
本主义不仅造成了高度的经济增长和财富,还创造了一个同情民主观念和
制度的、庞大而有影响力的中产阶级,从根本上改变了社会。"②著名的民主
理论家达尔认为一种企业主要为私人所有的市场经济是民主制度十分有利
的条件。市场并不仅仅是一种经济力量,而且也是一种道德力量,它通过自
身的竞争机制培育了一种奋进的精神,惩罚懒惰与无能,而奖励有进取精神
和努力工作的人。"我们势必得出的结论是:一种市场资本主义经济,它所
造成的社会,它所引起的、为它所特有的经济增长,这一切,对于发展和维持
民主政治制度来说,都是非常有利的条件。"③市场经济是发展和维持民主
制度的关键条件之一。

　　市场经济是民主的必要条件,但不是充分条件。市场经济的确造就了
自由与繁荣,其有利于民主是被历史经验所证明的。随着历史的发展,市场
与民主的密切关系不断成为理论家研究的主题。"为什么自由民主仅仅出
现在市场取向的国家,但不是所有市场取向的国家,只是其中一部分国家。
市场与民主之间的联系,从多方面估量,乃是一个惊人的历史事实。如果我
们不能解释它,就既无法理解市场,也不能理解民主。"④自由主义的产生就
是一柄双刃剑,在自身的发展过程中突出的是市场与资本,在大大提高生产
效率的同时,社会矛盾也空前尖锐。自由主义民主理论中隐含着经济与政
治、市场与民主之间的巨大鸿沟。自由主义从经济的意义上证明,只有通过
个体间的自由经济竞争,才能获得社会的发展与财富的最大化。这是普遍
自由原则在经济领域的一种应用。他们在大力倡导市场对民主的促进作用
时,却没有考虑市场制度中的经济权力对政府和政治的反作用。自由主义

　　① [英]理查德·贝拉米:《重新思考自由主义》,王萍等译,江苏人民出版社2005年版,第
217页。
　　② [美]罗伯特·达尔:《论民主》,李柏光、林猛译,商务印书馆1999年版,第173页。
　　③ [美]罗伯特·达尔:《论民主》,李柏光、林猛译,商务印书馆1999年版,第167页。
　　④ [美]查尔斯·林德布洛姆:《政治与市场》,王逸舟译,上海三联书店1994年版,第4页。

"根本没有提及在市场活动中体现出来的社会利益与体现政治民主涵义的利益之间的矛盾问题"①。这是他们分析上的一个盲点。自由主义也没有看到来自市场的权力对民主的某些威胁,"当我们美国人可以根据自己的经验,把市场资本主义看作与民主必然相连的时候,我们的市场经济是以生产者具有脱离市场力量和政府控制之外的高度自治为必需条件的。而用以谋取利润的主要生产手段的私有制,也是纳粹德国经济体系的特征。因此,尽管资本主义可以促进民主的发展,但它事实上并不确保民主的出现。不仅有用以满足纳粹战争需要的飞机、坦克和军需品,甚至用在可耻的死亡集中营里的焚化炉和毒气,都被生产出来和卖给政府以谋取利润"②。建立在自利的市场经济基础之上而排斥任何道德承诺的自由主义民主理论是对西方现实政治规则和制度的解释与描绘。

（二）对民主运行规则与程序的理论论证

自由主义的兴起几乎同时伴随着西方现代国家的兴起。经过几个世纪的发展,自由主义形成了一系列关于国家运行的规则与制度,有效地维持了国家权力的运转与制约之间的平衡。"自由主义民主的核心优点就在于:它既使得有益于其公民的高效和强大的现代国家的建构得以可能,又能够约束国家的权力并避免滥用这种权力而对公民形成伤害。"③自由主义从理论上对民主问题作出概括与论证正是通过制度和程序赋予其现实的效力。这些制度与规则是西方文化特征和历史经验的凝结。

自由主义民主理论体现了对规则与程序的坚守。"按照民主观念所强调的重心的不同,可以将其分为实质性民主和程序性民主。前者关心民主的实质内容和结果,民主在于平淡地分配政治权力和其他资源;后者关心民主的程序形式和过程,民主本质上是一种产生正义结果的机制。"④建立一套政治规则与程序以制约民主权力的扩张是自由主义民主理论的一个重大贡献。理论要付诸实践,适当的制度和程序是十分重要的。自由主义将民主理解为一系列的程序性机制,通过民主的一套程序来实现统治者的选举及对其的控制,通过行政、立法与司法的明确的分立与制衡来实现政府体制

---

① ［埃］萨米尔·阿明:《自由主义病毒/欧洲中心论批判》,王麟进等译,社会科学文献出版社 2007 年版,第 5 页。

② ［美］劳伦斯·迈耶、约翰·伯内特、苏珊·奥格登:《比较政治学》,罗飞等译,华夏出版社 2001 年版,第 38 页。

③ ［加］威尔·金里卡:《当代政治哲学》,刘莘译,上海三联书店 2004 年版,序第 5 页。

④ 姚大志:《何为正义:当代西方政治哲学研究》,人民出版社 2007 年版,第 139 页。

内的权力的有效配置。自由主义民主中所包含的关于运用宪法的、制度的和舆论的防护措施来抵制政治权力滥用的一些基本原则与方法具有借鉴性。通过一系列的程序来作出决定和政策是民主所具有的一般性特征。在自由主义民主话语中,民主的程序性通过代议制民主模式得到体现。"即使代议思想的根源是不民主的,但到18世纪末后,当民主政府的拥护者意识到代议制可以跟民主程序结合起来,从而在整个国家的巨大范围内产生民主制的时候,他们把这个令人震惊的新结合看成是有史以来最伟大的政治发明,这也不足为奇。"①

　　代议制民主是自由主义民主的典型方式,民众选举被当作政治权威的唯一合法的来源,且选举是经常性的、公开的、竞争性的。自由主义民主理论对代议制民主的形成与发展进行了不断的探索,并结合自由主义的意识形态进行理论化。代议制民主是一种有限的、间接的民主形式,公众通过选择谁统治政府来参与政治,代表他们参与政治决策,却不能或很少直接行使权力。"自由主义民主的魅力就在于它有能力将精英统治同相当程度的民众参与结合在一起。政府被委托给职业政治家,但在公众首先能把他们推上政坛而后也能把他们赶下政坛这一简单的事实面前,这些政治家被迫对民众压力作出反应。"②民主进程的核心是人们有能力要求政治家负起责任来。不管代议制民主多么有局限性和形式化,代议制民主还是追究责任的有效手段,它使公众有权"把无赖踢出去",也确保了公众的责任感,使得"民享(政府)"形式成为可能。自由主义式民主模式亦可称为代议制民主,"在以保障全体公民享有某些个人或集体权利(如言论自由和宗教信仰自由等)为目的的宪法约束范围内,行使多数人的权力的政府形式(通常也是代议制民主),称为自由民主或立宪民主"③。由此可见,自由主义关于所谓的代议制民主政体内含着一套共同的象征和价值。当然,代议制民主从一般民主形式上来理解是一种关于政府形式的普遍性的程序,但是,在不同的国家与特定的意识和文化背景下,这一民主形式所包含的价值与内容是不同的。

(三) 对法治的信仰

　　自由主义民主理论逐渐植入了法治的基因,蕴含了对法治的信仰。法

---

　　①　[美]罗伯特·达尔:《多元主义民主的困境》,周军华译,吉林人民出版社2006年版,第9页。

　　②　[英]安德鲁·海伍德:《政治的常识》,李智译,中国人民大学出版社2014年版,第216页。

　　③　《简明不列颠百科全书》第六卷,中国大百科全书出版社1986年版,第5页。

治(法的统治)是宪法所规定的原则,这一原则在自由民主国家获得了倾力的维护和尊重。"从广义上说,法治是自由民主主义的一条核心原则,它包含着宪政、有限政府等诸如大多数现代国家孜孜以求的理念。特别是,就法律如何制定、又如何裁决,法治作出了及其重要的限定。"①在现代民主政治下,法律是约束和规范政治权力的最主要方式。免于国家干涉的自由是一种自由主义的思想传统。可以说:"剥离掉一切表层以后,自由主义就是宪政,亦即'法治的政府而非人治的政府'。"②从根本意义上说,法治的实质是保障公民的权益。法治就成为自由主义者根深蒂固的一种信仰。法治意味着用法律来限制政府活动和政治权力的范围,意味着权威者在行使职权时依据法律的规定发号施令而不能依据个人的好恶,并按正当的程序进行。法律的统治是为了确保对国家权力的限制,使其只能以一种中立的方式发挥调节功能,从而保障社会的公平与公开。

自由主义民主理论思维的一个明显特征是把法治视作崇高的原则和价值理念,认为人民的权力不是绝对的,要受到法律的约束。在国家制度构建以及政治实践中,宪法和法律是最高的公共权威,其对政治的基础作用主要体现为政府的权力和行使权力的方式受到法律的限制,但归根结底是受到个人权利的限制。法治的最大优点是,它服务于保护个体公民免遭国家的侵害,确保法的治理而非人的治理。自由主义将主要聚焦于某些制度体系的授权与限权,法治被其视为确保民主制度稳健运行的条件。自由主义民主正是不断地在民主与法治的冲突与平衡中发展与完善。

法治作为一种人类社会先进的制度文明是观念、制度及运作方式的综合体,它既体现为治理国家的一组制度架构,是一切国家权力机关、社会团体、企事业单位和公民个人的行为准则,也体现为一个社会公民的一种基本生活方式。法治通过一系列具体的制度安排和设计为民主政治权力设定了宪法框架、约束机制和规范轨道。法治的真正精神和魅力在于社会主体对于法律的敬畏、认同、尊崇与信守。法律不仅仅是一套被执行的命令,同时也包含了道德主张,这意味着合法的规则是应该得到遵守的。法治要从一种制度和法律要求转化为一种被信服并遵守法律的精神,成为社会主体的行为规范,就需要不断完善和健全法律制度、树立法律的权威性、公民关于法律知识的学习和法律意识的提升、权力依法运行等,这将是一个漫长的历史过程。

---

① [英]安德鲁·海伍德:《政治的常识》,李智译,中国人民大学出版社 2014 年版,第 149 页。

② C.H.Mcllwain, *Constitutionolism and the Changing World*, New York, 1939, p.286.

（四）对民主的理性认识

滥觞于古希腊发展到当今的民主有着悠久的历史。当前，人们如此普遍尊崇民主，但不应当模糊这样一个事实，即几个世纪以来，民主的好处一直备受争议，民主不仅有其优点，还有它的缺点。自由主义思想家们对民主的态度从否定到认可经历了一个长期的演变过程。在 20 世纪之前，大多数自由主义者把民主看作是政治不稳定的根源，是占人口多数的穷人对少数富裕人和出身高贵的人的胜利。"我们今天可能认为，说一个人是民主人士是一种赞扬，但它并不总是这种含义。直到最近，人们常常谴责民主导致了难以驾驭、特权和混乱的局面。过去的民主人士常常被看成是对现存秩序和权威的威胁。称某人是'民主人士'实际上是对他们的侮辱。"①作为西方主要意识形态之一的自由主义对民主的敌视与轻蔑更是一种"理论传统"。在自由主义的政治思想史中，民主的"罪状"可以说是历历在目："穷人的统治"、"多数暴政"、"普遍的无知"、"邪恶的影响力大行其道"等。这种不信任民主的偏见通过植根于分权制衡和有限政府的学说延续到近现代政治生活中。"谈到民主，我想下述情形是正确的：刚刚获得选举权的民众是完全无知的，他们极容易被偏见和狂热的煽动所欺骗，并导致他们的思想观点常常不稳定，以致要向他们解释清楚经济问题很困难，向他们解释应如何把他们的利益与国家利益联系起来也很困难。这些困难如果不对个人财产的安全构成威胁的话，也会对公共利益构成威胁。一个真正的自由主义者同一个民主主义者明显不同的是：自由主义者永远在自己心目中牢记这些危险。"②阿克顿勋爵在这里非常"明了"地阐述了自由主义的这种对于民主的传统观点，即普通大众完全不可胜任，不能够为自身利益而去明智地统治。自由主义者视民主为个人自由的敌人。这种担忧来自这样一个事实，即"人民"不是一个单一的实体，而是由不同的意见和相互冲突的利益组成的个人和群体的集合。这种冲突的"民主决定"诉诸人数，是多数人或最大多数人应该支配少数人。也就是说，民主归结为 51% 的人的统治，个人的自由和少数人的权利在人民的名义下被践踏。

自由主义者认为，民主自身的这些缺点并不会通过自身的运转而得到解决。为了防范民主之中潜藏的危险，自由主义思想家不仅提出"多数人

---

① ［英］彼得·斯特克、大卫·韦戈尔：《政治思想导读》，舒小昀等译，江苏人民出版社 2005 年版，导言第 2 页。

② ［英］阿克顿：《自由与权力：阿克顿勋爵论说文集》，侯建、范亚峰译，商务印书馆 2001 年版，第 369 页。

暴政的危险"的观点,而且提出了一些制约极端民主的机制。"多数人暴政"既是指一种观念,也是指一种实际的危险。多数人(不论是直接地还是通过其代表)可以任意地将严重的劣势强加给少数人,其容易程度不亚于少数人以同样方式施加于少数人。美国政治理论家詹姆斯·麦迪逊在美国1787年召开的制宪会议上断言,抵制"多数人暴政"最好的防护措施是建立一张制衡的网络,创建一种高度分权的政体。麦迪逊是分权理论的倡导者,强调把制衡当作防止专制的主要手段。他强调,有必要意识到社会存在的多样性或多元性,从而抵制多数主义。这种对民主的看法通常被称为"麦迪逊主义的民主"。"由于不信任民主的观点源远流长,其支持者众多并且富有声望,所以人们当然能够在其中发现很多智慧。这种观点也使西方民主免于遭受许多可能存在的弊端,同时使得美国政治传统能够在富有活力与保守谨慎、大众政府与精英统治、勇于创新与谦逊节制之间保持某种特有的平衡。"①到19世纪末,自由主义对民主的忧虑才有所减弱,然而它从来没有完全消失过。在20世纪,选举权迅速扩大并出现了对民主的普遍诉求。现代社会的政治权力只能从民主政治之中汲取正当性。在新的时代背景下,政治思想家对民主原则表示口头赞同就成为一种必要性的选择。自由主义所主张的有限性民主原则被越来越多的国家接受。"我们看到了西方民主文化的另一面,在接受民主的同时,西方人亦对民主进行了远比接受民主更为深刻的批判。我们看到,西方的民主文明是复杂的,既有对民主的推崇,亦有对民主的批判;既有对权力的依赖,亦有对权力的限制;既有公民权的表达,亦有人权的保留。这种二元个性经过两个千年的积淀过程塑造了西方独具特色的民主文化,成为西方民主文化'考古'的两条进路。"②这种既认可民主的有效性又提防其消极面的理性认识是一种长期演化的历史智慧,有助于破除对民主的迷信,能够更好地促进民主政治健康而稳定地发展。

（五）人类政治文明中的一次历史进步

　　自由主义民主理论存在局限,但不能因此而否定自由主义民主在人类文明史上的巨大进步意义。代议制民主的出现使得民主的规模在理论上具有无限扩大的可能性。"大多数分析家认识到,'民主'一词本身忽略了西

---

① 　[美]本杰明·巴伯:《强势民主》,彭斌、吴润洲译,吉林人民出版社2006年版,第117页。
② 　佟德志:《民主失败与法制规制》,载应奇、刘训练主编:《宪政与民主》,江苏人民出版社2007年版,第257页。

方当代政体的间歇性特征,尤其忽略了旨在制约多数统治的一些卓有成效的制度安排,如两院制和司法审查制度。这样,趋势要么是将'民主'一词置于一些词的前面(如民主共和国),要么置于一些词的后面(如代表型民主)。"①对自由民主的批判性审视不是简单地否定,而是在借鉴其优点的情况下抛弃它的不合理之处,将其对历史的贡献和具体国情、文化传统结合起来,创造出一种新的民主文明。

　　自由主义民主保障与促进了个人权利。自由主义民主理论在国家与个人、公共领域与私人领域之间划了一道鲜明的界限,时刻提防着国家对个人的侵害,给个人以明确的权利来抵抗国家的暴戾。"在自由主义看来,公民的地位主要取决于他们相对于国家和其他人而言所拥有的消极权利。公民作为消极权利的拥有者,只要在法律许可的范围内追求私人利益,就应当受到政府的保护,并且这种保护也包括免于政府的干涉。政治权利,比如投票权和言论自由权,不但拥有和公民权利一样的结构,而且拥有同样的意义,他们为公民提供了一种免于外在强制的领域。"②这就把个人从经济活动的障碍中解放出来,从而为个人的生存、发展赢得了一个相对缓和的、不受干预的空间。"自由主义式的个人主义的最大的优点就是它在面对集体主义暴政时所具有的激进品质以及它能够促进民主化的进程——如果它并不总是维护民主的话。所以,它适应于现在全世界以人权的名义而不是民主的名义所进行的争取自由的斗争。"③自由主义民主的权利原则在某种程度上为压迫者和被压迫者搭建了一个平台,在这个平台之上,双方都要依据权利接受公平、公开的审判,从而使被压迫者有了发言与抗争的机会。只不过这个被压迫者一开始是资产阶级,后来成了无产阶级和劳动大众。由于自由主义理论暗含着普遍的逻辑,当未享有自由的阶级用这个原则来要求分享自由时,也就是当享受自由的主体不断扩展时,自由主义被迫发生转变,否则它就不能证明它的存在也是合理的,自由主义民主的产生正是这个动因作用的结果。在对个人权利的保障上进行关注的同时,自由主义形成了自己对于民主的理论体系。

　　自由主义民主理论是自由主义的权利原则和民主主义的平等原则相互借鉴、吸收、并在实践中不断完善和发展起来的,二者的较量仍在继续。

　　① [美]詹姆斯·W.西瑟:《自由民主与政治学》,竺乾威译,上海人民出版社1998年版,第8页。
　　② [德]于根·哈贝马斯:《三种规范性民主模型》,载[美]塞拉·本哈比编:《民主与差异:挑战政治的边界》,黄相怀、严海兵等译,中央编译出版社2009年版,第22页。
　　③ [美]本杰明·巴伯:《强势民主》,彭斌、吴润洲译,吉林人民出版社2006年版,第8页。

"美国的公民身份花了将近150年的时间才从有财产的白人男性拓展到所有成年美国人。但导致这种逐渐扩大的斗争是个民主性的斗争,在斗争过程中,民主的规则被用来修改民主的规则。"①对权利和平等的倾向不同,便会产生不同的民主理论。自由主义民主是在坚持自由原则的基础上引入民主的,民主纳入自由主义的范围是以不损害自由为前提的,同时,在自由主义者看来,只有在自由原则下的民主,才是民主。民主若不能保证自由,便不是真正的民主。自由主义之所以逐步有所限制地接受民主,将民主纳入自己的理论范围,与其普遍主义的逻辑是紧密相关的。当越来越多的自主的个人要求分享权利和自由时,自由主义被迫将这些权利与他人共享。如果拒绝,就说明它的存在本身就是不合理的。自由主义民主从完全贵族式的自由逐渐与大众民主搭起了桥。"在历史上,现代民主政治与资本主义同时兴起,并和资本主义有因果关系。而从民主实践上看,这样说也是正确的:在我们竞争领导权理论意义上的民主政治,主持了政治和制度的改革过程,资产阶级利用这个过程重新塑造它占优势前原有的社会和政治结构,并依照自己的观点加以合理地改造。民主方法是这场重建工作的政治工具。"②这一论断的核心观点就是意在说明现代民主政治的兴起和存续是资本主义过程的产物,资产阶级在民主政治中的中心位置。主要由资本的所有者和工人构成的资本主义社会结构更有利于民主的发展。资产阶级或有产阶级依靠市场竞争来赚取利润,成为民主的推动者,并在不断完善的过程中促进了资本主义的发展与繁荣。③

二、自由主义民主不具有普适性和终极性

作为当代西方主流思潮的自由主义,极力宣扬西方的民主价值观念和民主政治模式在世界上具有普遍性的意义,最有力的证明就是苏联解体后,西方自由主义者提出"历史的终结",但是历史的发展似乎没有他们想得那样简单。苏东社会主义的崩溃并不意味着资本主义自由民主的胜利。"不

①　[美]本杰明·巴伯:《基础主义和民主》,载[美]塞拉·本哈比编:《民主与差异:挑战政治的边界》,黄相怀、严海兵等译,中央编译出版社2009年版,第362页。
②　[美]约瑟夫·熊彼特:《资本主义、社会主义与民主》,吴良健译,商务印书馆1999年版,第431页。
③　美国著名现代化理论家巴林顿·摩尔根据英国、法国、美国、德国、日本、俄国以及中国的农业阶级的资本主义化程度而得出"没有资产阶级,就没有民主"的著名论断,成为国际社会科学研究民主化的一个重要标杆。见巴林顿·摩尔:《民主与专制的社会起源》,拓夫译,华夏出版社1987年版。

久前,在一片喧嚣声中我们被告知自由民主已经取胜,历史已经终结……
'世界新秩序'的预言、普遍价值的胜利、'后传统的'同一性的普退化都没
有实现,相反,我们看到的是诸多排他主义的爆发以及不断增长的对西方普
遍主义的挑战。"①自由主义民主一再推行一种明显带有普遍主义诉求的逻
辑。自由主义把世界按照是否是自由主义国家的标准一分为二,声称自由
主义民主是"真正"的民主,非自由主义民主则被冠以"专政"与"独裁"的
名称。对于社会主义国家的民主理论,自由主义一概笼统而武断地"宣布"
为专制政体。"所有自称共产主义,或自称正向共产主义前进的政体,都是
专政体制——这是共同的结构性特征……"②由此,自由主义民主似乎成了
一种前进的标准,而前进的方向就是要将所有的国家都囊括进自由主义民
主圈。这种将当代的盎格鲁——美洲政治制度当作是全人类的民主理想的
观念必须加以批判与否定。一个国家走向政治秩序重要的不是民主的形
式,而是民主的质量。"自由主义理论证明了一种社会秩序的正当性,而这
种社会秩序的宝贵成就——较高的物质生活水平和一种人们的私生活免受
强制性侵犯的自由权——是以国家和经济中的无责任权力史无前例的积累
为代价取得的。"③自由主义过于美化资本主义民主政体,往往蒙蔽了人们
对自由主义国家不足的认识。这种自由民主以抽象的个人权利为本,并将
其定义为建立特定制度和形式的基础。"在这里,促进民主的动力也是抑
制民主的力量,它反对那些坚持认为民主化与权力和财富体制的改变相关,
从而想以此转变统治关系的努力。"④自由主义民主理论没有触及资本主义
社会中已存在的权力核心。尽管代议制政府的机构和程序包含了现代民主
的要素,但它们远非民主的一切含义。自由主义民主严重地弱化了立足于
平等的公民自治与参与、公民意识以及共同体意识,成为一种为资本与富人
辩护的理论。这种以抽象的个人权利为基础的民主理论不仅不具有其提倡
的普遍性,而且已成为拓宽和深化民主革命的障碍。

　　自由主义民主观的这种"话语霸权"是对民主形式多元化的否定。实
际上,人们对民主的理解是由他们所归属的文化与传统、他们所赞成的意识
形态以及他们希望获取的理想和物质利益所决定的。在政治思想史的历史
长河中,自由主义的价值与其说是为人的自由与尊严提供了一种系统与有

　　①　[英]尚塔尔·墨菲:《政治的回归》,王恒、臧佩洪译,江苏人民出版社2001年版,第1页。
　　②　[美]乔·萨托利:《民主新论》,冯克利、阎克文译,东方出版社1998年版,第531页。
　　③　[美]塞缪尔·鲍尔斯、赫伯特·金蒂斯:《民主和资本主义》,韩水法译,商务印书馆2003
年版,第227—228页。
　　④　[英]苏珊·马克斯:《宪政之谜》,方志燕译,上海译文出版社2005年版,第75页。

效的解说,不如说来自特定的文化和社会环境造就了的一种特定类型的意识形态。一旦人们按照自由主义的传统将民主界定为"保护个人自由",那么"社会主义的社会也就不可能是民主的"①。这就相当于说,对于一群特定的人来说,什么是民主取决于他们独特的历史条件、智慧与信仰。民主,一方面是用以应付多元性的一套程序,另一方面,也是对一种共存模式的价值观的固守。现代民主政治的活力正是存在于个人身份与公民身份或自由原则与平等原则之间的张力之中。就普遍性而言,民主具有某些特定的核心要求,是一种属于全人类的理想;就特殊性而言,民主又必须落实到具体的文化背景中,不同的国家和地区都以各自独特的方式践行民主,而不仅仅是某个或某些国家的政府形式。在很大程度上,民主概念的价值就在于,它能发挥批判现行体制、促进变化的作用,而这完全有赖于我们能否坚持自治和政治平等的理想。"民主的失败与遗漏并不是对承诺的违背而应被注销;相反,它是一个永远在被执行的承诺,没有完全履行完毕的那一天。"②民主是一个永远在接受矫正的东西。

三、社会主义民主具有自身的优势和特点

民主与社会主义具有本质的联系。③ 社会主义从一开始就与民主理想有一种本质性的内在联系。"有一点是确定的,社会主义应该是民主的,否则就不是社会主义。"④社会主义民主是一种具有自身正当性的民主形式。在阿克顿勋爵看来,民主与社会主义更具有亲和力。由于社会主义主张,不剥夺人们的财富,就不可能剥夺财富带给人们的权力。在这个意义上讲,平等导致社会主义。因此,"社会主义是自由的最坏的敌人"⑤。在许多自由主义者看来,社会主义与民主有着天生的亲缘性。"东方与西方的政治文化存在相当重大的差异。东方国家往往强调群体一致性和集体富裕的价值,而西方国家则重视个人自由和公民自由。东方国家同样较大程度地接受或期望政府应该成为公众利益的监护人,以证明国家对市场、公共道德的提升以

---

① Friedman, *Capitalism and Freedom I*, Chicago: Universiy of Chicago Press, 1962, p.8.

② Bobbio, N., *The Future of Democracy: A Defence of the Rules of Game*, Bellamy, R. (ed.) trans. Griffin, R, Cambridge: Polity Press, 1987, p.18.

③ 对于这一问题,笔者曾经进行过一些思考,参见《社会主义民主之优越性探析》,《天津行政学院学报》2009 年第 2 期;《实质民主与形式民主之争》,《云南行政学院学报》2009 年第 5 期。

④ Nicos Poulantzas, "State, Power, Socialism", *New Left Books*, London, 1978, p.265.

⑤ [英]阿克顿:《自由与权力:阿克顿勋爵论说文集》,侯建、范亚峰译,商务印书馆 2001 年版,第 383 页。

及个人行为准则的控制等方面的干预是合理的,这些在西方往往被看成是政府非法干预本应属于个人的隐私……这种对最小政府之优点的偏好在东方不被接受。同样,个人自由也没有集体利益的社会融合的地位高。"①

超出狭隘政治意义的和形式上的民主,创造一个完全民主的社会是社会主义民主的目标。马克思主义经典作家都把民主当作社会主义政治规划的一个本质部分,从价值层面观察和思考民主问题是马克思主义民主学说重要的研究路径之一。马克思站在"从政治解放走向人的解放"的思想高度所进行的关于"民主的真正意义"的分析是对资本主义民主是以"不平等为目的的平等"进行形式上的制度化的超越。

（一）人民是社会主义民主的权力主体

社会主义民主理论把人民和人民的意志视为政体或者政策或者行动合法化的根基。马克思在谈到民主制时,就指出民主制是一切国家制度的本质,而人民是一切真正民主的主体。"在民主制中,国家制度本身只表现为一种规定,即人民的自我规定……是人民的国家制度。民主制是一切形式的国家制度的已经解开的谜"②。在马克思看来,一切国家形式都以民主为自己的真实性。"在民主制中,国家制度、法律、国家本身,就国家是政治制度来说,都只是人民的自我规定和人民的特定内容。"③社会主义民主就是通过多数人的统治保障公民权利得到平等实现的国家形式。人民直接治理自己是对民主的原初的理解,在现代广阔的和人口众多的社会中,人民通过选举自己的代表来进行统治已成为民主的更为普遍与现实的内涵。在代议制的实践中,除在选举过程之外被代表的人民对他们的代表的行为不具有任何实质性的影响力,也就是说,对代表的普遍控制非常微弱。"因而,对某些人而言,代议制民主的优点正好是约束和限制了普遍权力,甚而在英国,意味着统治权的保留是在代议制度中而不是在人民自身,抛开这些不谈,为代议制民主而辩护的主要论点本来就是注重实效的:在那些公民太多太分散而不能集中到一个地方的大的社会中,实行它就是最佳的。"④即便

①　[美]詹姆斯·F.霍利菲尔德、加尔文·吉尔森主编:《通往民主之路:民主转型的政治经济学》,何志平、马卫红译,社会科学文献出版社2012年版,第218页。
②　[德]马克思:《黑格尔法哲学批判》,载《马克思恩格斯全集》第3卷,人民出版社2002年版,第39页。
③　[德]马克思:《黑格尔法哲学批判》,载《马克思恩格斯全集》第3卷,人民出版社2002年版,第41页。
④　[英]安东尼·阿伯拉斯特:《民主》,孙荣飞、段保良译,吉林人民出版社2005年版,第121页。

我们推断出代议制民主是最好的并且在现代环境中是能实现的,包含在现存政治序列中的代表原则的思想仍是远非全面和有效的。民主的古老而宽泛的定义还远未过时,它能够弥补代表制的缺陷。

对真正的民主制的基本要求是人民应当被授予充分的权力,能够真实有效地参与国家的治理。这就涉及在一个民主社会中,对人民的正当角色给予一个充分的解释。人民如何更积极地发挥作用? 在自由主义的政治理论中,人民的角色被限定在投票者这一单一的角色。"在任何合理的'民主'概念中,人民是一个必要的关键因素。说一个国家或政府、政体或社会确实是民主的或者'在最后分析意义上'是民主的(尽管它可能看起来不太合理)任何一种声明都必须包括这样一个含义,即关注中的政府、政体或国家在这个或那个角度上是服务于或代表人民的;人民的'真正'意志通过政府、政体或国家得以表达,或者说人们支持政府、政体或国家,尽管这种支持没必要通过类似选举的形式来验证。"①一切权力属于人民是马克思主义民主观的本质特征。作为一个社会统一体的人民成为国家的主人,全部政治权力回归社会。马克思对民主的经典论述至今体现了伟大的政治智慧,"在民主制中,国家制度本身只表现为一种规定,即人民的自我规定。在君主制中是国家制度的人民;在民主制中则是人民的国家制度。民主制是一切形式的国家制度的已经解开的谜"②。民主制是国家的最终形式,民主的真正内涵就是人民的意志在国家制度中得到体现与实行。"在马克思看来,民主制度能揭示神秘的真理,揭示了所有制度的解决了的谜,因为人民是所有上层建筑的根源和创造者,因为只有人意识到自己是长期以来他在其中被异化的所有制度的主人和拥有者的时候,他才能到达真理和意识到这种真理。"③人民民主捍卫了民主作为理想的特性,是民主精神的复归。社会主义民主对特权和权力领域的批判比自由主义式民主所赋予的一种用来选择民族国家政府工具的辩护更加具有现实意义。

(二) 政治平等、经济平等与社会平等的统一

平等是民主理念的基础。民主总是习惯性地被其敌对者和批评者还有赞成者与社会平等的原则联系起来。自由主义者主张法律面前人人平等,

---

① [英]安东尼·阿伯拉斯特:《民主》,孙荣飞、段保良译,吉林人民出版社 2005 年版,第13—14 页。

② [德]马克思:《黑格尔法哲学批判》,载《马克思恩格斯全集》第 3 卷,人民出版社 2002 年版,第 39 页。

③ [法]雷蒙·阿隆:《论自由》,姜志辉译,上海世纪出版集团 2007 年版,第 13 页。

并通过确立一人一票来体现政治平等的原则。"美国在安排权力结构时，只重视所谓的政治民主，只强调在言论自由、竞争自由等方面的平等，并用这些方面的平等遮盖在财产占有方面的不平等和由这种不平等而导致的实际社会生活各个方面的不平等，这是它的最大缺陷，也是这种民主资本主义性质的集中体现。"①在经济资源、机会以及处理和理解信息能力等方面存在的严重不对称，影响了公民有效参与政治生活的能力和机会，使得手中掌握大量资源的资本所有者足以生产出各种有利于他们的"人民的意志"。大多数与民主有关的文献，特别是带有自由主义标签的文献，都装着没有看到下面这一幕：政治权力与财富相互关联的特征使得普通民众被排斥在资本势力之外。"他们通过选举权和被选举权的财产资格的限制，使选举原则成为本阶级独有的财产。平等原则又由于被限制为仅仅在'法律上的平等'而一笔勾销了，法律上的平等就是在富人和穷人不平等前提下的平等，即限制在目前主要的不平等的范围内的平等，简单地说，就是简直把不平等叫作平等。"②政治上的形式平等与社会地位的高度不平等之间的矛盾显示出这是一种有限的平等原则，导致民主的根基很可能会被深深地掏空。社会主义者认为，自由主义在理论上将自由的人区分为财产所有者和公民的主张以及在实践中建立的只能是公民权利在形式上的平等，法律面前人人平等还需伴之以更加广泛的机会均等和收益平等。

生产资料公有制的主体地位与利益关系这一社会主义特定的经济关系决定了人民在社会主义民主中的主体地位。人民享有平等的经济地位保障了平等原则从政治扩展到经济与社会秩序的领域。马克思主义认为在建立与促进民主发展的条件中社会——经济环境是最为重要的条件。这是因为社会的生产和分配方式与统治方式之间存在着密切的联系。经济上的巨大鸿沟，信息资源和处理能力上的严重不对称给政治精英提供了多种赚取选票的策略和方法。"财富和经济上的不平等是政治不平等的一种形式，这与被表述为'人人皆有投票权'口号的政治平等的原则是相矛盾的。例如，报纸、电视台和广播频道的所有权和支配权从某种角度来说完全是经济权力的一种形式，它们通过购买这类商品来获取，与其他任意一种私人所有权的取得一样。但是明白无误的是，媒体的所有权也是政治权力的一种形式，并为其所有者作为政治权力所使用。单个的个人所有的投票权与这些拥有此

---

　　① 刘国平：《美国民主制度输出》，社会科学文献出版社 2006 年版，第 56 页。
　　② ［德］恩格斯：《德国状况》，载《马克思恩格斯全集》第 2 卷，人民出版社 1957 年版，第 648 页。

类影响乃至决定政治结果的权力的人比较起来,在参与政治的形式中是那么的微不足道和毫不相关。"①严重的经济和社会不平等孕育了影响和权力,并在一定程度上呈现出政治特征,只能形成一种形式上的民主。

社会主义者是用经济语言来证明其民主的合法性,其论证的逻辑即是社会主义在社会经济结构中主张生产资料占有、生产和分配都要兼顾平等的方式,确立人民在生产关系中的平等地位。"平等问题直接牵涉到民主问题,后者必须处于所有社会主义复兴运动的核心。这并不仅仅是出于苏联的原因。倘若这一经验让我们想起所谓的'形式自由'的重要性,那么,简简单单的恢复这些自由也是不能让我们满足的……假如我们想要人民在一个截然不同的社会里获得权力,那么,我们不但需要平等主义,也要全方位地改造民主。"②民主政体是建立在政治和法律平等的基础之上的,而政治和法律的平等又是以公有制为基础的。"民主原则内部有一个趋向社会主义的逻辑。民选政府发现向大型私有公司的愿望弯腰是必需的,极大形塑公共意见的媒体能够被百万富翁们买来卖去,被他们看作只不过是一些私有财产(当然情况也确实如此),这个事实证实了一个积极和有效的民主要和垄断性资本主义共存是多么地困难。"③社会主义者认为,建立在生产资料的私有制基础上的政治权利只能产生形式的平等,以生产资料私有制为基础的经济权力的集中限制和制约民主扩展的范围与程度。社会主义民主的性质以及其实现的范围与程度是由自身的经济制度与社会体系决定的,为民主的发展提供了基础性的条件。

(三) 集体主义为基本政治价值取向

集体主义是一种与个人主义相对立的社会主义的主导价值观,社会整体被视为有机体或决定性结构。马克思的政治思想是建立在对个人主义尖锐批判之上的。自由主义"任何一种所谓的人权都没有超出利己的人,没有超出作为市民社会成员的人,即没有超出作为退居于自身,退居于自己的私人利益和自己的私人任意,与共同体分隔开来的个体的人。在这些权利中,人绝对不是类存在物,相反,类生活本身,即社会,显现为诸个体的外部框架,显

---

①　[英]安东尼·阿伯拉斯特:《民主》,孙荣飞、段保良译,吉林人民出版社 2005 年版,第 112 页。

②　[美]丹尼尔·辛格:《谁的新千年》,曹荣湘等译,中国人民大学出版社 2002 年版,第 135 页。

③　[英]安东尼·阿伯拉斯特:《民主》,孙荣飞、段保良译,吉林人民出版社 2005 年版,第 142 页。

现为他们原有的独立性的限制。把他们连接起来的唯一纽带是自然的必然性,是需要和私人利益,是对他们的财产和他们的利己的人身的保护"①。以个人权利为核心的自由主义把人特定的活动和社会性降低到个体意义,漠视了人的社会性。狭隘的原子型"个人"成为国家的基础与前提。"为什么他的权利称作人权呢?我们用什么来解释这个事实呢?只有用政治国家对市民社会的关系,用政治解放的本质来解释。"②政治解放使社会成员摆脱了受压迫、受奴役的境况,获得了自由。人的解放运动,一方面把个体的人归结为市民社会的成员,将宗教的信仰、经济上的活动等同政治生活分离开来,变成排除公共强制的私人领域;另一方面把个体的人归结为公民,现代的人权一部分属于公民权利的范畴,是建立在人与人分离的基础之上的。政治权力和国家从原先浑然不分的社会中抽象或分离出来。"只有当现实的个人把抽象的公民复归于自身,并且作为个人,在自己的经验生活、自己的个体劳动、自己的个体关系中间,成为类存在物的时候,只有当人认识到自身'固有的力量'是社会力量,并把这种力量组织起来因而不再把社会力量以政治力量的形式同自身分离的时候,只有到了那个时候,人的解放才能完成。"③

在马克思主义者看来,个人的权利只有置身于一个社会的共同体中才具有真实的内涵。同时,人们之间有某种超越个人利益之上的纽带,即共同利益。"构成马克思主义与资产阶级思想的决定性分歧的,不是经济动机在阐述历史时的首要性,而是关于整体性的观点。整体性范畴,即整体无处不高于局部的普遍优越性,是马克思承袭黑格尔的方法的精髓……整体性范畴的这种首要地位是科学中革命原则的体现者。"④马克思主义者是按照社会关系从整个社会平等的社会成员出发,而非从特定的个人来描述人类的活动。社会主义在认识人的本质上的一个巨大进步就是把人回归于某种实质性价值的共同体观念,把民主理论的研究建立在人的社会性的本体论之上。马克思主义在一个通过人民自己的实践而形成的广阔的社会领域里论证与构建民主,指出在自由主义话语里被看作是独立于国家的私人领域,实际上是统治的领域。

社会主义民主是建立在集体主义基础之上的。集体主义是社会主义价

---

① [德]马克思:《论犹太人问题》,载《马克思恩格斯全集》第3卷,人民出版社2002年版,第184—185页。

② [德]马克思:《论犹太人问题》,载《马克思恩格斯全集》第3卷,人民出版社2002年版,第182页。

③ [德]马克思:《论犹太人问题》,载《马克思恩格斯全集》第3卷,人民出版社2002年版,第189页。

④ G.Lukacs, *History and Class Consciousness*, London, 1971, p.27.

值观的核心。马克思主义政治哲学"倡导忠诚而不是自身利益,提倡履行责任而不是享有权利,而且这种要求除了使人抱着只有通过服务于比自己更伟大的事业,个人的私生活才会有意义之外,并不提供任何补偿"[①]。集体主义这种传统具有经久不衰的政治价值观,认为社会是一个共同体,这个共同的利益既非各个特定集团的利益的联合和妥协,也不是可以以功利主义的方式与作为个人来行动的各个个体选择的叠加。集体主义把个人置于集体利益之下,强调国家利益在利益系统中占据主导地位,在一定程度上成为一切社会利益的最终依归。

(四) 社会主义民主扩展到经济与社会领域

在评价一个社会的民主时,民主的范围是衡量其程度和质量的一个有效的标准。社会主义和自由主义之间存在巨大分歧的一个领域乃是经济领域,即民主问题是否属于且应当仅属于政治领域。"马克思的解放哲学的伦理基础是民主(像马克思年轻时候所公开表达的一样)。资本主义发展的缺陷是,它剥削和压迫工人并产生不平等,也就是说,它是不民主的。社会主义的优越性是,它结束剥削和压迫并给工人支配自己生活的权力,也就是说,它将使经济领域民主化。"[②]在批判自由主义民主理论局限性的基础上,社会主义的重要表征在于,主张在经济领域确立与政治平等相对应的资源和权力的广泛的均等配置,实现人民政治自由和经济与社会能力的真正自由。民主的原则不仅局限于政治领域,而且适用于更广泛的范围,比如工会和生产者合作社等多种团体和组织的内部管理。"社会主义的民主要求既然是针对资本主义的种种压迫提出来的,那么社会主义民主(自治)的范围就应该包括所有可能存在统治和压迫的权力关系领域。"[③]社会主义民主理论在批判自由主义民主理论局限性的基础上,提出把民主扩展到经济与社会领域,提出经济民主与社会民主等,对民主的范围作出更深入的思考与回答。政治民主与经济民主(社会民主)[④]的区分甚至有意识形态的色彩。

---

① [美]乔治·霍兰·萨拜因:《政治学说史》下册,刘山等译,商务印书馆1986年版,第829页。

② [美]道格拉斯·拉米斯:《激进民主》,刘元琪译,中国人民大学出版社2002年版,序第2页。

③ 马德普:《自治与参与——论作为目的的社会主义民主》,《政治学研究》1996年第2期。

④ 一般来说,社会民主是指用民主来描述社会诸种关系和范围,包含着比经济民主更为广泛的内容。但是许多学者也在同一意义上使用二者,并且在大多数情况下使用经济民主。社会民主或经济民主是指"任何一种旨在缩小社会经济差别(特别是由于私人财产分配不均而产生的社会经济差别)的政治或社会体制"。见《简明不列颠百科全书》第六卷,中国大百科全书出版社1986年版,第5页。

"他们中的某些人是在为政治民主而战,另一些人则是为社会民主而战……后者则断言:'没有平等,民主是不可想象的,而且任何不打算实现社会、经济地位平等的制度都不是民主制度'。"①无疑,这带有从意识形态的立场出发来观察经济民主的色彩。

就民主理论的范畴而言,经济民主已经成为社会主义民主理论的重要组成部分,它应当与工作场所的权力配置相关联。经济民主,即工人通过民主的形式来参与决策,分享劳动成果,而不应仅仅是劳动者的福利问题。在这一意义上,经济民主理论是制约富人的权力的一种理论。"生产场所的斗争(即便是其中的经济方面,如关于出卖劳动力的条件或工作条件的斗争)只要还没有扩展到资本主义财产及其对生产和占有的支配所最终依赖的权力所在地,就仍然是不完整的。同时,只有夺取统治权和管辖权的纯'政治'斗争不仅牵连到国家机构,而且还涉及到已经被私有化并转移到经济领域的政治权力时,这种斗争才能完成。在这种意义上,正是资本主义经济与政治的分离——阶级与国家之间共生的劳动分工——使得经济斗争和政治斗争的统一成为必需的,并且使社会主义和民主成为同义语。"②建立在生产资料私人占有的基础之上的西方政治制度并不像人们想象的那样民主,企业内部经济民主的缺乏对自由主义民主理论提出了质疑。民主原理"不仅或主要运用于社会行动的特殊领域如人们所熟悉的'政治领域',而且也应当运用于任何一种社会行动的领域,特别是像运用于政治事务那样充分运用于工业和经济领域"③。经济民主是以工作领域的民主为基本内涵,以工人自我管理为特征,让与企业生产有关的人在日常的生产中主动地参与产品的市场定向与管理,对投资和生产的民主控制,保障工人的福利等等。"经济民主化的主要命令是清楚的——工作场所的民主,民主的经济计划,共同体获得资本的进路……民主的工作场所的逻辑是生产单位中的民主决策将用民主的参与和信誓取代无责任的等级制。人们因之可以希望通过减少实施成本对更有效率的生产体系作出贡献,以及支持参与的学习环境和自治的民主共同体。"④可见,经济民主是对社会的经济结构的一种

---

① [意]萨尔沃·马斯泰罗内:《欧洲民主史——从孟德斯鸠到凯尔森》,黄华光译,社会科学文献出版社2001年版,第419页。

② [加]艾伦·梅克森斯·伍德主编:《民主反对资本主义——重建历史唯物主义》,吕薇洲等译,重庆出版社2007年版,第47页。

③ Cole,G.D.H.,*Guild Socialism Restated*,London:Leonard Parsons,p.12.

④ [美]塞缪尔·鲍尔斯、赫伯特·金蒂斯:《民主和资本主义》,韩水法译,商务印书馆2003年版,第264页。

民主化处理,它在维持政治民主的同时,有助于培育具有参与意识和经验的公民,体现了迈向更民主的社会的关键一步。

（五）社会主义民主是目的与手段的统一

实现全人类的解放是社会主义的最高价值追求。民主在社会主义思想体系中是一种肯定性的价值,同时,它也是人类社会实现自身解放的途径。社会主义民主既是目的,又是手段。"工人革命的第一步就是使无产阶级上升为统治阶级,争得民主。"[①]民主实际上是上升为统治阶级的无产阶级实现政治利益的工具。"但是在运动进程中它们会越出本身。"[②]无产阶级在消灭资本主义社会的旧的生产关系的同时,也就消灭了生产资料的私有制。"代替那存在着阶级和阶级对立的资产阶级旧社会的,将是这样一个联合体,在那里,每个人的自由发展是一切人的自由发展的条件。"[③]民主成为无产阶级获得解放的物质条件的手段。

民主是社会主义的价值取向之一。"作为目的就是说,社会主义民主不管有什么样的功利后果,其本身就是值得追求的,也就是说它本身具有内在的价值。而作为手段则不同。手段的价值是它的外在价值,即该事物对于其他事物的价值。社会主义民主作为手段就是意味着,它的存在和发展还要以能否促进其他价值目标的实现为转移。"[④]社会主义民主通过实行生产资料公有制克服了私人占有制所导致的不平等,并且在实际平等原则的基础上成功地建立了真正的民主政治。实质的平等和充分的政治参与以及政治共同体的归属意识等因素是社会主义民主理论中的基础因素。"从这个意义上说,平等和参与的逻辑无疑导致社会主义,正如个人主义和擅取的逻辑无疑会导致资本主义一样。不是所有的社会主义都是民主的,但是任何真正的民主社会恐怕都会是社会主义的。"[⑤]这是对资本主义民主是以"不平等为目的的平等"进行形式上的制度化的超越。马克思将民主看作是无产阶级追求的一种政治价值。在夺取政权之前,广大劳动人民是在努

---

① 　[德]马克思、恩格斯:《共产党宣言》,载《马克思恩格斯选集》第1卷,人民出版社1995年版,第293页。
② 　[德]马克思、恩格斯:《共产党宣言》,载《马克思恩格斯选集》第1卷,人民出版社1995年版,第293页。
③ 　[德]马克思、恩格斯:《共产党宣言》,载《马克思恩格斯选集》第1卷,人民出版社1995年版,第294页。
④ 　马德普:《自治与参与——论作为目的的社会主义民主》,《政治学研究》1996年第2期。
⑤ 　[美]艾伦·沃尔夫:《合法性的限度——当代资本主义的政治矛盾》,沈汉等译,商务印书馆2005年版,第22页。

力争取法律形式上规定的民主权利。工人阶级政权的建立和社会主义制度的确立,为无产阶级实现民主真正奠定了现实的政治经济基础。①

随着马克思主义思想的不断发展,特别是社会主义国家的建立,形式上的、法律上的平等和政治民主与经济上的生产和分配制度之间的关系成为社会主义与自由主义学术争论和意识形态政治斗争的主要话题之一。对于社会主义建设来说,民主是一个必须达到的目的,社会主义民主在定义上不仅仅是扩展与超越资本主义民主的形式,同时还包含了生产关系的变迁。正如鲍勃·雅色普主张的,民主斗争意味着不仅要加强资产阶级民主政治形式的应用,而且,还要把潜在的"根本的社会关系"包括进去,特别是,"民主的实现要求重组生产关系以消除政治自由中以阶级为基础的不平等"②。社会主义民主从根本上消除了自由主义民主因财产占有的不平等而带来的实际民主权利的不平等,并在实际平等原则的基础上建立真正的实质性的民主。

（六）丰富民主形式,推进民主的深入发展

民主的真正内涵就是人民的意志在国家制度中得到体现与实行。在对民主政治实践形式的认识上,中国必须破除把竞争性选举当作民主唯一标准、把代议制民主看作实现人民当家作主唯一形式的思想误区。社会主义协商民主是中国式民主道路的新发展。③ 实现协商民主的关键在于规范性与制度性之间保持某种有效的张力,并能够使二者有机结合。社会主义协商民主是我国在推进广泛的人民民主过程中的一种优先选择和全新实践。

选举是现代民主形式。"当民主被简化为民众的赋权过程或权力的合法性获得过程的时候,选举自然成为民主的主要表现形式。然而,选举并不

---

① 参见俞可平:《思想解放与政治进步》,社会科学文献出版社 2008 年版,第 172—174 页。

② 鲍勃·雅色普《民主政治的不确定性》,载阿兰·亨特主编:《马克思主义与民主》,伦敦 1986 年版,第 63 页,转引自[加]艾伦·伍德:《新社会主义》,江苏人民出版社 2005 年版,第 158 页。

③ 从理论来源而言,协商民主理论兴起于 20 世纪 80 年代的西方国家。在西方学术界,1980 年,美国学者约瑟夫·毕塞特在《协商民主:共和政府中的多数原则》一文中首次从学术意义上提出了"协商民主"这一概念。在 90 年代后期逐渐形成了理论研究的热潮,协商民主理论成为当代西方民主理论研究和民主实践的前沿领域。西方协商民主理论发端于自由民主制的消极应对,兴起的背景主要是既有的以选举为特征的传统代议制民主理论无法有效地解决民意虚置、"多数暴政"、民众政治冷漠、社会不公正以及多元文化冲突等方面的问题。为了有效地解决这些问题,人们在反思代议制民主缺陷的基础上,提出了多种多样的协商民主理论与实践形式。像罗尔斯、吉登斯、哈贝马斯等人都是协商民主的积极倡导者。西方的协商民主理论是自由主义民主理论的一种发展和变形,在一定程度上是对自由民主理论的一种完善和超越,力图用新的制度设计弥补传统民主理论和制度的缺陷。西方学界对协商民主理论和实践的研究开始对中国民主理论和结合自己已有民主形式的经验研究产生了影响。可以说,中国的政治协商理念和实践先于西方协商民主理论而产生,但与西方协商民主理论又有着某些共同之处。

能因此取代甚至消除协商在民主实践中的基础地位,即协商是民主的最基本的实现方式。"①民主作为一种治理结构,不应仅仅被理解为竞争性的民主选举,它还包括政治参与、协商民主和民主决策等。尽管协商民主理论起源于西方,但是,中国在实践层面却有比较深厚的基础,早在民主革命时期中国共产党在根据地实行"三三制"政权建设,毛泽东就提出:"我们一定要学会打开大门和党外人士实行民主合作的方法,我们一定要学会善于同别人商量问题。"②新中国成立初期就形成了中国共产党领导的多党合作和政治协商制度,人民政协是我国实行协商民主的主要渠道之一。李君如就曾经指出,对中国来讲,"中国人学会选举(票决)民主是近代以来的事情,而且现在我们还不是很成熟,还在继续完善。而中国人对协商民主是有悠久传统的"③。中国特色的政治协商在实践中形成了听证会、民主评议会、民主恳谈会等多种形式。作为中国协商民主典型案例的"温岭模式"是以浙江省温岭市建立的基层群众民主恳谈、参与式预算恳谈制度等为代表的群众政治参与形式和基层自治形式。几乎与温岭民主恳谈同时产生的还有"城市版"协商民主形式,即 1999 年上海市卢湾区基层组织在群众自我创造基础上,发展形成的包括决策听证会、矛盾协调会、政务评议会、群众事务代理制度在内的"三会一代理"工作法。④ "除了基层协商民主的'温岭版本''上海版本'以外,还有'四川版本'和'河南版本'等形式,如成都市在基层民主建设中形成了包括党的常委会(全委会)、人大常委会和政府常务会在内的'三会'开发制度,河南省邓州市建立'四议两公开'制度,使党内民主和基层协商民主相结合,确保群众对涉及切身利益事物的决定权。"⑤在基层群众中开展协商可以保证群众有序的政治参与,保障基层民众的权益,为中国走向民主化之路提供了新视角。在执政党的十八大报告中明确地提出"健全社会主义协商民主制度",把作为一种新的民主形式的协商民主归纳并上升到与选举民主并行的制度层面,这在全国党代会上还是第一次,为深化政治体制改革写下浓重一笔。

---

①　林尚立:《政党制度与中国民主:基于政治学的考察》,见谭君久:《中国式民主的政治学观察》,西北大学出版社 2010 年版,第 69 页。

②　《毛泽东选集》第三卷,人民出版社 1991 年版,第 810 页。

③　李君如:《协商民主:重要的民主形式》,《文汇报》2006 年 7 月 27 日。

④　参阅杨光斌等:《中国民主轨迹与走向(1978—2020)》,中国社会科学出版社 2015 年版,第 175—179 页;王琪:《"三会"制度的实践与思考》,《上海党史与党建》2007 年第 11 期。

⑤　杨光斌等:《中国民主轨迹与走向(1978—2020)》,中国社会科学出版社 2015 年版,第 179 页。

四、社会主义民主面临着借鉴与超越的双重任务

社会主义民主与资本主义民主是当今世界并存的两种民主政体。"众所周知,当今世界上存在着两种主要的社会思想体系,一种是马克思主义,另一种是自由主义。前者是社会主义国家的指导理论,后者是资本主义世界的主流思想。自由主义思想是一种与马克思主义理论相对立的社会意识形态体系,这两种截然不同的思想体系代表着人类两种不同的前途。"①对于社会主义民主与资本主义民主或自由主义民主二者的关系,长期以来没能够得到合理的认识,从而对于双方的民主建设都失去了一个"挑剔"的批评者。可以说,资本主义一旦失去了社会主义这一外部竞争的对手,也就缺乏了约束和改进自己制度的意志和动力。而社会主义则需要在批判资本主义民主局限性的同时,合理地借鉴人类的一切政治文明成果,以更快、更好地发展社会主义民主。"如果人们把自由主义看作是一种关于作为资产权力的自由的理论和实践,那么,废除它是不费力的;但是,如果人们把它看成是限制或制约国家权力的理论和实践,那么我们就肯定难以对此置之不理……因为,作为做某种事情的权力的自由仅仅与那些有幸掌握这个权力的人有关连,而作为不受干涉的自由则与所有人有关系。"②如果马克思主义者过于追求意识形态的批判而疏于对资本主义民主的系统研究,必然会影响我们对资本主义民主客观公正地评价和对其有益成果的积极借鉴,从长远来看必定会影响到社会主义民主的发展与完善。

在世界范围内,社会主义民主的理论与实践还不够成熟。社会主义国家民主实践经历了一些挫折,这也许是更为重要的,使得社会主义民主的传统话语失去了信仰。在这样的历史境况下,社会主义的民主的可能性与现实性遭到否定。特别是在第二次世界大战以后,资本主义与社会主义在强大的意识形态氛围中对于彼此的政治体制存在一种自我优越感,从而极端地否定另一种民主形式。"马克思主义者总是抹煞资产阶级民主政权和极权主义政权的区别。由于认为前者是一个多少是具有镇压性质的阶级政权,而这种镇压性质又完全是合法的,这就常常容易使马克思主义者产生一种不切实际的和危险的观念,认为把民主政权和极权主义政权加以区别没

---

① [奥]路德维希·冯·米瑟斯:《自由与繁荣的国度》,韩光明等译,中国社会科学出版社1995年版,第1页。

② [意]德拉-沃尔佩:《卢梭和马克思》,赵培杰译,重庆出版社1993年版,第54—55页。

有多大的重要意义,或者没有'实质上的'重要性。由于害怕不这样看将使得对阶级局限性和资产阶级民主固有的缺点进行不妥协的批判更加困难……"①密利本德对马克思主义者的这些批评不见得就是完全正确的,但是他确实是指出了在马克思主义政治理论的构建中没能对资本主义民主制度进行很好的解释和研究。社会主义民主本质上比资本主义民主更优越,但需要向资本主义民主学习和借鉴以完善和发展自己。"正如社会主义社会可以利用社会主义革命前形成的生产力那样,也正如社会主义文化可以继承前人创造的所有文化珍品那样,在政治领域里,社会主义社会也应当利用人类在以前全部历史发展进程中所创立的许多民主准则和惯例。"②社会主义民主不能照搬资本主义民主的具体模式,但应对资本主义民主为现代民主创建的一般原则和提供的普遍形式加以肯定、吸收和继承。"自由民主的矛盾结合中有一些因素是很有价值的。其中许多因素都是从自由主义同专制国家的斗争中继承下来的历史成果,任何一种形式的社会主义都承担不起将其抛弃掉的代价。"③建立了先进的社会制度,确立了广大人民的国家主人的地位,并不意味着能够立即实现高度的民主,并不等于广大人民已经充分普遍地行使了国家主人的权力。高度的民主还需要通过完善的体制和合理的机制来实现,需要健全的法律规范和相应的物质设施来保证,需要广大人民良好的民主素质和主动的参与精神来支撑。"社会主义所提供的民主是一种旨在使共同体的政治生活与经济生活重新结合起来的民主,这种民主首先是指它隶属于生产者本人民主的自我决定。"④先进的社会制度只有通过促进社会经济政治文化的高度发展,才能为高度的民主奠定坚实的基础,提供优越的条件。

马克思主义是对资本主义社会进行彻底批判的一种学说。"要从意在证明资本主义生成了所有可能世纪中的最好的世界这一独特论证中找出漏洞来并不困难,但是要证明论断本身是错误的却是另一码事了。要证明论断的错误,光是确认出资本主义的某些独特的弱点还不够(尽管是必须的),必须表明你自身的价值,即让人明白你以为'好'的、'坏'的是什么。更为要紧的是,你得提供资本主义的一个替代物,它不为资本主义所具有的

---

①　[英]拉尔夫·密利本德:《马克思主义与政治学》,黄子都译,商务印书馆1984年版,第90页。

②　[苏]罗伊·麦德维杰夫:《论社会主义民主》,史正苏译,商务印书馆1982年版,第30页。

③　[英]克里斯托夫·皮尔森:《新市场社会主义》,姜辉译,东方出版社1999年版,第226页。

④　[加]艾伦·梅克森斯·伍德主编:《民主反对资本主义——重建历史唯物主义》,吕薇洲等译,重庆出版社2007年版,第280页。

弱点、乃至更为严重的东西所困。这后一个步骤关键而又艰难。"①我国长期处于社会主义初级阶段的基本国情意味着推动民主发展的经济、社会和文化基础还比较薄弱。由于历史演化的差异及实际发展水平的不同,社会主义在向资本主义民主学习和合理借鉴人类政治文明的有益成果以完善和发展自己的同时,更为重要的是要保持自身的特色,发展、建设自己特色的民主政治,真正体现社会主义民主的优越性。我们在信守社会主义民主价值理念的同时,要构建一种符合我国社会政治条件和历史文化传统的民主理论。"绝不允许把我们学习资本主义社会的某些技术和某些管理的经验,变成了崇拜资本主义外国,受资本主义腐蚀,而丧失社会主义中国的民族自尊感和民族自信心。"②自由主义民主理论是西方文化习性的产物,不能定于一尊。民主理论的强大生命力来自它对该国家的社会、文化和经济条件的适应性,来自它与经验现实的紧密相关性。马克思主义作为社会主义的主流意识形态在今天仍然是具有活力的传统,并为社会主义民主提供了一个建设性的理论体系。在此,马克思主义更多的是作为一种探索方法,一种角度,一种宽泛的理论框架不断发挥作用。民主作为马克思主义政治学的核心价值理念,是一项永无止境的工程,必须在时刻变化的环境中被建构、解构与重建。一个合理的民主学说不仅要坚持民主的原则——在公民平等基础上的人民自治,还应当在政治实践中实现这项原则。人民民主是对民主历史遗产的继承,同时捍卫了民主作为理想的特性。正是在这一意义上,社会主义民主将坚守民主的历史承诺,高扬民主理想的追求,并在实践中兑现。社会主义民主将是人类政治里程碑上的又一飞跃。

---

① [美]戴维·施韦卡特:《反对资本主义》,李智、陈志刚等译,中国人民大学出版社2002年版,第55页。
② 《邓小平思想年谱》,中央文献出版社1998年版,第143—144页。

结语 民主时代的中国方案

如今,是民主的时代,民主化成为一股不可阻挡的历史潮流。托克维尔早在1833年就预料到了"民主将以统治力量的身份出现在世界事务中,那么广泛而且势不可挡"。20世纪以来,世界上许多国家向着民主和自由的方向迈进。可以断言,没有民主就没有未来,中国一定要走民主的道路。无论作为一种政治理论,还是作为一种政治实践,中国式民主还处于行进过程之中。现在面临的关键是怎么建设一个可行的、真实的、管用的民主,保证人民当家作主落实到国家政治生活和社会生活之中。

一、独特的民主实践:非西方民主经历
凸显中国式民主的特色

中国的民主形式必将有而且也应该有自己的特色。我们是中华民族,是中国人。现代民主理念基于代议制结构并把"人民"当作一个整体,是一个和民族国家联系紧密的统一体。中国正处于整体的转型过程中,中国式民主的特点更多的是由近四十年逐渐政治改革经验诠释和充实的,必将为人类文明的交流互鉴提供一种中国智慧。

马克思主义政党在不断思考与探索着民主问题,从以毛泽东为核心的第一代领导集体到以习近平为核心的新一代领导集体都谈到了民主的重要性。早在1945年毛泽东和黄炎培就有次著名的民主问题的对话。当年黄炎培先生在参观了延安后,向毛泽东提出了这样一个问题,中国历朝历代都没有跳出兴亡周期律,中国共产党能不能跳出历史上"其兴也勃焉,其亡也忽焉"的历史周期律。毛泽东坦然而自信地回答说:"我们已经找到了新路,我们能跳出这个周期律。这条新路,就是民主。"要用民主来打破这个周期律,是毛泽东很有名的一个论断。但是遗憾的是,"文革"走了一条曲折、错误的道路,"文革"其实在某种程度上是所谓的"发扬大民主"。我们党的执政地位不是与生俱来的,也不是一劳永逸的,其前途命运取决于人心向背。十八大以后,习近平总书记又再次提出执政周期律的问题,警告全党要清醒认识面临的执政考验的长期性和复杂性。中国的领导层注意到执政周期律的问题,就是想要解决长期执政的体制问题。王岐山在《开启新时

代　踏上新征程》一文中把全面从严治党称为"十八届党中央工作的最大亮点"。十八大以来,把全面从严治党摆上战略布局,"全面从严治党,最终目的是要解决一党长期执政条件下自我监督问题,跳出'其兴也勃焉,其亡也忽焉'的历史周期率"①。我们党要始终成为马克思主义执政党,执政本领必须始终过硬。

中国民主化道路在实践层面要坚持民主的多元性。民主作为一种政府形式或政治类型已成为现代政治的普遍形式和衡量政权合法性及社会文明程度的重要标准。"'沙漠风暴',或者说宪政民主的海湾战争,说明了借助于现代国家的权力实现民主更新,是徒劳无益的。更新的可能性来自这样的简单事实:普通公民能够在任何时刻创造出新的文化共同性范式。将精力投入到低收入家庭住房、工人在工厂的所有权、更好的教育、更好的医疗保障、更安全的水、控制有毒废物处理等千百件的事关普通人生活的事情,就等于在体验民主的时刻,并且是在发现,照料和看护作为共同关切之共同性。"②民主对于中国而言,应该是一种解决问题的方法而非问题所在。

二、可借鉴的民主经验:自由主义式
民主的理论与实践

西方是现代民主的发源地与实践先驱。自由主义作为西方占主导地位的意识形态,对民主正当性的论证具有明显的特性。美国学者弗朗西斯·福山信心满满地表示,人类历史已经达到了"意识形态演化的终点,普适性的西方自由民主成为了人类政府的最后形式"③。他认为,自由民主政体代表了人类所能探索的治理形式的最后形式,"历史终结了"。这种为"自由民主的普世化"呐喊的人并不是少数。但是,我们必须清醒地认识到,现代西方民主制度与实践是自由主义范式的民主理论在现实政治生活中的运行。"自由民主有各种各样的称谓,宪政、代议制民主、议会民主还有现代民主,但这不是像一些人想的那样,是民主模型在一个更宽广背景中的应用,当被理解为'体制'时,它关注的是社会关系的符号的秩序,因此就不仅仅是一种'政府'形式。自由民主是一种政治性的把人类共同组织起来的

① 《党的十九大报告辅导读本》,人民出版社2017年版,第18—19页。
② [美]谢尔顿·S.沃林:《变幻无常的民主》,载[美]塞拉·本哈比编:《民主与差异:挑战政治的边界》,中央编译出版社2009年版,第46—47页。
③ [美]弗朗西斯·福山:《历史的终结及最后之人》,黄胜强、许铭原译,中国社会科学出版社2003年版。

具体形式,这来自于两种不同传统的结合:一方面是政治自由主义(法治,分权和个人权利);另一方面是人民土权的民主传统。"①在自由主义的思想历程中,民主原则经历了从一个"被抨击的对象"到"普遍认可"的态度转变过程。通过对自由主义民主话语理论的勾勒与解读,可以理清自由主义民主发展路线,为我国民主政治的发展提供经验教训和思想资源。

　　民主作为人类政治文明的一种普遍价值,作为一种制度,作为一种治理技术,有其共同要素和形式,存在一些规律性的东西可以借鉴。"现代民主的代议制和自由因素弱化了最初的自我统治原则。我们在当代民主中所发现的是这样一种统治形式:决策责任的承担者是政府而非被治理者,公域的范围因保护一般意义上的公民、尤其是财产所有者的个人权利而受到限制。这种弱化是极其明显的。但其结果却是以一种相当灵活且规模大小均可适用的政治体系,这种政治体系正在支配着整个世界。"②西方民主的理论与实践为国人提供了理性认识民主的思想平台。"把民主当作西方国家的专利,简单地否定民主的普遍性,正像简单地否定民主的特殊性一样,都是有害的偏见。"③我们应该从"民主是西方的观念"这一误区中走出来,在理性地认识到东西方在价值取向上的分歧的基础上,认识到民主精神是一种普遍的规范和期望。中国应该从西方现代民主经验中学习现代政治文明的成果,从而使中国人自己的民主带给人民最大的幸福。

三、社会主义民主理论:为中国式民主
构建提供话语理论

　　民主是社会主义的一面旗帜。在中国,民主理念已经得到普遍公认,尽管在理解上还是有很大差异。无论是作为一种民主理念,还是一种民主制度,如何应对西方式民主的"盲目迷信",发展出一套能解释非西方的民主理论是当前政治理论研究的一个重要课题。

　　作为一个新兴的经济大国,中国正在塑造自己的国际形象和核心政治价值。党的十八大报告中已经把民主列入社会主义核心价值观之一。作为国家层面内容之一的"民主",是建设社会主义现代化强国的制度保障。中国特色社会主义的民主是什么样的民主? "我还是得出结论性的看法,认

---

　　①　[美]尚塔尔·墨菲:《民主、权力与"政治性"》,载[美]塞拉·本哈比编:《民主与差异:挑战政治的边界》,中央编译出版社 2009 年版,第 244 页。
　　②　姚大志:《何谓正义:当代西方政治哲学研究》,人民出版社 2007 年版,第 31 页。
　　③　俞可平:《让民主造福中国:俞可平访谈录》,中央编译出版社 2009 年版,前言第 2 页。

为在所有导致民主稳定、挫折和转型的复杂历史因素中,建立在合理假设基础上的一整套民主理论,绝非具有微不足道的重要性。"①如果我们不能证明民主的正当性,那么我们也不知道什么样的民主值得我们去捍卫。俞可平说民主是个好东西,发展民主是为了造福人民,造福中国。蔡定剑为民主辩护,认为民主是一种现代生活。张明澍在实证调研和权威统计数据基础上发现中国人想要的民主是:德治优先于法治,重视实质和内容优先于重视形式和程序,协商优先于表决,解决腐败和群众监督政府问题优先于保障公民权利和自由,中国人自己的而不是外国的民主。杨光斌构建出一种超越"自由民主"的"治理民主"理论。② 虽然中国学者们在民主问题上还存在一定分歧,但是,中国走向民主的道路是基本共识。在民主领域,迫切需要加强民主话语权研究,为社会主义民主实践提供有力的理论阐释。

四、加强民主制度建设:为中国式民主践行提供出路

民主作为一个政治主题和合法性原则需要组织和制度安排。民主理念必须通过某种特定的组织结构和组织方式来实现。以往人们关注的是民主的基本理念,一切争论都围绕民主是什么、民主好不好(要不要)、哪种民主更合适等问题而展开。由于民主政治本身存在优点和内在的局限性,"民主制不仅有其好处,而且有其成本:它的好处与成本是一体的,只看到前者,而忽视后者会导致严重的错误。……当我们努力提高政治参与率时,民主制的成本也就提高,同时带来的好处就是减少了由社会混乱带给个人的害处"③。什么样的民主才能带给人民最大的幸福? 现在,要自觉地"引导民主",让人们更多地关注如何通过组织结构和组织方式的逐步调整,为民主的真正实现寻找出路,为民主的真正实施寻找具体的制度途径。后发民主国家的优势就是通过有意识的制度设计防范和纠正其他国家民主化过程中所出现的问题。新加坡民主的经验就是最好的例证。当被德国《明镜周刊》问为何与"西方式的民主保持距离"时,李光耀回答道:"我不能根据他们的规则运行我的体制,我必须修改我的体制以符合人民的立场。在多种族社会中,人们不会根据他们的经济利益与社会利益进行投票,人们会按照

① [美]罗伯特·达尔:《民主理论与民主经验》,载[美]塞拉·本哈比编:《民主与差异:挑战政治的边界》,中央编译出版社2009年版,第345页。
② 杨光斌:《观念的民主与实践的民主》,中国社会科学出版社2015年版,第130—150页。
③ [意]L.坎皮革里奥:《政治参与、选举和经济政策:现代民主的三大问题》,载[加]A.布来顿等:《理解民主:经济的与政治的视角》,学林出版社2001年版,第222页。

种族和宗教进行投票。假如我在这里采行他们的体制,马来人会将票投给穆斯林,印度人会将票投给印度人,华人会将票投给华人。在我的议会中,我将面临持续的冲突,而这种冲突无法得到解决,因为议会占多数的华人总是会处于支配地位。因此,我发明出一种改变这种情况的办法。"①民主政治的建设离不开一个国家的政治文化传统。

如今,民主普遍成为政治合法性的最基本标准。无论何种制度,只要其赖以运行和充分体现的是人民的意志,保障人民的权益,就是民主的;否则就是不民主的。"制度创新实际上就是一个政治上如何建立有效的激励机制的问题。如同向市场经济转轨一样,向民主政治过渡也依赖于对制度和体制的设计并运用,包括立法机构的选举规则,选举法,宪法上对权力的分配(包括横向的各个机构之间和纵向的中央与地方之间),政党制度的运行,等等,通过这些制度,使人们在谨慎地追求自身利益的过程中感觉到民主体制的优点,因为一个民主制度想要稳定,其体制必须精心设计使得那些可能想破坏它的人感到保留它会更好。"②一个国家特定的民主程序和制度塑造并保障着民主的特征。在中国共产党的领导下,人民当家作主落实到国家政治生活和社会生活之中,一幅广泛、真实、管用的民主图景越来越清晰地呈现出来,我们的未来一定是民主的中国。至于这种新形式的民主是什么,尚需假以时日,也许需要经过几代人的努力,因为中国的民主化进程还远远没有完成。正如十九大报告所指出的那样:"中国特色社会主义政治制度是中国共产党和中国人民的伟大创造。我们完全有信心、有能力把我国社会主义民主政治的优势和特点充分发挥出来,为人类政治文明进步作出充满中国智慧的贡献!"

————————

①　《明镜周刊》对李光耀的采访,2005 年 8 月 14 日,http://infoproc.blogspot.com/2005/08/lee-kuan-yew-interview.html。

②　唐贤兴:《民主与现代国家的成长》,复旦大学出版社 2008 年版,第 280 页。

参 考 文 献

（一）西方著作类（中译本）

《马克思恩格斯选集》第1—4卷,人民出版社1995年版。

《马克思恩格斯全集》第1卷,人民出版社1956年版。

《马克思恩格斯全集》第2卷,人民出版社1957年版。

《马克思恩格斯全集》第3卷,人民出版社2002年版。

《马克思恩格斯全集》第46卷下册,人民出版社1980年版。

[英]约翰·洛克:《政府论》(下),叶启芳等译,商务印书馆1964年版。

[法]孟德斯鸠:《论法的精神》(上、下),张雁深译,商务印书馆2004年版。

[美]汉密尔顿、杰伊、麦迪逊:《联邦党人文集》,程逢如等译,商务印书馆1980年版。

[法]托克维尔:《论美国的民主》(上、下),董果良译,商务印书馆1997年版。

[法]托克维尔:《旧制度与大革命》,冯棠译,商务印书馆1997年版。

[英]约翰·密尔:《论自由》,许宝骙译,商务印书馆1982年版。

[英]约翰·密尔:《代议制政府》,汪瑄译,商务印书馆1982年版。

[英]埃德蒙·柏克:《法国革命论》,何兆武、许振洲、彭刚译,商务印书馆1998年版。

[英]埃德蒙·柏克:《自由与传统》,蒋庆等译,商务印书馆2001年版。

[英]阿克顿:《自由与权力:阿克顿勋爵论说文集》,侯建、范亚峰译,商务印书馆2001年版。

[法]邦雅曼·贡斯当:《古代人的自由与现代人的自由》,阎克文、刘满贵译,上海人民出版社2005年版。

[美]杰斐逊:《杰斐逊集》(上、下),刘祚昌、邓红风译,三联书店1993年版。

[英]以赛亚·伯林:《自由论》,互传胜译,译林出版社2003年版。

[英]霍布豪斯:《自由主义》,朱曾汶译,商务印书馆2005年版。

[德]马克斯·韦伯:《经济与社会》(上、下),林荣远译,商务印书馆2006年版。

[美]约瑟夫·熊彼特:《资本主义、社会主义与民主》,吴良健译,商务印书馆1999年版。

[奥]路德维希·冯·米瑟斯:《自由与繁荣的国度》,韩光明等译,中国社会科学出版社1995年版。

[英]弗里德利希·冯·哈耶克:《通往奴役之路》,中国社会科学出版社1997

年版。

[英]弗里德利希·冯·哈耶克:《致命的自负》,冯克利等译,中国社会科学出版社2000年版。

[英]弗里德利希·冯·哈耶克:《法律、立法与自由》第1、2、3卷,邓正来等译,中国大百科全书出版社2000年版。

[英]弗里德利希·冯·哈耶克:《自由秩序原理》(上、下),邓正来译,三联书店1997年版。

[意]乔·萨托利:《民主新论》,冯克利、阎克文译,东方出版社1998年版。

[英]卡尔·波普尔:《开放的社会及其敌人》,中国社会科学出版社1999年版。

[美]科恩:《论民主》:聂崇信、朱秀贤译,商务印书馆1988年版。

[英]戴维·赫尔德:《民主的模式》,燕继荣等译,中央编译出版社2004年版。

[英]戴维·赫尔德:《民主与全球秩序》,胡伟等译,上海人民出版社2003年版。

[英]约翰·邓恩编:《民主的历程》,林猛等译,吉林人民出版社1999年版。

[美]罗伯特·达尔:《现代政治分析》,王沪宁、陈峰译,上海译文出版社1998年版。

[美]罗伯特·达尔:《民主理论的前言》,顾昕、朱丹译,三联书店1999年版。

[美]罗伯特·达尔:《论民主》,李柏光、林猛译,商务印书馆1999年版。

[美]罗伯特·达尔:《民主及其批评者》,曹海军、佟德志译,吉林人民出版社2006年版。

[美]罗伯特·达尔:《多头政体》,谭君久等译,商务印书馆2003年版。

[美]罗伯特·达尔:《多元主义民主的困境》,周军华译,吉林人民出版社2006年版。

[美]罗伯特·达尔:《美国宪法的民主批判》,佟德志译,东方出版社2007年版。

[日]猪口孝等编:《变动中的民主》,林猛等译,吉林人民出版社1999年版。

[加]布来·A.布来顿:《理解民主》,毛丹等译,学林出版社2000版。

[法]米歇尔·克罗齐、[美]塞缪尔·亨廷顿:《民主的危机》,马殿军等译,求实出版社1989年版。

[英]詹姆斯·布赖斯:《现代民治政体》(上、下),张慰慈等译,吉林人民出版社2001年版。

[美]塞缪尔·P.亨廷顿:《难以抉择》,汪晓寿译,华夏出版社1989年版。

[美]塞缪尔·P.亨廷顿:《第三波》,上海三联书店1998年版。

[加]威尔·金里卡:《当代政治哲学》(上、下),刘莘译,上海三联书店2004年版。

[意]圭多·德·拉吉罗:《欧洲自由主义史》,杨军译,吉林人民出版社2001年版。

[意]萨尔沃·马斯泰罗内:《欧洲政治思想史》,黄华光译,社会科学文献出版社1998年版。

[意]萨尔沃·马斯泰罗内:《欧洲民主史——从孟德斯鸠到凯尔森》,黄华光译,社会科学文献出版社2001年版。

［意］萨尔沃·马斯泰罗内主编:《当代欧洲政治思想》,黄华光译,社会科学文献出版社 2001 年版。

［美］斯科特·戈登:《控制国家》,应奇等译,江苏人民出版社 2005 年版。

［美］列奥·施特劳斯:《政治哲学史》(上、下),李天然等译,河北人民出版社 1998 年版。

［美］乔治·霍兰·萨拜因:《政治学说史》上册,盛葵阳等译,商务印书馆 1986 年版。

［美］乔治·霍兰·萨拜因:《政治学说史》下册,刘山等译,商务印书馆 1986 年版。

［英］约翰·麦克里兰:《西方政治思想史》,彭淮栋译,海南出版社 2003 年版。

［英］杰弗里·托马斯:《政治哲学导论》,顾肃、刘雪梅译,中国人民大学出版社 2006 年版。

［英］安东尼·阿巴拉斯特:《西方自由主义的兴衰》,曹海军译,吉林人民出版社 2004 年版。

［英］安东尼·阿伯拉斯特:《民主》,孙荣飞、段保良译,吉林人民出版社 2005 年版。

［英］彼得·斯特克、大卫·韦戈尔:《政治思想导读》,舒小昀等译,江苏人民出版社 2005 年版。

［英］理查德·贝拉米:《重新思考自由主义》,王萍等译,江苏人民出版社 2005 年版。

［澳］安德鲁·文森特:《现代政治意识形态》,袁久红等译,江苏人民出版社 2005 年版。

［英］昆廷·斯金纳:《自由主义之前的自由》,李宏图译,上海三联书店 2003 年版。

［英］伦纳德·霍布豪斯:《社会正义要素》,孙兆政译,吉林人民出版社 2007 年版。

［英］戴维·米勒、韦农·波格丹诺主编:《布莱克维尔政治学百科全书》,邓正来译,中国政法大学出版社 2002 年版。

［美］罗伯特·帕特南:《使民主运转起来》,王列等译,江西人民出版社 2001 年版。

［美］弗里德里克·沃特金斯:《西方政治传统》,李丰斌译,新星出版社 2006 年版。

［英］迈克尔·H.莱斯诺夫:《二十世纪的政治哲学家》,冯克利译,商务印书馆 2002 年版。

［美］罗伯特·贝拉等:《心灵的习性:美国人生活中的个人主义和公共责任》,翟宏彪等译,三联书店 1991 年版。

［英］齐格蒙·鲍曼:《寻找政治》,上海世纪出版集团 2005 年版。

［美］亚当·普沃斯基:《民主与市场》,包雅钧等译,北京大学出版社 2005 年版。

［奥］凯尔森:《法与国家的一般理论》,中国大百科全书出版社 1996 年版。

［美］罗纳德·德沃金:《认真对待权利》,信春鹰、吴玉章译,中国大百科全书出版社 1998 年版。

［美］莱斯利·里普森:《政治学的重大问题》,刘晓等译,华夏出版社 2001 年版。

［美］劳伦斯·迈耶等:《比较政治学:变化世界中的国家和理论》,罗飞等译,华夏出版社 2001 年版。

［美］迈克尔·罗斯金等:《政治科学》,林震等译,华夏出版社 2001 年版。

［美］罗纳德·H.奇尔科特:《比较政治学理论》,高括等译,社会科学文献出版社 2001 年版。

［美］西摩·马丁·李普塞特:《政治人》,张绍宗译,上海人民出版社 1997 年版。

［美］安东尼·M.奥勒姆:《政治社会学导论》,上海人民出版社 2006 年版。

［美］查尔斯·林德布洛姆:《政治与市场》,王逸舟译,上海三联书店 1994 年版。

［美］埃尔:《宪政与民主》,三联书店 1997 年版。

［美］路易斯·亨金:《宪政民主对外事务》,邓正来译,三联书店 1996 年版。

［美］里夫斯:《美国民主的再考察》,吴延佳、方小良译,商务印书馆 1997 年版。

［美］伯恩斯:《美国式民主》,谭君久等译,中国社会科学出版社 1993 年版。

［美］迈克尔·帕伦蒂:《美国的民主》,韩建中、杨志荣译,河南人民出版社 1991 年版。

［美］托马斯·戴伊、哈蒙·齐格勒:《民主的嘲讽》,世界知识出版社 1991 年版。

［美］马库斯·拉斯金:《民主与文化的反思》,周否启等译,新华出版社 2000 年版。

［美］詹姆斯·M.布坎南:《自由市场和国家》,北京经济学院出版社 1988 年版。

［美］哈罗德·D.拉斯韦尔:《政治学》,商务印书馆 1992 年版。

［美］霍华德·威亚尔达:《民主与民主化比较研究》,榕远译,北京大学出版社 2004 年版。

［英］拉斯基:《思想的阐释》,张振成、王亦兵译,贵州人民出版社 2001 年版。

［德］托马斯·迈尔:《论民主社会主义》,刘芸影译,东方出版社 1987 年版。

［英］安东尼·吉登斯:《超越左与右》,李惠斌、杨雪冬译,社会科学文献出版社 2000 年版。

［德］维·勃兰特:《社会民主与未来》,丁冬等译,重庆出版社 1990 年版。

［英］克里斯托夫·皮尔森:《新市场社会主义》,姜辉译,东方出版社 1999 年版。

［英］恩斯特·拉克劳、查特尔·墨菲:《领导权与社会主义的策略》,尹树广译,黑龙江人民出版社 2003 年版。

［美］道格拉斯·拉米斯:《激进民主》,刘元琪译,中国人民大学出版社 2002 年版。

［加］艾伦·梅克森斯·伍德主编:《民主反对资本主义——重建历史唯物主义》,吕薇洲等译,重庆出版社 2007 年版。

［加］艾伦·伍德:《新社会主义》,尚庆飞译,江苏人民出版社 2005 年版。

［英］尚塔尔·墨菲:《政治的回归》,王恒、臧佩洪译,江苏人民出版社 2001 年版。

［美］本杰明·巴伯:《强势民主》,彭斌、吴润洲译,吉林人民出版社 2006 年版。

［美］卡罗尔·佩特曼:《参与和民主理论》,陈尧译,上海人民出版社 2006 年版。

［意］德拉-沃尔佩:《卢梭和马克思》,赵培杰译,重庆出版社 1993 年版。

［英］拉尔夫·密利本德:《马克思主义与政治学》,黄子都译,商务印书馆 1984

年版。

[英]拉尔夫·密利本德:《英国资本主义民主制》,博铨、向东译,商务印书馆 1988 年版。

[美]阿米·古特曼、丹尼斯·汤普森:《民主与分歧》,杨立峰等译,东方出版社 2007 年版。

[美]悉尼·胡克:《理性、社会神话和民主》,徐崇温译,上海人民出版社 1987 年版。

[美]艾伦·沃尔夫:《合法性的限度——当代资本主义的政治矛盾》,沈汉等译,商务印书馆 2005 年版。

[英]苏珊·马克斯:《宪政之迷》,方志燕译,上海译文出版社 2005 年版。

[美]丹尼尔·辛格:《谁的新千年》,中国人民大学出版社 2002 年版。

[美]戴维·施韦卡特:《反对资本主义》,中国人民大学出版社 2002 年版。

[意]萨尔沃·马斯泰罗纳编:《一个未完成的政治思索》,黄华光、徐力源译,社会科学文献出版社 2001 年版。

[法]雷蒙·阿隆:《回忆录——五十年的政治思考》,新星出版社 2006 年版。

[法]雷蒙·阿隆:《知识分子的鸦片》,吕一民、顾行译,译林出版社 2005 年版。

[法]雷蒙·阿隆:《阶级斗争》,周以光译,译林出版社 2003 年版。

[英]萨德-费洛等编著:《新自由主义:批判读本》,陈刚等译,江苏人民出版社 2006 年版。

[法]皮埃尔·莫尔:《自由主义思想文化史》,曹海军译,吉林人民出版社 2004 年版。

[美]罗兰·斯特龙伯格:《西方现代思想史》,刘北成、赵国新译,中央编译出版社 2005 年版。

[英]梅格纳德·德塞:《马克思的复仇》,汪澄清译,中国人民大学出版社 2006 年版。

[美]塞缪尔·鲍尔斯、赫伯特·金蒂斯:《民主和资本主义》,韩水法译,商务印书馆 2003 年版。

[苏]罗伊·麦德维杰夫:《论社会主义民主》,史正苏译,商务印书馆 1982 年版。

[英]安德鲁·甘布尔:《自由的铁笼:哈耶克传》,王晓冬、朱之江译,江苏人民出版社 2005 年版。

[美]卡尔·博格斯:《政治的终结》,陈家刚译,社会科学文献出版社 2001 年版。

[美]西里尔·E.布莱克编:《比较现代化》,杨豫、陈祖洲译,上海译文出版社 1996 年版。

[美]托马斯·杰斐逊:《杰斐逊选集》,朱曾汶译,商务印书馆 1999 年版。

[德]罗莎·罗森堡:《社会改良还是革命?》,徐坚译,三联书店 1958 年版。

[澳]约翰·S.德雷泽克:《协商民主及其超越:自由与批判的视角》,丁开杰等译,中央编译出版社 2006 年版。

《简明不列颠百科全书》第 6 卷,中国大百科全书出版社 1986 年版。

［英］德里克·希特:《何谓公民身份》,郭忠华译,吉林出版集团有限责任公司 2007年版。

［英］奇克蒙特·鲍曼:《共同体》,欧阳景根译,江苏人民出版社 2007 年版。

［英］戴维·麦克莱伦:《马克思以后的马克思主义》,李智译,中国人民大学出版社2004 年版。

［埃］萨米尔·阿明:《自由主义病毒/欧洲中心论批判》,王麟进等译,社会科学文献出版社 2007 年版。

［美］郝大维、安乐哲:《先贤的民主》,何刚强译,江苏人民出版社 2004 年版。

［英］H.L.A.哈特:《法律、自由与道德》,支振峰译,法律出版社 2006 年版。

［美］汉娜·阿伦特:《人的条件》,竺乾威译,上海人民出版社 1999 年版。

［美］保罗·P.克雷格:《英国与美国的公法与民主》,毕洪海译,中国人民大学出版社 2008 年版。

［德］尤尔根·哈贝马斯:《在事实与规范之间》,童世骏译,三联书店 2003 年版。

［英］约翰·格雷:《自由主义》,曹海军、刘训练译,吉林人民出版社 2005 年版。

［美］詹姆斯·F.霍利菲尔德、加尔文·吉尔森主编:《通往民主之路:民主转型的政治经济学》,何志平、马卫红译,社会科学文献出版社 2012 年版。

［加］贝淡宁:《超越自由民主》,上海三联书店 2009 年版。

［美］约翰·邓恩:《让人民自由:民主的历史》,新星出版社 2010 年版。

［加］弗兰克·坎宁安:《民主理论导论》,吉林出版集团有限责任公司,2010 年版。

［美］拉里·戴蒙德、理查德·冈瑟主编:《政党与民主》,徐琳译,上海人民出版社2012 年版。

［澳］何包钢:《民主理论:困境与出路》,法律出版社 2008 年版。

［澳］何包钢:《协商民主:理论、方法和实践》,中国社会科学出版社 2008 年版。

［美］塞拉·本哈比编:《民主与差异:挑战政治的边界》,黄相怀,严海兵译,中央编译出版社 2009 年版。

［英］帕特里克·邓利维、布伦登·奥利里:《国家理论:自由民主的政治学》,欧阳景根、尹冬华等译,浙江人民出版社 2007 年版。

［英］安德鲁·海伍德:《政治的常识》,李智译,中国人民大学出版社 2014 年版。

［澳］约翰·基恩:《生死民主》,安雯译,中央编译出版社 2016 年版。

［美］弗雷德里克·沃特金斯:《西方政治传统:近代自由主义之发展》,李丰斌译,广西师范大学出版社 2016 年版。

［英］乔纳森·沃尔夫:《政治哲学导论》,赵荣华、陈任博译,吉林出版集团有限责任公司 2009 年版。

［美］杰弗里·托马斯:《政治哲学导论》,顾肃、刘雪梅译,中国人民大学出版社2006 年版。

（二）中国著作类

王沪宁：《政治的逻辑》，上海人民出版社 1994 年版。

黄文扬主编：《国内外民主理论要览》，中国人民大学出版社 1990 年版。

应克复等：《西方民主史》，中国社会科学出版社 1997 年版。

邹永贤等：《现代西方国家学说》，福建人民出版社 1993 年版。

李铁映：《论民主》，人民出版社、中国社会科学出版社 2001 年版。

中国社会科学杂志社编：《民主的再思考》，社会科学文献出版社 2000 版。

江宜桦：《自由民主的理路》，新星出版社 2006 年版。

顾肃：《自由主义基本理念》，中央编译出版社 2003 年版。

马德普：《普遍主义的贫困》，人民出版社 2005 年版。

闫健：《民主是个好东西》，社会科学文献出版社 2006 年版。

石元康：《当代西方自由主义理论》，上海三联书店 2000 年版。

佟德志：《在民主与法治之间》，人民出版社 2006 年版。

徐久刚、冯进成、刘润民：《中国民主政治研究》，人民出版社 2006 年版。

刘国平：《美国民主制度输出》，社会科学文献出版社 2006 年版。

汪行福：《通向话语民主之路》，四川人民出版社 2002 年版。

吴春华：《当代西方自由主义》，中国社会科学出版社 2004 年版。

顾肃：《自由主义基本理念》，中央编译出版社 2003 年版。

郭秋永：《当代三大民主理论》，新星出版社 2006 年版。

郁建兴：《自由主义批判与自由主义重建》，学林出版社 2000 年版。

唐士其：《西方政治思想史》，北京大学出版社 2002 年版。

张茗：《从美国民主到法国革命》，上海社会科学院出版社 2006 年版。

匡萃坚：《当代西方政治思潮》，社会科学文献出版社 2005 年版。

丛日云：《当代世界的民主化浪潮》，天津人民出版社 1999 年版。

马德普：《社会主义基本价值论》，中央编译出版社 1997 年版。

俞可平：《思想解放与政治进步》，社会科学文献出版社 2008 年版。

郁建兴：《马克思国家理论与现时代》，东方出版中心 2007 年版。

徐大同、高建编：《西方政治思想史》，天津教育出版社 2000 年版。

徐大同、马德普编：《现代西方政治思想》，人民出版社 2003 年版。

徐大同、高建编：《西方政治思想史》第 3 卷，天津人民出版社 2005 年版。

徐大同、吴春华编：《西方政治思想史》第 4 卷，天津人民出版社 2005 年版。

徐大同、马德普编：《西方政治思想史》第 5 卷，天津人民出版社 2005 年版。

应奇编：《自由主义中立性及其批判者》，江苏人民出版社 2007 年版。

应奇、刘训练编：《共和的黄昏》，吉林出版集团有限责任公司 2007 年版。

佟德志编：《宪政与民主》，江苏人民出版社 2007 年版。

郭忠华、刘训练编：《公民身份与社会阶级》，江苏人民出版社 2007 年版。

刘军宁编:《民主与民主化》,商务印书馆 1999 年版。

刘军宁等编:《直接民主与间接民主》,三联书店 1998 年版。

刘军宁、王焱编:《经济民主与经济自由》,三联书店 1997 年版。

刘军宁、王焱编:《自由与社群》,三联书店 1998 年版。

王焱编:《宪政主义与现代国家》,三联书店 2003 年版。

马德普编:《中西政治文化论丛》第 1 辑,天津人民出版社 2001 年版。

马德普编:《中西政治文化论丛》第 2 辑,天津人民出版社 2002 年版。

马德普编:《中西政治文化论丛》第 3 辑,天津人民出版社 2003 年版。

马德普编:《中西政治文化论丛》第 4 辑,天津人民出版社 2004 年版。

达魏等编:《消极自由有什么错》,文化艺术出版社 2001 年版。

李强:《自由主义》,吉林人民出版社 2007 年版。

高建、佟德志:《中国式民主》,天津人民出版社 2010 年版。

佟德志:《现代西方民主的困境与趋势》,人民出版社 2008 年版。

华炳啸:《超越自由主义:宪政社会主义的思想言说》,西北大学出版社 2010 年版。

郑永年:《中国模式》,浙江人民出版社 2010 年版。

李君如:《当代中国政治走向》,福建人民出版社 2007 年版。

虞崇胜:《中国式民主的神与形》,湖北人民出版社 2011 年版。

谭君久:《中国式民主的政治学考察》,西北大学出版社 2010 年版。

林尚立:《建构民主:中国的理论、战略与议程》,复旦大学出版社 2012 年版。

司马南:《民主胡同 40 条》,经济科学出版社 2011 年版。

郭为桂:《大众民主:一种思想史的文本解读与逻辑重构》,武汉大学出版社 2008 年版。

姚大志:《何谓正义:当代西方政治哲学研究》,人民出版社 2007 年版。

房宁:《民主的中国经验》,中国社会科学出版社 2013 年版。

杨光斌:《观念的民主与实践的民主》,中国社会科学出版社 2015 年版。

（三）论 文 类

高建:《重视对西方近代政治思想的研究》,《浙江学刊》2002 年第 1 期。

吴春华:《密尔政治思想的自由主义特征及其形成》,《浙江学刊》2002 年第 3 期。

马德普:《自治与参与——论作为目的的社会主义民主》,《政治学研究》1996 年第 2 期。

郁建兴:《马克思与自由主义民主》,《哲学动态》2002 年第 3 期。

郁建兴:《从政治解放到人类解放》,《中国社会科学》2000 年第 2 期。

郁建兴、周澎:《密里本德对马克思主义政治理论的批评与重建》,《马克思主义研究》2002 年第 2 期。

郁建兴:《马克思主义政治理论:是否可能与何以可能》,《哲学研究》2000 年第 10 期。

［埃］萨米尔·阿明:《马克思与民主》,《国外社会科学》2003 年第 1 期。

陈炳辉:《社会主义民主与资本主义民主》,《社会主义研究》2003 年第 2 期。

杨海蛟:《论民主的相关性》,《马克思主义研究》1997 年第 2 期。

燕继荣:《论民主及其限度》,《社会科学战线》1996 年第 4 期。

徐东礼:《努力加强社会主义民主理论研究》,《发展论坛》2003 年第 2 期。

钟明瞩:《中国特色社会主义民主政治的优越性》,《政治学研究》2004 年第 4 期。

戴维·施韦卡特、向红:《马克思对资本主义民主的批判及其对中国发展战略的启示》,《教学与研究》2005 年 10 期。

李景治:《资本主义民主的两重性》,《科学社会主义》2005 年第 6 期。

丛日云、郑红:《论代议制民主思想的起源》,《世界历史》2005 年第 2 期。

张焕君:《工人阶级民主对资本主义民主》,《国外理论动态》2000 年第 1 期。

李良栋:《略论社会主义民主同资本主义民主的关系》,《中国党政干部论坛》1999 年第 2 期。

陈尧:《拥占性个人主义与自由主义民主》,《上海交通大学学报》(社科版)2004 年第 1 期。

陈炳辉:《20 世纪西方民主理论的演化》,《厦门大学学报》(社科版)1999 年第 3 期。

陆方文:《评自由主义民主》,《江苏社会科学》2000 年第 6 期。

田改伟:《试论民主及其价值》,《政治学研究》2006 年第 3 期。

李君如:《怎样推进协商民主广泛多层制度化发展?》,《光明日报》2013 年 12 月 7 日。

燕继荣:《"中国式民主"的理论构建》,《经济社会体制比较》2010 年第 3 期。

高建、乔贵平:《民主的分歧——20 世纪社会主义与自由主义关于民主问题的争论》,《政治学研究》2008 年第 1 期。

乔贵平:《自由主义民主理论评析》,《政治学研究》2009 年第 4 期。

乔贵平:《民主理论视野中的自由主义与民主》,《理论导刊》2009 年第 6 期。

乔贵平:《民主时代的自由之钥》,《云南行政学院学报》2009 年第 5 期。

乔贵平:《熊彼特对古典民主理论的批评及其建构》,《河南师范大学学报》(哲学社会科学版)2009 年第 4 期。

乔贵平:《实质民主与形式民主之争》,《云南行政学院学报》2009 年第 5 期。

乔贵平:《社会主义民主之优越性探析》,《天津行政学院学报》2009 年第 2 期。

乔贵平:《西方代议制民主理论模式的确立》,《中共天津市委党校学报》2009 年第 3 期。

乔贵平:《经济、社会领域的民主 VS 政治民主》,《理论月刊》2012 年第 8 期。

乔贵平:《民主理论的修正与补充——试析达尔对自由主义民主理论的贡献》,《天津行政学院学报》2012 年第 5 期。

乔贵平:《走中国特色社会主义民主道路》,《求知》2013 年第 2 期。

乔贵平:《个人权利:自由主义民主的道德根基的确立》,《贵州师范大学学报》2015年第 3 期。

乔贵平:《补齐民主集中制的制度短板》,《长白学刊》2016 年第 4 期。

乔贵平:《在文化自信中提升中国民主话语权》,《求知》2017 年第 11 期。

高建、乔贵平:《中国特色社会主义政治文化的内涵与特征》,《山西师大学报》2007年第 5 期。

吕建明、乔贵平:《中国特色的民主模式——社会主义政治制度的一种有效实践形式》,《兰州学刊》2009 年第 7 期。

(四) 外 文 资 料

Beetham, D., "Liberal Democracy and the Limits of Democratization", In D. Held(ed.), *Prospects for Democracy:North,Sorth,East,West*, Polity Press, 1993.

Allen E. Buchanan, *Marx and Justice:The Radical Critique of Liberalism*, London:Rowman &Littlefield, 1982.

Adam Przeworski, *Capitalism and Social Democracy*, Cambridge University Press, 1985.

Paul, Ellen F. (eds.) *Marxism and liberalism*, Basil Blackwell, 1986.

Nelson William, *On Justifying Democracy*, Routledge and kegan Paul, 1980.

Przeworski Adam, "Democracy as a Contigent Otcom of Conflics", In *Constitutionalism and Democracy*, Jon Elster and Rune Slagstad, editors, Cambridge University Press, 1987.

Wood, Allen, " Max and Equality ", Reprinted in John Roemer, editor, *Analytical Marxism*, New York:Cambridge University Press, 1986.

David Miller, *Market,State,and Community:Theoretic Foundation of Market Socialism*, Oxford University Press, 1989.

Finley, M. I., *Democracy Ancient and Modern*, Chatto & Windus, 1973.

C. B. Macpherson, *Democratic Theory:essays in retrieval*, Oxford:Clarendon Press, 1973.

Pennock, J. R. and Chapman, J. W. (eds.) *Liberal Democracy*, New York:New York University Press, 1983.

Plamenatz, J., *Democracy and Illusion*, London:Longman, 1973.

Sartori, G, *Democratic Theory*, New York:Praeger, 1965.

Pateman, C., "Feminism and Democracy", In G. Duncan(ed.), *Democractic Theory and Practice*, Cambridge University Press, 1983.

Carole Pateman, *The Problem of Political Obligation:A Critique of Liberal Theory*, Polity Press, 1988.

Laski, H. J., *Democracy in Crisis*, London:Allen&Unwin, 1933.

Laski, H. J., *The State in Theory and Practic*, London:Allen&Unwin, 1935.

Rodewald, C.(ed.), *Democracy:Ideas and Realities*, Dent, 1974.

Nicos Poulantzas, *State,Power,Socialism*, London:New Left Books, 1978.

Lucio Colletti, *From Rousseau to Lenin*, New York: Monthly Review, 1972.

Carl Schmitt, *The Crisis of Parliamentary Democracy*, trans, Ellen Kennedy, Cambridage, Mass: MI Press, 1985.

Chantal Mouffe, ed., *Dimensions of Radical Democracy*: *Pluralism*, *Citizenship*, *Community*, London: Verso, 1992.

Wilson, R. (eds.), *Low Itensity Democracy*: *Political Power in the New World Order*, London: Pluto Press, 1993.

Michael Sanddel, *Democracy's Discontent*: *America in Search of a Public Philosophy*, Cambridge, Mass: Belknap Press of Harvard University, 1996.

E.E.Schattschneider, *The Semi-sovereign People*: *A Realist's View of Democracy America*, Holt, Rinehart & Winston, 1960.

T.E.Utley and J.S.Maclure eds., *Documents of Modern Political Thought* Cambridge: Cambridge University Press, 1957.

C. B. Macpherson, *The Life and Times of Liberal Democracy*, Oxford University Press, 1977.

C.B.Macpherson, *The Political Theory of Possessive Individualism*: *Hobbes to Locke*, Oxford University Press, 1962.

Brittan, Samuel, *The Economic Consequences of Democracy*, Temple Smith, 1977.

Frank Cunningham, *Democratic Theory and Socialism*, Cambridage University Press, 1987.

Leys, C., *Market-Driven Politics*: *Neoliberal Democracy and the Public Interest*, Verso, 2001.

Arendt Hannah, *Essays in Understanding*: *1930−1954*, New York: Harcourt Brde Jovanovich, 1994.

William Safire, *The New Language of Politics*, New York: Collier Books, 1972.

William Ralph Inge, *The Fall of the Idols*, London: Putnam, 1940.

C.D.Burns, *Political Ideals*, London: Oxford University Press, 1921.

责任编辑:崔继新

封面设计:毛　淳　周方亚

图书在版编目(CIP)数据

自由主义民主理论及其批判/乔贵平 著. —北京:人民出版社,2019.6
(国家社科基金后期资助项目)
ISBN 978－7－01－020908－1

Ⅰ.①自…　Ⅱ.①乔…　Ⅲ.①民主-理论研究-西方国家　Ⅳ.①D082

中国版本图书馆 CIP 数据核字(2019)第 101794 号

自由主义民主理论及其批判
ZIYOU ZHUYI MINZHU LILUN JIQI PIPAN

乔贵平　著

人民出版社 出版发行
(100706　北京市东城区隆福寺街 99 号)

天津文林印务有限公司印刷　新华书店经销

2019 年 6 月第 1 版　2019 年 6 月北京第 1 次印刷
开本:710 毫米×1000 毫米 1/16　印张:11.75
字数:205 千字

ISBN 978－7－01－020908－1　定价:36.00 元

邮购地址 100706　北京市东城区隆福寺街 99 号
人民东方图书销售中心　电话 (010)65250042　65289539